JN074449

グループ会社
リスク管理の法務

第4版

高橋 均 [著]
Takahashi Hitoshi

中央経済社

第4版の刊行にあたって

　今日において，会社単体ではなく，グループ全体としての競争力が求められていることは，会社の業績について連結決算の数字が重要な指標となっていることからも自明です。グループ会社として存在していた会社を親会社が吸収合併することで一体経営を行うケースもありますが，多くの場合は，事業部門を切り出して分社をしたり，企業買収（M＆A）によって，グループ会社化することでグループ全体の競争力の向上を目指すことが経営戦略となっています。このことは，グループ全体の規律としてのリスク管理の重要性も増していることを意味しています。

　法制度上は，「親子会社に関する規律」を大きな柱とした平成26年改正会社法により一段落した感があり，現在はグループ経営におけるリスク管理についての具体的な対応に焦点が移っています。このような背景もあり，2019年6月（令和元年6月）に経済産業省による「グループ・ガバナンス・システムに関する実務指針（グループガイドライン）」が公表されました。

　第4版では，令和元年改正会社法で新たに創設された株式交付制度，企業実務に大きな影響があるコーポレートガバナンス・コード（令和3年6月改訂版）におけるグループ経営に関係する規定，その他今日的なトピックスでありかつグループのリスク管理としても見逃せないESG（Environment Social Governance）経営や現場における1線，コーポレート部門における2線，内部監査部門における3線のリスク管理のあり方である3線ラインについて，グループガバナンスの視点から新たに解説に加えました。あわせて，裁判例の追記やデータを含めた本文の見直しも適宜行っております。

　もっとも，第4版においても，法令と企業実務の双方を意識している点は，初版から変わらぬコンセプトです。グループ全体としてのリスク管理において，関連法令を理解した上で，企業実務に活かしていくことが大切であると考えるからです。このために，具体的規程例や対外公表文例等も極力紹介しました。

　今回の改訂版においても，中央経済社の露本敦編集長には色々とご配慮いただき大変お世話になりました。この場を借りて，厚く御礼申し上げます。

　例年になく寒暖差が大きい中
　令和4年9月吉日

高橋　均

は　し　が　き

　本書は，グループ会社におけるリスク管理の問題について，法理論と実務の両面からアプローチした類書にない特色を持った書籍です。

　親子会社をめぐる問題については，平成22年4月から開始された法制審議会会社法制部会における「会社法制に関する見直し」においても重要な今日的なテーマと認識され，「親子会社に関する規律」としてグループ会社に関する個別論点について，他方面にわたって審議が行われました。裏を返せば，親子会社に関するテーマは，実務と立法との乖離があり，法整備が十分ではなく課題とすべき論点が多々あるとの証左であったといえましょう。

　本書は，研究者と企業実務を行っている方々の双方にとって有益になると確信しております。すなわち，研究者の方々にとっては，グループ会社管理の実態について，たとえば企業の現場では内部規程の作成などいかなる管理を実施しているか参考になると思われます。また，実務家の方々にとっては，他社のグループ会社管理の要諦を確認することができるだけでなく，親子会社をめぐる立法経緯や現行法の規定の確認，主要な論点・判例を学ぶことによって，親子会社の問題を考える上で多くのヒントを得ることができるものと考えます。

　本書は，具体的には以下の構成となっております。

　第1編では，グループ会社に関して，その範囲やグループ会社を規律する法として会社法と金融商品取引法の定義規定等を確認した上で，たとえば，グループ会社に関する内部統制システムの事業報告や監査報告の記載例の紹介など，具体的な実例に基づいた検討を行っています。実務を行う上で，現行法の規定を確認することが重要だと考えたからです。また，研究者の先生方も，法規定に則して，会社がどのような具体的な対応をしているか参考になると思います。

　第2編では，グループ会社におけるリスク管理の具体的な方策について解説

しています。すなわち，企業集団における統制環境の整備から監視活動に至るまで，創意工夫をしている会社の実例を紹介しつつ，管理の方策について具体的に詳説しています。たとえば，グループ会社管理規程や危機管理委員会設置規程の実例，さらにはグループ会社を含めて運用して実効を上げている内部通報制度の内部規程の実例などを掲載しつつ，グループ会社管理のポイントを示しています。本編も，具体的に実務に携わっているグループ会社管理部等の企業の方はもちろんのこと，研究者の先生方にとっても実務実態に対する理解が深まるものと考えます。

　第3編では，グループ会社の形態別対応の具体的方策について解説しています。たとえば，海外子会社管理では特有の課題が存在すると思われますし，純粋持株会社形態の会社では，持株会社としての役割に焦点を当てています。また，子会社からの視点も重要と考え，完全子会社からみた内部統制の留意点などにも言及しました。なお，海外子会社管理では，英文付きのチェックリストの抜粋を参考に掲載しております。

　第4編では，グループ会社に関係する企業結合法制について，これまでの立法経緯と主要論点について解説しています。企業結合法制については，以前から法整備の必要性が主張されていましたが，近年，特に具体的な検討が俎上に上ることが多くなりました。そこで，グループ会社に関係する企業結合法制の検討経緯を紹介するとともに，企業結合法制に関して学界において主要論点である「子会社少数株主の保護」「子会社債権者の保護」「親会社株主の権利縮減」について，問題の本質や議論となる焦点，さらには今後の立法的課題等について論じています。上記の論点は，今般の会社法制の見直しの中でも審議されたテーマですので，その内容も必要に応じて解説を加えています。本編は，実務家の方々にとっては，日頃，体系的に確認する機会がない内容を多々含んでおりますので，参考にしていただきたいと思います。

　第5編は，グループ会社をめぐる主要な裁判例を取り出して，事案の概要，判旨に加えて，解説を行っています。解説に際しては，極力，研究者と実務家の双方の目線を意識しております。

　グループ会社をめぐる問題は，法理論的にも実務的にも，検討すべき課題が多々あります。特に，個別企業に限定せずにグループ全体としての競争力が問われている今日，グループとしての一定の規律を遵守しつつ，グループ会社を構成する個社としての独立性を尊重するという重要な問題が存在します。また，グループ会社といっても，その規模や内容，親会社との関係など様々です。このような課題があるからこそ，実務実態と法理論との整合性に留意しながら，立法的課題に取り組んでいくことが重要と考えています。本書が，最終的にそのような目的を検討する上での参考にもなれば，筆者としてこれに勝る喜びはありません。

　中央経済社の露本敦編集長には，本書の発刊に際しても色々とお世話になりました。本書で取り上げた問題の重要性につき，露本編集長と共有できたことも執筆の上での大きな力になりました。ここに感謝申し上げたいと思います。

　新たな年を迎えて
　平成26年1月吉日

高橋　均

目　次

序　論

1．グループ会社戦略の意義

(1)　グループ経営のメリット

　近年，グループ会社としての戦略の重要性が高まっている。連結決算が主流となっている中で，親子会社を含めたグループ会社全体としての競争力に注目が集まっているからである。このような流れは，平成9年の私的独占の禁止及び公正取引の確保に関する法律（以下「独占禁止法」という）改正による純粋持株会社解禁（独占禁止法9条），平成11年の株式交換・株式移転制度に係る商法改正が一つの契機となったものと思われる。

　事実，その後，金融機関を中心として[1]，多くの会社において持株会社が新設され，完全親子会社形態による企業グループ化を強めている傾向にも表れている[2]。さらに，平成14年の商法改正においては，連結計算書類制度が導入され（旧商法特例法19条の2），会社法にも継承されている（会社法444条3項）[3]。この改正について，当時の立案担当者は「近年，大規模株式会社においては，企業グループを形成し，一体となって営業活動を行うことが多くなっているところ，企業グループ全体の財務内容がどのような状況にあるかは，株主にとっても重要な情報である。」との趣旨であるとしている[4]。

　グループ会社を形成すると，その中で人材，原材料の調達，資金の融通をは

1）金融庁は，銀行や保険などの金融機関を対象にした金融持株会社グループ等に対して，「金融コングロマリット監督指針」を定めた（平成17年6月公表）。
2）平成11年の商法改正における株式交換・株式移転に係る制度も，完全親子会社関係を創設するためのものであった。江頭憲治郎＝武井一浩＝川西隆行＝原田晃治「株式交換・株式移転制度の活用について」［原田発言］ジュリスト1168号（1999年）100頁。
3）会社法では，大会社でなくても，会計監査人設置会社であれば，連結計算書類を作成することは可能である（会社法444条1項）。
4）始関正光「平成14年改正商法の解説［X］」商事法務1649号（2002年）6頁。

じめ，グローバルに事業展開をする際の情報の共有化を図ることができるなど，相互に多くのメリットがある。単独の企業経営では，時間とコストを要したことでも，企業グループ全体として，短期間で効率的に達成可能となる点で，グループ会社を一つの企業体として考えることも可能である。このために，グループ会社全体としての方針を明示しているグループも存在する。

(2) リスク面の留意点

他方で，グループ会社としての特有のリスクも存在する。グループ会社といっても，法人格は別で，かつ所属している業界が異なることも多い。法人格が別ということは，少なくとも法的には別会社ということであり，グループ会社の中であったとしても，利益相反取引が恒常的に許されるわけではない。特に，企業によっては，グループとは直接に関係がない一般株主が存在することから，グループ会社全体として利益が得られたとしても，株主個人にとって直接に利益が得られるわけではない。

たとえば，グループ内の別の完成商品を製造・販売しているA社に，部品を供給しているB社があったとしよう。A社としては，新しい商品を市場に投入するにあたって，商品の性能やデザインと同様に，その販売価格も重要な戦略である。いくら商品の性能やデザインが市場で受け入れられたとしても，消費者にとって購買に結び付くような販売価格でなければ，A社の新しい商品の売上は伸びないであろう。しかし，商品には必ずコストがあるから，コストを大幅に下回る販売価格で販売することは，企業の存続に関わることにもなりかねない。

このために，特に商品が市場に認知されるまでは，他社の類似製品や自社の旧モデルの商品の販売価格と比較した上で，新たな市場価格を設定することになる。A社のケースでは，グループ内のB社からの部品価格が市場価格より安価で供給を受けることができれば，A社の新商品のコストが下がることから，それだけ競争力のある販売価格で売り出すことができる。一方，このことは，B社の収益を悪化させ利益の減少につながることから，B社の株主にとっては，

配当の減少や株価の下落の不利益を受けることになる。

　また，グループ会社の各役員は，法的には自社と委任関係にあり，善管注意義務を負っている。したがって，たとえグループ会社にとって利益の最大化を図ることができていても，利益相反取引が行われて自社が損害を被れば，善管注意義務違反として株主から損害賠償請求の訴えを起こされる可能性もある。他方で，グループ会社に不祥事が発生した場合には，グループ全体としてのブランドが毀損し，社会的信頼を失う可能性も否定できない。

　このように，グループ会社としての企業集団を形成した場合には，個々の会社の自律性とグループ全体の利益の双方のバランスを取りながら企業運営をする必要性が出てくる。

2．グループ会社管理に関する疑問点

⑴　企業集団の内部統制

　グループ会社としての戦略が重要となってきた今日，グループとしてのリスク管理がクローズアップされてきた。この点を法的に明確にしたのは，会社法で定められた「企業集団の内部統制」である。

　平成18年5月1日から施行された会社法では，取締役の職務の執行が法令及び定款に適合するために必要なものとして法務省令で定める体制の整備（いわゆる内部統制システム）は，取締役に委任できない事項とされた（会社法348条3項4号・362条4項6号）5)。

　ここで法務省令とは，会社法施行規則（会社法施行規則98条1項・100条1項）6)のことであり，具体的には以下の五つの体制の整備である。

5）指名委員会等設置会社は，執行役の職務の執行が法令及び定款に適合することを確保するための体制とされている（会社法416条1項1号ホ）。
6）指名委員会等設置会社については，会社法施行規則112条2項に規定されている。
　なお，企業集団の内部統制の重要性に鑑み，会社法の本体に規定されることとなった（会社法348条3項4号・362条4項6号・399条の13第1項1号ハ・416条1項1号ホ）。

> ① 取締役の職務の執行に係る情報の保存及び管理に関する体制
> ② 損失の危険の管理に関する規程その他の体制
> ③ 取締役の職務の執行が効率的に行われることを確保するための体制
> ④ 使用人の職務の執行が法令及び定款に適合することを確保するための体制
> ⑤ 当該株式会社並びにその親会社及び子会社から成る企業集団における業務
>   の適正を確保するための体制

　もっとも，内部統制システムの整備について取締役（会）で決定することを義務付けるのは，会社法上の大会社（資本金5億円以上又は負債総額200億円以上）と指名委員会等設置会社（平成17年会社法の委員会設置会社）及び平成26年会社法で新たに創設された監査等委員会設置会社である。中小会社までに内部統制システムの構築義務を一律に課すのは，新たな規程類の整備や組織体制の再検討等の負荷がかかるので，代表取締役を中心に十分に自社の管理体制を把握すれば良いであろうとの意図である。

　上記の①から④までが単体の内部統制システムであるのに対して，⑤がグループとしての内部統制システムを定めている点に注目しなければならない。すなわち，会社法では，単体に限らず，グループ会社全体として内部統制システムを構築する必要性を規定している[7]。内部統制システムとは，リスク管理とも言い換えることが可能なことから[8]，グループ会社全体として適切なリスク管理を行うことを会社法は要請しているともいえよう。

7）内部統制システムに企業集団が追加されたことは重要であるとの指摘として，中村直人「新会社法における株主総会の位置づけ」商事法務1758号（2006年）31頁。

8）大阪地方裁判所は，大和銀行株主代表訴訟の判決の中で，「健全な会社経営を行うためには，会社が営む事業の規模，特性等に応じたリスク管理体制（いわゆる内部統制システム）を整備することを要する」とした上で，「代表取締役又は業務担当取締役として，リスク管理体制を構築すべき義務を負い，さらに，代表取締役，および業務担当取締役として，リスク管理体制を構築すべき義務を履行しているか否かを監視する義務を負うのであり，これもまた，取締役としての善管注意義務，および忠実義務の内容をなすものというべきである」と判示した。大阪地判平成12・9・20判例時報1721号3頁。

　本判決に対しては，「取締役のリスク管理体制や法令遵守体制（内部統制システム）の構築義務を明確に打ち出し，それに基づく責任を認めた画期的な意義を持つもの」との評価がある。岩原紳作「大和銀行代表訴訟事件一審判決と代表訴訟制度改正問題（上）」商事法務1576号（2000年）11頁。

⑵　実務で疑問となる点

そこで，グループ全体のリスク管理に関係して，次のような質問が寄せられることが多い。

第一の質問は，グループ会社といっても，連結子会社から投資会社まで多種多様であるが，どこまでをグループ会社として考えるべきかという点である。この質問は，グループ会社の範囲に関するものである。グループ会社をどこまでとするかは各グループの自治に任されているが，会社法でいうところの企業集団という場合には，明確に規定されているから注意が必要である（第1編参照）。

第二の質問は，グループ会社のリスク管理を適切に行うべきとの一般論は理解できるが，親会社の方も子会社を管理する役職員の人数が限られている中で，どのようにしたらよいかというものである。自社の中のリスク管理でも手一杯なのに，グループ会社にまで，手が回らないという親会社のグループ会社管理部門の担当者の声をよく聞く。

しかし，グループ会社のリスク管理が，企業集団の内部統制システムとして会社法の中に組み込まれている以上，管理するための人数が少なくてできないということを理由とはできない。そこで，管理のための人数には費用をかけずに，いかに効果的にグループ会社全体のリスク管理を行うかが求められるし，実際に工夫すべき点である（第2編・第3編参照）。

第三の質問は，グループ会社における親会社から不当な取引の請求が行われたことに対して拒みたいが，どのような対応方針とすればよいかというものである。一般的には，親会社の支配力が強いことから，親会社に対する従属性と親会社以外の会社の独立性とのバランスの問題とも言い換えることができる。特に悩ましいと思われることは，利益相反取引である。一次的に利益相反取引であっても，グループ全体として利益が期待できる場合や，中長期的に子会社にも利益が還元される場合にどのように考えるかである。この問題については，親会社以外のグループ会社が上場会社の場合は，親会社以外の一般株主との関

係も考える必要がある（第3編・第4編参照）。

　第四の質問は，海外のグループ会社への対応である。グローバル化している中で，多くの会社が海外に新たにグループ会社を設置したり，海外ですでに存在している会社をグループ内に取り込むことが行われている。わが国の会社法では，前述したように，企業集団の内部統制システムの規定が定められ，大会社等においては，企業集団としての内部統制システムの整備について，取締役（会）での決定が義務付けられている。

　しかし，海外のグループ会社が直接的に適用となるのは現地国の法律である。国際私法の観点からは，海外の会社と係争が発生した際には，準拠法と裁判管轄の問題が重要な論点となるが，海外に拠点を構えているグループ会社は，当事国の法律や裁判管轄となるのが通常である。海外のグループ会社のトップが現地人となるケースが増加している中，直接的には企業収益には結び付かないわが国の内部統制システムを理解させた上で，日本の親会社がその管理を適切に行うことは実は難しい問題である（第3編参照）。

　第五の質問は，グループ会社の中で不祥事が発生した場合に，親会社又は親会社役員の法的責任はどのようなものかという点である。グループ会社とはいえ，法人格が別な中で，法的には，親会社役員はグループ内の他の会社と直接の委任関係（会社法330条，民法644条）はなく，したがって，親会社役員がグループ会社に対して善管注意義務を直接負っているわけではない。

　他方で，企業集団の内部統制システムの規定が定められている中で，法的責任を負うか否かという問題がある。仮に負うとしたら，どのような要件が充足された場合に，親会社（役員）の責任が問われることになるか検討する必要がある（第4編・第5編参照）。

3．グループ会社特有のリスク

　見方を変えて，グループ会社特有のリスクを親会社の視点と親会社以外の視点で考えてみよう。

(1)　親会社からの視点

　親会社の視点として留意すべきと思われる点は，①株主平等原則の問題，②親会社から派遣される役職員の問題，③法人格が別の問題，の３点に集約することができる。

①　株主平等原則と親会社

　親会社はグループ内の中心的企業であるが，親会社たる所以は他の会社の株式を50％超所有していることにある（実質支配基準の場合は40％以上である。親会社の定義は第１編第１章参照）。すなわち，親会社は他のグループ会社からみれば，多数派株主である。会社法では，株式会社は株主をその有する株式の内容及び数に応じて，平等に取り扱わなければならない（会社法109条１項）と規定している。いわゆる株主平等原則である。ここで規定されている「内容に応じて」というのは，配当優先株式，議決権制限株式などの種類株式を発行している場合は，会社が株式の内容の違いに応じて種類株主の間で異なる扱いをすることが許されるということである。すなわち，種類株式を発行していなければ発行済株式を取得しているすべての株主，種類株式を発行していれば，各々の種類株式の範囲内では，取得数に応じて株主を平等に扱わなければならないという趣旨の規定である。

　すると，親会社はたしかに50％超の株式を取得しているものの，親会社が多数派株主としての権限を行使して，グループ会社の利益を一方的に搾取することは株主平等原則に反するということになる。親会社以外のグループ会社が存在しない完全親子会社形態の場合には株主平等原則の問題は発生しないし，グループ内で株式をすべて持ち合っている場合には，グループ全体の利益の最大化が共通の目標に出てくることから，問題となることは少ない。しかし，グループ会社が上場している場合には，少数の一般株主との関係が問題となってくる。株主優待制度に見られるように，株主平等原則は厳密な解釈が適用されるわけではないが，少数株主に一方的に不利益を及ぼすような場合には，株主

8

平等原則の観点から問題となってくる。

② グループ内の人事

　グループを形成している場合，親会社の役職員がグループ内の他の企業に派遣されることも多い。派遣の形態としては，大きく親会社の所属で兼務の場合，親会社からの出向の場合，親会社を退職して転籍という場合の三つの形態がある。

　親会社の所属で兼務の場合とは，たとえば親会社の関連会社部門の部長がそのままグループ会社の非常勤取締役に就任する形である。この場合，親会社の部長は，グループ会社の非常勤としての報酬は支払われないのが通常である。親会社が自社の役職員をグループ会社の非常勤役員に派遣する目的としては，グループ全体としての基本政策の徹底や親会社の意向を反映させることが挙げられる。言い換えると，株主の代表ではなく，親会社の代表としての性格が強いことが特徴である。他方で，親会社の部長としての職位にあるときは，親会社とは雇用関係にある従業員であるのに対して，グループ会社の役員としての地位は，当該グループ会社とは委任関係となり，グループ会社に対して法的に善管注意義務を負うことになる。役員としての職務につき任務懈怠となれば，当該グループ会社に対して損害賠償責任を負う（会社法423条1項）。そして，グループ会社が役員の責任を追及しなければ，株主が会社に代わって，当該役員の損害賠償を請求できる（会社法847条1項・3項）。

　このように，前任者からの引き継ぎとして部門の部長職としての職務の一環として，無報酬にもかかわらずグループ会社の取締役等の役員に就任したばかりに，多額の損害賠償を支払うリスクが発生することになる。会社法制の見直しの議論の中で，経済界が多重代表訴訟制度の創設に強く反対したのも，この点が理由の一つである[9]。

③ 異なる法人格での支配関係

　親会社としては，グループ全体のブランド力の保持は重要な問題であること

から，グループ内の企業不祥事について個々に対応を図ろうとしている。しかし，会社の所在地をはじめとして，業界や業種が異なるなど，親会社の管理が詳細にわたってグループ会社に徹底されることは物理的に不可能である。しかも，法人格が別という状況の中で，親会社がグループ会社を実質的に支配し利用した場合には，法人格否認の法理が適用になる可能性もある。

　法人格否認の法理とは，会社の法人格の独立性を否定することによって，会社間若しくは会社と株主との間を同一のものとみなすことである。たとえば，親会社Aがグループ会社Bにおける対外的な契約行為をするなどの重要な会社の意思決定を行う際に，すべてA社の事前承認を必要とするようにA社が実質的に支配している場合には，B社の法人格は否認されている可能性もあると考えるわけである。そして，A社がA社自らの利益を得るためや自らの脱法行為を回避するためにB社を利用している状況にある場合には，B社の取引先等の債権者が被った損害については，法人格否認の法理が適用されて，A社に対しても損害賠償の請求が可能という法理が判例上確立している[10]。

　したがって，グループ会社といえども法人格が別である以上，グループ会社の独立性を尊重しつつも，いかにグループとしての一体感を醸成するかという視点が親会社には求められることになる。

(2)　グループ会社からの視点

　グループとしての問題を，親会社以外のグループ会社からの視点でみるとどのような問題があるであろうか。

　大きくは，①グループ会社としての独立性，②グループ会社の会社機関設計，③親会社派遣役員とグループ会社プロパー役員との関係，の3点が挙げられる。

　9）企業の法務部門の担当者で組織される会員組織である経営法友会での議論を踏まえ，多重代表訴訟導入の反対の理由の一つとして，親会社従業員としての処遇を受けている子会社役員と兼務や転籍をしている者に，不特定多数の親会社株主から直接の訴訟リスクを負わせるのは酷であり合理的ではないということである。北川浩「多重代表訴訟導入に対する問題意識」商事法務1947号（2011年）31～32頁。同旨，阿部泰久「経済界からみた企業法制整備の課題」商事法務1954号（2012年）101頁。
　10）最判昭和44・2・27最高裁判所民事判例集23巻2号511頁。

① 独立性

　グループ会社としての独立性は，法人格が別の問題をグループ会社から見たものである。グループ会社としては，親会社は株主の権利の点ということにとどまらず，人的や資金の面等からグループ会社に対して多大の影響力を持っている。しかし，影響力を持っていることは，グループ会社の独立性を無視してよいということではない。グループ会社は，グループ会社としての株主や債権者をはじめとしたステークホルダー（利害関係者）が存在するわけであり，これらステークホルダーの利益をないがしろにして親会社の利益に則った対応をすることが許されるわけではない。親会社との関係を重視しつつも，グループ会社としての自律的な活動をしなければならない。特に，親会社から違法行為を強要された場合には，グループ会社としての独立性を発揮して，その違法行為を拒絶することが必要となる。

　会社法の立案担当者によれば，子会社から見た場合の具体的対応事例として，①親会社の計算書類又は連結計算書類の粉飾に利用されるリスクに対する対応，②取引の強要等親会社による不当な圧力に関する予防・対処方法，③親会社役員等との兼任役員等の子会社に対する忠実義務の確保に関する事項，④子会社の監査役と親会社の監査役等との連絡に関する事項，等が挙げられている[11]。

② 適切な機関設計

　グループ会社の機関設計もグループ会社としては重要な視点である。株式会社は，株主総会と取締役は必置の会社機関であるが，取締役会，会計参与，監査役（会），会計監査人は任意の設置の会社機関である。すなわち，会社法上の大会社（資本金5億円以上又は負債総額200億円以上）かつ公開会社は，上記会社機関をすべて設置しなければならないが，たとえば，大会社であっても非公開会社では，取締役会や監査役会の設置義務はないし，公開会社であっても非大会社であれば，監査役会や会計監査人を設置する必要はない（会社形態と機

11）相澤哲＝葉玉匡美＝郡谷大輔編著『論点解説　新・会社法　千問の道標』（商事法務，2006年）338頁。

関設計については，第2編第1章3．参照）。

　取締役会，監査役（会），会計監査人は，会社の監督・監査機能として重要な役割を担っており，グループ会社としては，コーポレート・ガバナンスの観点からも，自社の会社機関設計を検討する必要がある。このことは，親会社からの監視に全面的に依拠するのではなく，グループ会社の業界や業種等によって，リスクの種類や程度も異なるわけであるから，自社に相応しい会社機関設計とすることが重要であろう[12]。

③　親会社派遣役員とプロパー役員

　最後の親会社派遣役員とグループ会社プロパー役員との関係も，グループ会社の視点として考慮すべき点である。親会社派遣役職員は，親会社の代弁者として親会社の意向を受けることが多いと思われるが，グループ会社のプロパー役員として無条件に従属する必要もないし，すべきでもないであろう。親会社から派遣されて役員となっているとはいえ，法的責任としては個々のグループ会社に対して善管注意義務を負っているわけであるから，グループ会社プロパーの役員と力を合わせて，法律の遵守を前提として自社の利益の最大化を図ることが必要である。このために，両者が対立することなく，協業精神に則って行動することが求められる。グループ会社の利益の最大化が親会社ひいてはグループ全体としての利益の最大化につながることを目標とすべきであろう。

　なお，本書ではグループ会社とは，特に断りをしない限りは会社法上の企業集団に属する会社を念頭において記述する。

12）「持株会社傘下の従属会社であり，かつ完全子会社であっても，相当の大規模会社であれば，当然それなりの管理機構の充実は必要である」との指摘（稲葉威雄「企業結合法制のあり方」商事法務1744号（2005年）84頁）は，定款自治を特色として会社法では，各社の経営者が，自社に相応しい管理機構としての会社機関設計のあり方を慎重に検討すべきという点にもつながるはずである。

第1編

グループ会社と法

● 序　説 ●

　日常的にグループ会社という言葉を聞くことも多い。核となる会社を中心に
グループを形成し，グループ内での連携や取引を優先的に行うことによって，
グループ内の会社の競争力が向上するというイメージがあるであろう。たとえ
ば，トヨタグループといえば，トヨタ自動車株式会社を中心に，トヨタ自動車
株式会社に部品等を供給する株式会社アイシンなどの垂直的な関係の会社，あ
るいは株式会社豊田自動織機などの水平的な関係の会社が存在して，大きなグ
ループを形成しているものと想像できる。

　しかし，グループ会社とは法律上定義された用語ではない。法律上は，親会
社・子会社・関連会社などの名称の会社を各々に定義した上で，連結決算の際
にどの会社までを範囲とするか，又は企業集団の内部統制システムを問題とす
るときには，この規定がどの会社までに影響を及ぼすのか明確に規定されてい
る。法的な係争に発展した場合には，グループ会社の範囲が明確になっていな
いと，法に基づいた決着を行うことができないからである。その上で，グルー
プを形成しようとする企業群は，親会社を中心にして，持株比率や実質支配基
準をベースに，法律上の企業集団に属する会社を選別しているわけである。

　たとえば，あるグループ会社で不祥事が発生した場合に，その不祥事が当該
グループ会社の取締役や監査役等の会社役員の職務につき任務懈怠が原因であ
るときには，会社や第三者に対して損害賠償を支払うこともあり得る。その際
に，グループ会社群の中心となっている親会社の役員が責任を負うことになる
のか否かが問題となってくる。仮に責任を負うということになれば，自らも損
害賠償を支払ったり，退任に追い込まれるということにもなる。

　グループ会社の不祥事に対して自ら道義的責任を取って辞任をしたり，報酬
の一部を自主返上する事例を見ることもあるが，このことと法的責任を取るこ
とは別である。法的問題となれば，株主代表訴訟や債権者から訴訟を提起され，
司法の場で決着せざるを得ない。したがって，一概にグループ会社といっても，

法的にはその範囲を明確にし，グループ会社が多大な損害や不祥事等を発生させたときに，グループの親会社がどこまで法的責任を取るべきであるかという点を明らかにしておくことは，法理論的にも実務上も重要なことである。

　そこで，本編では，グループ会社の中の親会社・子会社などについて，会社法・金融商品取引法・独占禁止法上の定義規定と関連事項を確認した上で，主にグループ（企業集団）としての内部統制システムに関して，その整備と評価について，具体的な事業報告や監査役（会）監査報告の事例，さらにはコーポレートガバナンス・コードの関連規定も紹介しつつ，検討することとする。

第1章　グループ会社に関する法規定

1. 定義の確認

　グループ会社の範囲をどのようにするかは，基本的には各社の自由である。
10％の持株比率を持っている投資会社をグループ会社とすることも可能だし，
持株比率が低くても，社長や役員を送り込んでいる会社をグループ会社の一つ
とすることもできる。

　他方で，法律でグループ会社の範囲を規定しているので注意が必要である。
なぜならば，その法律の規定の範囲内のグループ会社は，当然のことながら当
該法律を遵守しなければならないからである。

(1) 会社法上の規定

　会社法では，企業グループを「企業集団」とし，その定義を「当該株式会社
及びその子会社から成る」ものとしている（会社法348条3項4号・362条4項6
号・399条の13第1項1号ハ・416条1項1号ホ）。企業集団の内部統制システムは
元々は会社法施行規則で規定されていた（会社法施行規則98条1項5号・100条

【企業集団の概念図】

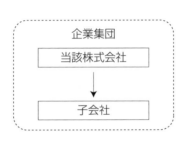

1項5号）が，平成26年会社法では，会社法本体でも規定されることになった[1]。

すると，次に問題となるのは，親会社と子会社の会社法上の定義である。

会社法では，まず子会社の定義として，「会社がその総株主の議決権の過半数を有する株式会社その他の当該会社がその経営を支配している法人として法務省令で定めるものをいう」（会社法2条3号）と定めている。やや読みにくい定義であるが，子会社の定義の中に二つの内容が入っていることに注意が必要である。

一つは，定義規定の前段の「会社に総株主の議決権の50％超を所有されている株式会社」を子会社と定義している。ある会社が，議決権の50％超を所有しているということは，その会社の株主総会で多数派を形成することから，取締役の選任等多くの議案に対して決定力を持つということである。この場合，議決権の50％超を所有されている会社が子会社である。

もう一つは，会社法での新しい概念であるが，「他の会社によって経営を支配されている株式会社」も子会社としていることである。「経営を支配している」という具体的な内容については，法務省令である会社法施行規則3条に規定されている。具体的には，総株主の議決権の50％超を所有されていなくても，所有されている株式が40％以上50％以下の場合には，以下のように実質的に経営を支配されていることが認められる場合（実質支配基準）では，50％超の議決権を所有されている場合と同様に，子会社と定義するとされている[2]。

1）会社法施行規則では，「当該株式会社並びにその親会社及び子会社から成る（傍点筆者）」となっており，会社法本体と異なる規定ぶりとなっている。この点に対して，立案担当者からは，両者で特に規律の内容を変更するものではないとの説明がなされている。坂本三郎＝堀越健二＝辰巳郁＝渡辺邦宏「会社法施行規則等の一部を改正する省令の解説［I］―平成27年法務省令集6号―」商事法務2060号（2015年）6頁。

2）親子会社の基準が，従前の商法の形式基準から実質基準に変更された理由として，立案担当者は「子会社，親会社に関連する規定としては，たとえば，社外取締役の要件の規定（旧商法188条2項7号ノ2），監査役の調査権に関する規定（同法274条ノ3），子会社による親会社株式の取得の禁止の規定（同法211条ノ2）などがあったが，それぞれの規定の趣旨に鑑みると，…，議決権の過半数という形式基準よりも実質的支配関係の有無によって判断することのほうが適当であると考えられるところであった」と説明されている。相澤哲編『一問一答　新・会社法（改訂版）』（商事法務，2009年）71頁。

なお，実質基準への変更については，将来の本格的企業結合規制導入の前提条件の整備として評価できるとの主張がある。高橋英治「わが国における企業結合法制の現状と課題」大阪市立大学法学雑誌53巻4号（2007年）783頁。

┌───
【実質支配基準の具体的内容（会社法施行規則3条3項2号ロ〜ホ）】
- 会社機関を構成する役員の員数が，その会社の役員の員数の過半数以上
- 業務を執行する役員の員数が，その会社の業務執行役員の員数の過半数以上
- 自社の使用人の員数が，その会社の使用人の員数の過半数以上
- 重要な財務及び事業の方針の決定を支配する契約等の存在
- 資金調達を行う額が，資金調達額の総額に対して過半数以上
- その他，財務及び事業の方針の決定を支配していることが推測される事実の存在
└───

　一方，親会社の定義は「株式会社を子会社とする会社その他の当該株式会社の経営を支配している法人として法務省令で定めるもの」としている（会社法2条4号）。子会社については，すでに会社法2条3号で定義しているので，要するに子会社がある会社ということである。また，グループ会社の中に，関連会社という概念を持ち込むこともある。

　関連会社の定義は，会社計算規則では，「会社が他の会社等の財務及び事業の方針の決定に対して重要な影響を与えることができる場合における当該他の会社等（子会社を除く。）をいう」としている（会社計算規則2条3項18号）。なお，親会社の定義にもある「当該株式会社の経営を支配」とは，子会社の定義と同じ実質支配基準のことである（会社法施行規則3条2項・3項）。

　また，法務省令では「当該株式会社の親会社，子会社及び関連会社並びに当該株式会社が他の会社等の関連会社である場合における当該他の会社等」を関係会社という（会社計算規則2条3項22号）。簡潔に表現すれば，子会社及び関連会社も含めたグループ会社を関係会社ということになる。

(2)　財務諸表等規則上の規定

　財務諸表等の用語，様式及び作成方法に関する規則（以下「財務諸表等規則」という）上の子会社とは，他の会社等の財務及び営業又は事業の方針を決定する機関を支配している会社間における当該「他の会社等」をいう（財務諸表等規則8条3項）。このうち，財務及び営業又は事業の方針を決定する機関を支配

しているとの定義については，基本的には会社法の規定と同じと考えてよい。

　また，財務諸表等規則上の関連会社の定義は，会社が，出資，人事，資金，技術，取引等の関係を通じて，子会社以外の他の会社等の財務及び営業又は事業の方針の決定に対して，重要な影響を与えることができる場合における当該子会社以外の他の会社とし（財務諸表等規則8条5項），具体的には以下のように定義している。

> **【関連会社の定義（財務諸表等規則8条6項）】**
> • 20％以上の株式を所有している会社
> • 15％以上又は20％未満の株式を所有し，かつ役員就任，重要な融資，技術・取引等で重要な影響を与えている場合

　関連会社の定義においても，会社法上の親子会社の定義と同様，一律の持株比率で規定しているのではなく，実質支配基準を定めている点が特徴である。会社の支配において，他社の株式の保有比率が大きな比重を占めるのは事実であるが，実質支配基準として，派遣役員の員数やその地位による人的側面，会社運営のための資金調達の比率なども考慮されたものである。

　言い換えると，持株比率を下げることによって法律上の親子会社の定義から除外することにより，親子会社を対象とする法の規定から逃れるという行為を防止するという立法趣旨もある。

(3)　独占禁止法上の規定

　独占禁止法では，子会社は，会社がその総株主の議決権の過半数を有する株式会社その他の当該会社が経営を支配している会社等として公正取引委員会規則で定めるものと定義している（独占禁止法10条6項）。

　持株比率の規定や経営を支配しているとの規定は，会社法と基本的には同様である。

　なお，子会社の株式の取得価額の合計額の会社総資産の額に対する割合が100分の50を超える会社を，独占禁止法上「持株会社」と称している（独占禁

止法9条4項1号）。

2. 会社法上の親子会社規制（企業結合規制）

商法から継承された会社法では，親子会社に関する規制として，以下のようなものがある。

(1)　親会社株式取得の禁止

第一の規制としては，子会社による親会社株式の取得禁止である（会社法135条1項）。この規定は，自己株式の取得が原則として禁止されていたときに規定されたものであり，子会社が親会社株式を取得することは，自己株式の取得と同様の効果をもたらすことを除去する立法趣旨があった。

子会社が親会社の株式を取得できる場合は，①他の会社の事業の全部を譲り受ける場合において当該他の会社の有する親会社株式を譲り受ける場合，②合併後消滅する会社から親会社株式を承継する場合，③吸収分割により他の会社から親会社株式を承継する場合，④新設分割により他の会社から親会社株式を承継する場合，⑤前各号に掲げるもののほか，法務省令（会社法施行規則23条）で定める場合，として限定列挙されている（会社法135条2項）。

また，子会社が親会社の株式を有する場合には，相当の時期に処分しなければならない（会社法135条3項）。

(2)　株式相互保有の規制

第二は，株式相互保有の規制である。すなわち，子会社が保有する親会社の株式のような株式相互保有の場合に関しては，子会社は議決権を有しない（会社法308条1項括弧書）とされている。

条文上は，実質支配関係にある場合に議決権を有しないものと規定されているが，会社法では親子会社の定義を実質支配基準に変更していることから，親子会社の場合には，当然のこととして相互保有株式の議決権制限に該当する。

この立法趣旨は，親会社の子会社に対する支配関係を利用して，子会社の取締
役の選任や重要な意思決定の際に親会社の意向を反映させることがないように
することである。

(3)　その他の規制

その他にも，子会社の資金を利用した利益供与の禁止（会社法120条1項），
会計参与・監査役・会計監査人による子会社調査権（同法374条3項・381条3
項・396条3項）や，裁判所の許可を得た親会社社員による子会社の各種議事録
や資料等の閲覧・謄写請求権がある（同法31条3項・125条4項・252条4項・318
条5項・371条5項・433条3項・442条4項・684条4項）。

3．グループ会社化の形態
(1)　持株取得（市場からの購入）

会社法上の企業集団を形成するための子会社化をするためには，持株比率を
上げることが考えられる。具体的な方法としては，市場から株式を取得するか，
株式の割当てを受けることになる。

子会社にしようとする会社が上場会社であれば，株式市場から自由に株式を
取得できる。しかし，株式を取得される会社が子会社となることを好まない場
合には，大きな対立に発展する。子会社化しようと考える会社は，市場を通じ
て内々に取得することができるが，ある会社の子会社になることは，その会社
の債権者や株主等のステークホルダーにとって，大きな影響を及ぼすことにな
るので，金融商品取引法では大量保有報告制度を定めている。

大量保有報告制度とは，5％ルールともいわれており，株券等の大量保有者
となった者に対して，その保有状況などの開示を求める金融商品取引法上の開
示制度である。大量保有者とは，株券関連有価証券で金融商品取引法で上場さ
れているもの，又は店頭売買有価証券の発行者である法人が発行者である株券
等の保有者で，当該株券等に係るその株券等保有割合が5％を超えるものをい

う（金融商品取引法27条の23第1項）。

　株主は，株式会社に対して持株比率に応じた株主権の行使が可能となることから，大量の持株を保有している者は，当該株式会社に対して，経営権の掌握等，強い影響力を持ち得る立場にある。したがって，大量保有報告制度とは，株券などの大量保有や処分に関する情報を投資者に対して迅速に提供することによって，市場の公正性や透明性を高め，投資者の保護を図ることが目的である。

　他方で，大量保有報告制度は，名義書換えを行っていない者など実質的に株式を保有している他人名義の株券等も含まれることから，当該株式会社（発行会社）にとって，初めて自社の株式の保有状況を知ることが可能となること，及び有価証券報告書と異なり大量保有に該当する保有者は迅速に開示する必要があることから，株式会社の経営者にとっては，敵対的買収の危険予知ができるというメリットもある。

　大量保有報告書の内容は，株券等保有割合に関する事項，取得資金に関する事項，保有の目的その他内閣府令で定める事項であり，大量保有者となった日の翌日から起算して5営業日以内に内閣総理大臣に提出することになっている。また，大量保有者となった日の後に，株券等の保有割合に1％以上の増減があった場合には，変更があった日から5営業日以内に，変更報告書を提出する必要がある。これらを一般報告と呼ぶ。

　これに対して，たとえば，会社の経営権の取得を目的としない一般の投資者に対して，大量保有報告書の開示を義務付けることの緩和措置として，特例報告の制度が規定されている。特例報告とする対象株券等は，金融商品取引業者，銀行その他内閣府令で定める者が保有する株券等で，重要提案行為等を行うことを保有目的としないもの，又は国・地方公共団体及びこれらの者を共同保有者とする，国や地方公共団体以外の者が保有する株券等のことである（金融商品取引法26条1項，大量保有府令11条・14条）。

　特例報告の場合の提出期限は，初めて保有割合が5％を超えるようになった基準日（毎月2回以上設定する日のうちから，特例対象株券等の保有者の届出をし

た日）から5営業日以内となっている。

> **【参考】株券保有割合（金融商品取引法27条の23第4項，大量保有府令5の2）**
> 株券保有割合＝（①＋②－③）÷（④＋⑤）
> ①　保有者の株券等の数
> ②　共同保有者の株券等の数
> ③　保有者及び共同保有者間の引渡請求権などが存在する株券等の数
> ④　発行済株式総数
> ⑤　保有者及び共同保有者の株券等の数のうち，潜在的株式につき株式に換算
> 　　した数

　子会社化を望まない場合には，その会社は敵対的買収に対する対抗措置として，取引先や金融機関等に対して，株式を売却しないように依頼する。これに対して子会社化を企図する会社は，公開買付け（TOB）によって持株比率を高めようと考えて，両者で全面的な対決に発展する。子会社化の対象会社としては，第三者割当や新株予約権の発行等，新たな対抗措置を講じて，相手会社の持株比率を高めないような対応をすることになる。

(2)　分社化

　もともと一つの会社内にあった事業部を切り出して，新たな会社を新設し子会社化する手法もある。いわゆる分社化というものである。

　会社の一事業部門の収益が上がらない場合に，その事業部門を分社してオフィス賃料が安価なところに移転したり，小回りが利く組織体とすることによって，意思決定の迅速化を図り収益を上げることが可能となる場合もある。特に，一つの会社にまったく異なる業務分野の事業部門が混在している場合には，人材育成も含めて分社化することによって，事業部門が独立して新設会社となった後に，収益が格段に上昇することもあり得る。たとえば，日本電信電話株式会社（NTT）から分社した株式会社NTTドコモが大きな収益を上げているのは典型的な事例である。

　分社した場合に，分社化した会社が新設会社の持株比率を50％超又は40％以

上の保有かつ実質支配基準に該当する場合には，親子会社の関係となる。新設
分割の場合は，新設分割計画を作成した上で（会社法762条・763条），分割につ
いて株主総会での特別決議による承認を得なければならない（同法804条・309
条2項12号）。分社化の場合は，事業部門がそのまま切り出されることから，
当初は人や設備などはそのまま新設会社に承継されるのが通常である。

　したがって，市場から株式を取得して子会社化する場合よりも，親会社と子
会社の関係は強固なことが多い。もっとも，分社した会社が属する業界で競争
力を高めるためには，有能なプロパーの人材の採用，新たな経営戦略の実践，
経営の意思決定の迅速化など，親会社からの影響を受けつつも独立性をいかに
発揮するかが重要となってくる。

(3)　株式交換・株式移転による完全親子会社化

　近時，株式交換・株式移転の方法を採用して完全親子会社形態にするケース
が増加している。完全親子会社となるためには，株主総会での特別決議による
承認を得た後，完全親子会社関係になることを反対する株主を含めて，すべて
の株式を自社の株式と交換することによって完全子会社化する株式交換による
手法（会社法2条31号）と，完全子会社となる事業会社がその発行済株式の全
部を新たに設立する持株会社に取得させ，完全親子会社関係となる株式移転の
手法（会社法2条32号）がある。特に株式移転の手法は，持株会社を中心とし
た強固な企業集団を形成することとなり，金融業界を中心に多く見られる。

　完全子会社は親会社が唯一の株主であることから株主権の観点からも親会社
の支配力が強く及ぶ。さらに，新たに持株会社が設立される場合は，完全子会
社となる元の会社の役職員の一部が持株会社の役職員となることから，分社化
の場合より親子の関係は強い。人材の採用においても，持株会社が一括採用し
た上で，事業会社に配属する例も多く見られる。

(4)　株式交付による子会社化

　令和元年改正会社法により，子会社化するための法的手段の多様化の一環と

して，株式交付制度が創設された（会社法2条32号の2）。株式交付制度とは，株式会社（株式交付親会社。会社法774条の3第1項1号）が他の株式会社を新たに子会社化（株式交付子会社。同号）するために，その会社の株式を譲り受け，譲渡人に対して対価として自社の株式を交付する制度のことである。子会社化しようとする会社が手持ちの現金を十分に準備できていなくても，自社の株式を活用することにより，子会社化による経営支配の手法が採用しやすくなる制度である。株式交換制度でも，自社株式を活用することが可能であったものの，株式交換制度では，完全子会社化する場合に限定されていたのに対して，株式交付制度は完全子会社とする場合に限らないため，企業実務上は，グループ会社化のための選択肢が増えたことになる。なお，株式会社は日本法で設立された会社であるために，外国会社（会社法2条2号）は株式交付制度の対象外である。

　株式交換制度を利用した完全子会社化は，株主総会での承認・決議がされれば，完全子会社化される株主は，株式交換の差止請求や無効の訴えの提起，株式買取請求権の行使，株主としての地位を離脱以外に対抗手段がなかったのに対して，株式交付制度の場合は，株式交付親会社の株主となるか否かは，対象とされた会社の株主の個別の意思に委ねられることになり，株式交付子会社の株主にとどまることも可能である。すなわち，対象会社の株主にとっても，株式交付親会社の株主となるか，株式交付子会社の株主としての地位を維持するか選択できる。

　株式交付制度の利用範囲を明確にするために，株式交付制度は議決権株式の50％超を取得する場合に限定される。したがって，すでに50％超の議決権株式を保有して子会社化している会社の持株比率を高めるためには利用できない。また，実質支配基準による子会社（会社法施行規則3条3項2号）の場合は，役員の過半数要件等，株式交付前においては不確定要素もあることから，株式交付制度の適用対象外とされている。

　株式交付制度を利用した子会社化は，株式交付親会社の株価の価値が上がれば，それに応じて株式交付子会社の株主に交付する株式数が少なくて済むこと

になる。それだけに，企業買収（M＆A）の一環として株式交付制度が活用されるケースが多くなるものと予想される。会社経営陣は，合併等の他の組織再編行為の効果や実務上の負担等を比較しつつ，株式交付制度の活用の有無を決定することになろう。

第2章 グループ会社（企業集団）における内部統制システム

1．会社法及び会社法施行規則における規定

(1) 平成17年会社法及び平成18年会社法施行規則

　内部統制システムについては，平成14年の商法改正において創設された委員会等設置会社（現在の指名委員会等設置会社）においてすでに明文化されていた（商法特例法21条の7第1項2号，商法施行規則193条）。平成18年5月1日から施行された平成17年会社法では，会社形態として委員会等設置会社と比較して圧倒的多数を占める監査役設置会社に対しても，内部統制システムの適用を拡大した経緯がある。もっとも，監査役設置会社において，内部統制システムの整備について取締役（会）の中で決定義務が定められたのは，あくまで大会社（資本金5億円以上又は負債総額200億円以上，会社法2条6号）及び委員会設置会社（委員会等設置会社から名称変更）に対してであるが，このことは，委員会型でない非大会社が内部統制システムを構築する必要がないということを意味するわけではない。むしろ，内部統制システムの整備は，会社のリスク発生を防止する重要な役割を果たすことを鑑みると，非大会社であっても組織的なリスク管理体制を構築する意味は大きい。

　もっとも平成17年会社法には，企業集団の内部統制の規定はなく，会社法施行規則に規定されたのみであった（会社法施行規則98条1項5号・100条1項5号）。

(2) 平成26年改正会社法及び平成27年改正会社法施行規則

　平成22年4月から審議が開始された改正会社法の内容は，「コーポレート・

ガバナンスの強化」と「親子会社の規律の整備」であった（親子会社法制に関する立法経緯については，第4編参照）。近時のグループガバナンスの重要性を鑑みたとき，会社単体の規律を整備すれば足りるということはなく，企業集団としての規律を整備すべきであることは自明であった。

　もっとも，平成17年会社法では，旧商法の条文構造から内容に至るまで，大幅な変更のための検討が必要であったことから，親子会社法制の整備にまで至らなかったという事情があった。そこで，平成27年5月1日から施行となった平成26改正会社法及び平成27年改正会社法施行規則では，親子会社法制を正面から捉えた改正が行われた。

　第一の改正点は，会社法施行規則に規定されていた企業集団の内部統制システムが，会社法本体に格上げになったことである。会社法施行規則において，内部統制システムには，企業集団としての整備も必要であるとの趣旨で規定が置かれていたが，平成26年改正会社法の本体に規定されることとなった。具体的には，会社法に規定された内部統制システムは，会社単体を対象としていたのに対して，「当該株式会社及びその子会社から成る企業集団の業務の適正を確保するために必要なものとして法務省令で定める体制の整備」の文言が追記となった（会社法348条3項4号・362条4項6号）[1]。

　企業集団としての内部統制システムが会社法本体に格上げとなったことは，企業集団の内部統制システムについての法的位置づけが強化されたことを意味する。したがって，取締役として企業集団としての内部統制システムの整備の重要性を認識しないことにより，それ相当の体制を整備しないで不祥事が発生し会社が損害を被ることになり，かつ両者に相当の因果関係が存在すれば，取締役としての任務懈怠責任を問われる可能性が高まったという点では重要な改正である[2]。

　第二の改正点は，会社法施行規則に関して，企業集団の内部統制システムの

1）監査等委員会設置会社は，399条の13第1項1号ハ，指名委員会等設置会社は，416条1項1号ホ。
2）畠田公明『企業グループの経営と取締役の法的責任』中央経済社（2019年）87頁。

具体的内容が列挙されたことである（会社法施行規則100条1項5号イ乃至ニ）。この中で，実務的に特に留意すべき点は，子会社取締役・使用人から親会社（執行部門）に対する報告体制の規定である（会社法施行規則100条1項5号イ）。

　子会社で発生又は発生のおそれがある重大な事件・事故に対して，早い段階で親会社に報告・伝達することにより，必要に応じて親会社のサポート又は直接の対応の具体的指示を受けることが可能となる。このことにより，子会社での事件等の拡大を未然に防止することができる。

　さらに，監査役会設置会社においては，子会社取締役・監査役・会計参与・執行役・使用人から親会社監査役への報告体制の規定も設けられた（会社法施行規則100条3項4号ロ）。子会社の取締役や使用人に報告を行っても，当該取締役らが子会社に不正を指示している状況下では報告を行う実質的な意味がなくなること，親会社監査役に報告することにより，親会社の監査役が直接，業務・財産調査権の権限（会社法381条2項）を行使して対応することで監査役としての職責を果たすことがその立法趣旨である（子会社から親会社への報告体制を示した31頁の【親子会社会社機関相関図】参照）。

　子会社から親会社への報告体制は，企業集団の内部統制システムの観点から規定されていることに留意が必要である。換言すれば，子会社の役職員の個人的な意識や能力に依存するのではなく，人事異動等が行われたとしても，子会社から親会社への一定の報告体制が維持されていることが重要である。日常的業務の中で，親子会社間の執行部門同士は，たとえば，子会社を管掌している事業部門と当該子会社とは，事業計画や業績の実行状況等について，意思疎通を行っているのが一般的である。また，親子会社間の監査役同士も，グループ監査役連絡会等の場を利用して，監査計画の説明や子会社の監査結果の意見交換を実施している。しかし，これらの行為は，法定されたものではなく，あくまで各社が自主的判断に基づいて実施している。

　一方，子会社の役職員から親会社への報告体制は，法定化されたものである。したがって，法が期待する体制が整備されていないことにより，親子会社が損害を被ることになれば，親会社の取締役は親会社の損害に対して，また子会社

の取締役は，親会社への報告を適時・適切に実行しないことにより子会社の損害を被ることになれば，同様に，子会社の損害に対して賠償責任を問われることになる。

　子会社から親会社への報告の対象範囲は，具体的に定められたものではない。したがって，取締役が監査役に報告する対象範囲が「会社が著しい損害を及ぼすおそれがある」と限定されたものではない立法趣旨を理解すべきである。すなわち，子会社から親会社への報告については，「著しい損害を及ぼすおそれ」とか「著しく不当な行為の事実」という要件が存在するわけではないことから，報告対象範囲を限定することなく，必要に応じて報告する体制を整備しておくことと解せられ，子会社の役職員や子会社の総意とした勝手な判断によって，報告の重要性を過小に評価すべきではないということである。

　なお，子会社から親会社への報告は，その体制の構築と具体的な運用の双方の観点が必要である。グループ内部通報制度を導入することにより，親子会社間の報告体制が構築されたものの，内部通報制度の十分な活用が行われなければ，その運用状況が課題ということになる（内部通報制度については，第2編第4章を参照）。

【親子会社会社機関相関図】

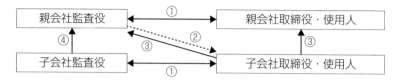

①監査役 ←→ 取締役（会）への報告義務
・監査役は，取締役の不正行為・法令定款違反・著しく不当な行為の事実を認めるとき，取締役に報告（会社法382条）
・取締役は，会社が著しい損害を及ぼすおそれがあることを発見したとき，監査役に報告（会社法382条）
②親会社監査役 ┈▶ 子会社取締役等
・業務報告請求権・業務及び財産調査権（会社法383条3項）
・正当な理由があるときは，子会社に拒否権有り（同条4項）
③子会社取締役等 ─▶ 親会社取締役・使用人・監査役
・親会社取締役等への報告（会社法施行規則100条1項5号イ）
・親会社監査役への報告（会社法施行規則100条3項ロ）
④子会社監査役 ─▶ 親会社監査役
・親会社監査役への報告（会社法施行規則100条3項ロ）

　さらに，平成27年5月1日から施行された会社法施行規則の改正では，内部統制システムについて，構築状況のみならず，その運用状況まで開示の対象となった。すなわち，内部統制システムの整備についての決定又は決議があるときは，その決定又は決議の内容の概要及び当該体制の運用状況の概要を事業報告に開示しなければならない（会社法施行規則118条2号）。また，事業報告の監査義務がある監査役としては，内部統制システムの内容が相当でないと認めるときは，監査役（会）監査報告の中に，その旨と理由を記載する必要がある（同法施行規則129条1項5号・130条2項2号）。会社法においては，内部統制システムの基本方針を定めたときは，その構築及び運用状況について，事業報告や監査役（会）監査報告による開示を通じて，株主に評価を委ねているといえ

る。

　なお，内部統制システムの一環として監査役監査の実効性確保を強化するための規定もおかれた。具体的には，従前からの補助使用人に関する事項（会社法施行規則98条4項1号・100条3項1号），補助使用人の独立性確保（同法98条4項2号・100条3項2号）に加えて，監査役から補助使用人に対する指示の実効性確保（同法98条4項3号・100条3項3号），役職員や子会社役職員から監査役への報告体制（同法98条4項4号・100条3項4号），監査役への報告者が不利益な取扱いを受けないことの確保体制（同法98条4項5号・100条3項5号），監査費用や債務の処理に係る方針事項（同法98条4項6号・100条3項6号）が新たに規定された。

　従前では，内部統制システムの構築の基本方針についての記載にとどまっていたために，あくまで規程やマニュアルの整備，組織の見直しなど内部統制システムの体制を外形的に整えればよかったのに対して，今後は，内部統制システムの構築状況を踏まえて，事業年度を通じて内部統制システムが適切に運用されているか否かその実質的な内容についても問われることになったといえよう。次に解説する金融商品取引法における内部統制システムについては，すでに会社（経営者）に運用状況を含めて自己評価が求められていたことから，会社法上も追随したものと考えられる（【企業集団に係る内部統制システムに関する事業報告の記載例】，【監査役（会）監査報告記載例】参照）。

【企業集団に係る内部統制システムに関する事業報告の記載例】

注：下線箇所は，平成27年改正会社法施行規則の規定に留意している点

記載例1　（問題がなかった記載例）

　企業集団の内部統制システムについては，その強化に取り組んでおります。令和○○年度は当社グループにおけるリスク管理体制の強化を目的とした「リスク管理委員会」が主体となり，重要リスクへの対策を強化し，実効性のある管理体制の構築に取り組みました。

　特に，グループ会社からの報告体制につきましては，「グループ会社管理規程」に基づき，予め定められた報告事項の内容について再検討を加え，着実な実施を図ってまいりました。さらに，企業集団内において「内部通報制度」を新たに設け，グループ会社から親会社に対して，コンプライアンス等の報告に基づき，グループ全体としての迅速な対応が図ることができるように致しました。その際，内部通報制度の利用者が不利益な処遇とならないように，徹底致しました。

　また，グループ会社役職員から監査役への報告については，子会社を管掌している各事業部門より定期的に実行されるとともに，監査役スタッフの増員を図ることなどを通じて，監査役監査の実効性を確保致しました。

　その上で，企業集団の内部統制システムの運用状況を定期的に確認したところ，特に問題となるような事象は認められませんでした[3]。

記載例2　（若干の問題があった記載例）

　企業集団の内部統制につきましては，子会社の独立性を確保しつつも，コンプライアンスに係る事項について，企業集団として情報を共有化し，平時の際のグループ全体の教育体制の拡充，企業集団の内部統制システムに対する定期的なモニタリングと評価結果の検証を継続的に行うとともに，有事の際には，危機管理委員会を開催し，第三者委員会の設置の当否など迅速な初期対応について検討す

3）会社法制部会での議論では，内部統制システムの運用状況の開示は，それが有効か否かの評価ではないとの説明もあった（法制審議会会社法制部会第10回議事録［河合芳光法務省民事局参事官発言］）ことから記載例1で十分と思われるが，積極的に「以上の体制整備を図った結果，令和○○年度について，当社及び当社グループの内部統制システムの運用状況についても，有効に機能している（又は，取締役の善管注意義務を果たしている，重大な不備はない）」旨の表記を行うこともあり得る。

　もっとも，立案担当者は，単に「業務の適正を確保するための体制に則った運用を実施している」との記載では，運用状況の概要とは言い難いとの見解を示している（「会社法の改正に伴う会社更生法施行令及び会社法施行規則等の改正に関する意見募集の結果について」36頁）ことには注意が必要である。

る組織体制を整備いたしました。また，子会社からの内部通報制度の一層の活用，親子会社の監査役とも連携を取ることを通じて，当社グループの内部統制システムを強化してまいりました。

　その結果，企業集団を含めた内部統制システムは継続的に改善しております。

記載例3　（問題があった記載例）

　当社及び各グループ会社は，各社の事業特性を踏まえつつ，事業戦略を共有化した上で，グループ一体となった経営を行ってまいりました。また，企業集団の内部統制システムにつきましては，「内部統制システムの基本方針」に則って，その整備及び運用について鋭意取り組んでまいりました。

　しかしながら，一部の子会社における内部監査体制が十分に行われなかったことにより，企業集団の内部統制システムに不備があると判断いたしております。その結果として，財務報告に対して開示すべき重要な不備が存在する可能性が高く，本年度会計年度末時点において，当社の企業集団の内部統制システムは改善すべき点があると判断しております。内部監査体制が十分に機能しなかった理由は，会計・財務の知見のある人材不足によるものであると認識しております。

　そこで，改めて会計・財務関係の人材育成及び教育体制に力を入れるとともに，モニタリング体制を含めた内部統制システムの再構築と運用状況についての監視体制を強化することにしております。また，連結子会社からの報告体制の強化の視点から，親子会社間の定期的な会合の実施，親会社に子会社対応専門の部門の設置とスタッフの配置をすることを通じて，企業集団としての適切な内部統制を整備し運用する方針であります。

　今後，さらなる経営の健全化と透明性を確保するため，企業集団全体としてのコーポレート・ガバナンス体制の強化と内部統制システムの適切な運用に注力し，コンプライアンス及びリスク管理をさらに徹底してまいります。

【監査役（会）監査報告記載例】

　注：下線箇所は，平成27年改正会社法施行規則の規定に留意している点

記載例1　（問題がなかった記載例）

　グループ会社を含めた内部統制システムに関する取締役会決議の内容は相当であると認めます。また，内部統制システムに関する運用状況についても，特段指摘すべき点は見受けられません。

記載例2（若干の問題があった記載例）

　内部統制システムに関する取締役会決議（企業集団の内部統制システムを含む）の内容は相当であると認めます。また，事業報告に記載のとおり，子会社における不適切な取引が判明したことは内部統制システムが十分機能しなかったと認められます。

　現在，子会社からの情報伝達体制のための規程類の整備や内部通報制度の改善に努めているなど，内部統制システムの継続的な改善が図られております。

記載例3（体制に懸念がある記載例）

　事業報告に記載のとおり，本事件については，内部統制システムの決議に基づいた整備・運用が必ずしも適切に行われていなかったおそれがあります。しかしながら，これに対する対策として，コンプライアンスに関するグループ会社を含めた役職員の教育の徹底を図るとともに，不正取引の温床となりやすい取引に対する検査機能や相互牽制機能の強化，人事異動の促進等による不適切取引の早期発見，内部監査部門の人員体制の充実等を実施していることにより，再発防止に向けた適切な対応を図っていることを認めます。

　なお，本事件を含めて，取締役の善管注意義務に違反する重大な事実は認められず，今後とも継続的に再発防止に向けた対応策の実施状況について注視してまいります。

記載例4（不祥事の発生と内部統制システムに因果関係がないと判断した記載例）

　内部統制システム（企業集団の内部統制システムを含む）に関する取締役会の決議内容は相当であると認めます。また，当該内部統制システムに関する運用状況についても，財務報告に係る内部統制システムを含め，指摘すべき事項は認められません。

　なお，事業報告の記載のとおり，令和○○年○月に製品の販売価格に関連して，子会社である△△㈱が公正取引委員会より立入調査を受けました。監査役会としても現在調整中ですが，グループ会社統括部門が，グループ会社を含めた役職員の再教育を通じて，法令・定款の遵守及び企業倫理の一層の強化・徹底に努めていることを確認しております。

　注：因果関係が認められる場合には，内部統制システムの不備を指摘せざるを得ないが，この場合，後々取締役の善管注意義務違反の問題に発展する可能性もあるので，十分な調査結果を待って記載することが望ましい。

２．金融商品取引法における規定

　金融商品取引法における内部統制関連規定は，平成20年4月1日から始まる事業年度から適用となった。規定の内容としては，以下の3点が特徴的である。

---

①　上場会社その他政令で定めるものに対して，有価証券報告書・四半期報告書及び半期報告書の記載内容が適正であることを確認した旨の確認書の提出を義務付けたこと（「確認書制度の法定化」金融商品取引法24条の4の2）
②　事業年度ごとに，財務計算に関する書類その他の情報の適正性を確保するための体制（財務報告に係る内部統制）を評価した報告書の提出を義務付けたこと（「内部統制報告書の法定化」金融商品取引法24条の4の4第1項）
③　内部統制報告書に対して，公認会計士又は監査法人の監査証明を受けることを義務付けたこと（「内部統制報告書の監査証明の法定化」金融商品取引法193条の2第2項）

　このうち，内部統制報告書の監査証明のための基準及び手続は，内閣府令によって定められている（金融商品取引法193条の2第4項）。

　金融商品取引法の場合は，財務報告に係るという限定された場合とはいえ，経営者として自社の内部統制システムの自己評価を義務付けた点が特徴である。そして，この場合の内部統制システムの自己評価の対象は，内部統制システムの運用状況が有効に機能しているか，若しくは開示すべき重要な不備があるか否かについて記載し（【開示すべき重要な不備の該当例】参照），提出者とは特別の利害関係がない監査人の監査証明を受けた上で内閣総理大臣宛に提出しなければならない。

　この点は，「企業内容等の開示の制度を整備するとともに，…資本市場の機能の十分な発揮による金融商品等の公正な価格形成等を図り，もって国民経済の健全な発展及び投資者の保護に資することを目的とする」という金融商品取引法の立法趣旨（金融商品取引法1条）に沿った規定といえよう。

【開示すべき重要な不備の該当例】

① 経営者が財務報告の信頼性に関するリスクの評価と対応を実施していない
② 取締役会又は監査役若しくは監査（等）委員会が財務報告の信頼性を確保するための内部統制の整備及び運用を監督，監視，検証していない
③ 財務報告に係る内部統制の有効性を評価する責任部署が明確でない
④ 財務報告に係るITに関する内部統制に不備があり，それが改善されずに放置されている
⑤ 業務プロセスに関する記述，虚偽記載のリスクの識別，リスクに対する内部統制に関する記録など，内部統制の整備状況に関する記録を欠いており，取締役会又は監査役若しくは監査（等）委員会が，財務報告に係る内部統制の有効性を監督，監視，検証することができない
⑥ 経営者や取締役会，監査役又は監査（等）委員会に報告された全社的な内部統制の不備が合理的な期間内に改善されない

　また，会社法の場合と異なり，金融商品取引法の内部統制システムでは，罰則規定が存在する。金融商品取引法の前身である証券取引法においても罰則は規定されていたが，金融商品取引法の場合では，有価証券報告書の虚偽記載に対する罰則が重くなっている。さらに，行政処分としての課徴金も存在する（金融商品取引法172条の4）。

　加えて，株主や投資家に対する損害賠償責任も重くなっている。有価証券報告書の虚偽記載は発行会社にとって無過失責任であり，損害賠償額については，虚偽記載等の事実の公表日後1ヶ月間の平均株価の差額という推定が適用される（金融商品取引法21条の2）。

　なお，監査役監査の視点から，財務報告内部統制の監査のための具体的実施基準について，公益社団法人日本監査役協会が以下のように定めているので，参考として紹介する。

【財務報告内部統制の監査〜内部統制システムに係る監査の実施基準から】
　注：監査役会設置会社の場合

第4章
（財務報告内部統制に関する監査）
第14条2項3号
イ　会計処理の適正性と妥当性（売上・売掛金の計上時期と実在性，棚卸資産
　　の実在性，棚卸資産の実在性，各種引当金計上の妥当性，税効果会計の妥当
　　性，減損会計の妥当性，その他重要な会計処理の適正性と妥当性）
ロ　重要な会計方針の変更の妥当性
ハ　会計基準や制度の改正等への対応
ニ　資本取引，損益取引における重要な契約の妥当性
ホ　重要な資産の取得，処分等の妥当性
ヘ　資産運用の妥当性（デリバティブ取引等を含む。）
ト　連結の範囲及び持分法適用会社の範囲の妥当性
チ　連結決算に重要な影響を及ぼす子会社及び関連会社に関する，上記の各事
　　項の適正な会計処理
リ　後発事象の把握と重要性判定の妥当性

　金融商品取引法上の内部統制システムは，「財務報告に係る」という形で限
定されていることから，会社法上の内部統制システムとは別個のものと考える
向きもある。しかし，会社全体としての内部統制システムが有効に機能してい
なければ，財務報告に係る内部統制システムも機能していないと考えられるこ
とから，会社実務としても分けて考える必要はないと思われる。
　事実，金融庁企業会計審議会が示した「財務報告に係る内部統制の評価及び
監査に関する実施基準」（平成19年2月15日公表。以下「金融庁実施基準」という）
は，財務報告に係る内部統制の評価等に関する具体的な手順のための指針であ
る（【経営者による内部統制の評価・報告の流れ】参照）。
　金融庁実施基準による評価手順としては，評価範囲を決定した上で，全体的
な内部統制の評価，決算・財務報告作成に係る業務プロセスの評価，決算・財

務報告作成につながる個別業務プロセスの評価の手続となる。ここで，評価範
囲とは，連結子会社にとどまらず持分法適用会社となる関連会社も含まれる。

　このように，全社的な内部統制の評価が内部統制報告書の開示に至る際の出
発点となることから，実務的には，会社法上の内部統制システムと金融商品取
引法上の財務報告に係る内部統制システムとを明確に区別して意識する必要は
ないといえる。

　なお，会社法と金融商品取引法との内部統制システムの規定の比較は次頁の
とおりである（次頁の【会社法と金融商品取引法の内部統制システムの規定の比較】
参照）。

【経営者による内部統制の評価・報告の流れ】

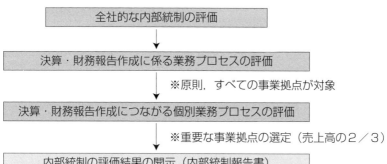

※内部統制の評価結果について内部統制報告書を作成し開示
※期末に開示すべき重要な不備があれば，内部統制報告書で開示

【会社法と金融商品取引法の内部統制システムの規定の比較】

	会社法	金融商品取引法
内部統制の規定表現	「会社の業務の適正を確保するために必要な体制」	「財務計算に関する書類その他の情報の適正性を確保するために必要な体制」
義務の対象	大会社・指名委員会等設置会社・監査等委員会設置会社	有価証券報告書提出義務のある上場会社
義務の内容	内部統制システムの整備に関する事項を取締役(会)で決定	事業年度ごとに，財務報告に係る内部統制報告書の提出
対象範囲	自社（単体）親会社・子会社から成る企業集団	有価証券報告書提出会社及び当該会社の子会社並びに関連会社
開示	事業報告で決定・決議内容及び運用状況の概要 監査役(会)監査報告で事業報告記載内容の相当性	経営者による内部統制報告書で有効性の評価 監査人の監査報告書で監査意見
罰則	特に規定なし	虚偽記載に対する罰則あり

3．会社法と金融商品取引法の交錯

　金融商品取引法は，有価証券報告書提出会社を前提としているが，連結ベースを対象としていることから，会社法と異なり，あえて「企業集団の内部統制システム」として分けて規定しているわけではない。しかし，どちらの法においても，親子会社関係にあるグループにおいて，内部統制システムの整備によるリスク管理の必要性に基づく規定であることは間違いないであろう（【会社法と金融商品取引法の内部統制システムの相関関係】参照）。

　もっとも，会社法と金融商品取引法では，監査役と会計監査人（金融商品取引法上の呼称は監査人，以下まとめて「(会計)監査人」という）の関係について相違が見られる。すなわち，会社法上は，監査役が会計監査人の職務執行の相当性を判断し，その内容を監査役(会)監査報告に反映させなければならない（会社計算規則127条2号・128条2項2号）のに対して，金融商品取引法上は，監査

役の監査活動を「統制環境」[4]の一つと捉え，（会計）監査人の評価の対象となる。

【会社法と金融商品取引法の内部統制システムの相関関係】

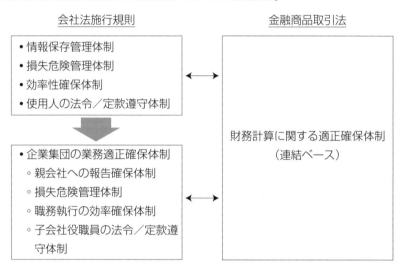

(1)　会社法上の規定

「監査役が会計監査人の職務執行の相当性を監査する」とは，監査役は，職業的専門家である会計監査人に会計監査を一次的に任せた上で，会計監査人の監査が適時適切に実施され会計監査報告に記載されているか，監査役がその相当性を判断するということである。したがって，たとえば会計監査人設置会社における期末監査の手続としては，経営執行部門が計算書類と計算書類の附属

4）1992年に米国のトレッドウェイ委員会組織委員会（COSO：The Committee of Sponsoring Organizations of the Treadway Commission）が内部統制のフレームワーク（Internal Control Integrated Framework）を示したレポートを公表した。このCOSOレポートでは，内部統制を「統制環境」「リスク評価」「統制活動」「情報と伝達」「モニタリング活動」の五つの構成要素から成るとし，内部統制を評価する際の基準とした。

明細書を作成した後は，監査役と会計監査人に提出し，その後，会計監査人が計算書類等の会計監査を行い，会計監査報告書を作成した後に，会計監査人から取締役及び監査役に対して通知される。その際の提出時期は，①計算書類の全部を受領した日から4週間を経過した日，②計算書類の附属明細書を受領した日から1週間を経過した日，③合意により定めた日，のいずれか遅い日が通知の期限である（会社計算規則130条1項1号）。

　会計監査報告の通知を受けた監査役は，事業年度の期間中に会計監査人の監査に立ち会ったり，報告聴取を受けたりした結果も踏まえて，監査役会設置会社であれば，会計監査の相当性の判断を監査役会監査報告に記載する。

　以上に見られるとおり，会社法上は，まずは会計監査人が事業年度の会計監査結果を踏まえて，会計監査報告書を作成した上で，最終的に監査役が会計監査の相当性を判断するということになるため，時系列的には監査役の判断の方が後となる。たとえば，会計監査人が当該会社の会計処理について無限定適正意見を付したとしても，監査役が監査役会監査報告で異議を述べることが可能である。

(2)　金融商品取引法上の規定

　他方，金融商品取引法上の「(会計)監査人が監査役の監査活動を統制環境の一つとして捉える」ということは，経営者が財務報告に係る内部統制報告書の中で自己評価した結果の妥当性について，(会計)監査人が監査役の監査体制や職務執行状況等も踏まえて，最終的に監査証明を添付することを意味する。(会計)監査人が，監査役会議事録を確認したり，監査役が監査役監査として営業等の執行部門から報告聴取を受けた結果をまとめた監査調書を閲覧したりすることは，このような一環としての行為である。したがって，監査役監査が適切に行われていないと，(会計)監査人の監査証明の中で，財務報告に係る内部統制システムは有効ではないなどの結論となることもあり得るわけである。

(3)　監査役と（会計）監査人の連携

　このように，一見すると，会社法では監査役が会計監査人の上に立ち，一方で金融商品取引法では，（会計）監査人が監査役の上という印象があるかもしれない。しかし，（会計）監査人と監査役のどちらが上の立場ということではなく，両者が事業年度を通じて，連携を深めることが重要であると理解すべきである。

　もっとも，3月期決算会社の場合には，会社法上の監査役会監査報告はおよそ5月中に作成され，株主総会参考書類としてその謄本が株主に通知されるのに対して，金融商品取引法上の有価証券報告書は6月に作成され，通常は株主総会の終了後に内閣総理大臣宛に提出される[5]。

　すると，監査役会監査報告の中で内部統制システムの構築について特段指摘すべき事項がない等の表現で記載したにもかかわらず，金融商品取引法上の有価証券報告書の提出段階で，（会計）監査人から，財務報告内部統制システムについて有効でない若しくは開示すべき重要な不備があるなどの記載もあり得る。それが監査役会監査報告を記載した後から有価証券報告書作成までの約1ヶ月に生じた事象であればともかく，不備等の原因が事業年度から生じたものであるときには，監査役会監査報告と有価証券報告書の整合性が問題となってくる（いわゆる「時期ずれ」の問題）。

　したがって，監査役会監査報告が先行して記載・提出される以上，監査役としては，少なくとも（会計）監査人との打ち合わせを十分に行い，監査役会監査報告提出時点において，内部統制システム上，開示すべき重要な不備がないことを確認する。その上で可能ならば（会計）監査人から，監査役会監査報告記載時点において，有価証券報告書の監査証明の中で「特段指摘すべき事項はない」「有効に機能していると認められる見込みである」等の文言を文書で入手

---

[5]　金融庁は，有価証券報告書等を定時株主総会前に提出することを可能とするために，有価証券報告書の添付書類とする計算書類や事業報告は，定時株主総会に報告しようとするものでも可能とするように府令を改正（金融庁「企業内容等の開示に関する内閣府令等の一部を改正する内閣府令」（平成21年12月11日））した。もっとも，実務的には，株主総会以降に提出する会社が圧倒的多数のようである。

しておくとよいであろう。

　このような文書の取り交わしが可能となるためには，監査役と（会計）監査人が日頃から緊密な連携を取り，信頼関係が構築されていることが必要である。両者が定期的に意見交換や情報交換の場を持ち，不祥事の発生やそのおそれがあるときのみに情報を伝達するようなこととならない姿勢が重要となってこよう[6]。

6）監査役と公認会計士との連携をまとめたものとして，秋坂朝則編著『監査役監査と公認会計士との連携のあり方』同文舘出版（2016年）が参考になる。

第3章 内部統制システムの構築・運用と評価

1. 内部統制システム構築と基本方針の制定

　グループ会社全体の内部統制システムの構築から運用，さらにはその評価までの流れについては，基本的には一事業年度で完結する。グループとしての内部統制システムの実務的な流れは，単体の内部統制システムと変わることはないことから，以下では，単に内部統制システムとして記述を進める。

　会社法上の大会社及び委員会型の会社は，内部統制システムの整備について取締役（会）で決定する義務があり，また非大会社においても，企業不祥事を防止するためのリスク管理に有効であると考えられることから，内部統制システムを整備することが望ましい。内部統制システムについては，取締役の委任事項とはできない（会社法348条3項4号・362条4項6号・399条の13条1項1号ハ・同条2項・416条1項1号ホ・同条3項）ことから，複数の取締役の間で決定（取締役会設置会社では，取締役会として決議）したならば，事業報告にその内容の概要及び当該体制の運用状況の概要を記載しなければならない（会社法施行規則118条2号）。その際，企業集団を構成するグループ会社を含めた内部統制システムも含まれる。

　会社法が施行された平成18年5月1日当時に大会社であった場合，又はその後大会社となった会社では，すでに内部統制システムの基本方針を取締役（会）で決定していなければならないが，組織再編や増資等により大会社となった場合には，大会社となった以降の最初の取締役（会）で内部統制システムの基本方針を定めなければならない[1]。また，内部統制システムの基本方針を定め

ている会社でも，社内外の情勢変化に基づいて内部統制システムの整備状況は日々進化するはずであるので，改善点を反映した内部統制システムの基本方針を都度，取締役（会）で決定することが重要である。

　通常は，期末時点で，内部監査部門等のコーポレート部門，又は監査役設置会社では監査役監査を通じて，その事業年度の内部統制システムの状況について評価が行われているはずであるので，その結果を次年度の内部統制システムの基本方針に適切に反映した上で，取締役（会）の決定を行うことが望ましい。

2．グループ会社全体への徹底

　企業集団の内部統制システムについては，親会社が作成して終わりとするのではなく，企業集団内で共有化することが必要となってくる。親会社とグループ会社との関係は，とかく個別の関係に終始し，グループ全体としての視点は忘れがちとなる傾向が見受けられる。親会社としては，個々のグループ会社に対して売上や収益状況等の目標設定をすることはあっても，グループ会社を横断的にまとめた内部統制システムの基本方針を示すことを実践している会社は必ずしも多くはないようである。

　しかし，グループ内の子会社が不祥事を起こした場合には，同様の不祥事を他の子会社が発生させることを回避しなければならない。たとえば，甲会社を親会社とする企業集団において，A子会社が国からの補助金の不正受給を行った場合，後日に別のB子会社やC子会社も同様の不正受給の不祥事が発覚した場合には，甲会社を中心とした企業集団の内部統制システムは不備であると言わざるを得ないであろう。企業集団の内部統制システムが有効に機能していれば，仮にA子会社の不正受給が生じたとしても，その原因を究明した上で，再発防止策がグループ全体で共有されるはずだからである。また，同じグループ

1）立案担当者によると，会社が「内部統制システムを設けない」という決定をしたとしても，会社法に違反しないとのことである。相澤哲＝葉玉匡美＝郡谷大輔編著『論点解説　新・会社法　千問の道標』（商事法務，2006年）334頁。

内にとどまらず，同業他社で社会的問題となった事件・事故についても他山の石として着目して，自らのグループで発生しないような対応策を講じることが企業集団の内部統制システムが機能している証左となる。

　このためにも，企業集団の内部統制システムの基本方針，とりわけ法令遵守に関してグループ全体として共有することがきわめて重要となる。平成27年改正会社法施行規則では，企業集団の内部統制は親会社として整備することが明示的に明らかになった[2]。すなわち，親会社は，企業集団の内部統制システムの基本方針を作成したら，その内容をグループとして共有化するために，グループとしての内部統制システムを適用する会社の関係者（会社法上の企業集団に則れば，子会社関係者）に対して，説明する機会を設けるべきである。通常は，親会社の関連会社部や内部統制推進部などのコーポレート部門の役員又は上席管理職から，各子会社の管理部門の役職員を一堂に集めて説明することになる。

　法令遵守については，単にこの文言を示すのではなく，過年度におけるグループ内で発生した事件・事故，当局からの改善指導や勧告，社会的に大きく報道された他社の不祥事等を踏まえて，具体的な法令遵守や内容を示すことが重要である（次頁の【グループ会社に対する会議招集例】，【グループ内部統制の基本方針事例】参照）。

3．基本方針の実践と運用状況の監視・監督

　内部統制システムの構築に基づいて，事業年度を通じて内部統制システムが適切に運用されることが重要となってくる。内部統制システムとは，規程類や各種マニュアルの策定，円滑な情報の伝達が図れるような組織体制，内部通報制度などの整備がその具体的内容であり，これらが形式的な整備にとどまらず，

　2）会社法施行規則100条1項の柱書において，「当該株式会社における」との文言が追加された。この場合，「当該株式会社」とは，親会社を示していることは，前後関係から明らかである。

【グループ会社に対する会議招集例】

令和○○年○月○日

グループ会社

内部統制管理者各位

□□株式会社

内部統制推進部執行役員

△△△△

令和＊＊年度　グループ会社連絡会　開催のご案内

拝啓　時下益々ご清栄のこととお慶び申し上げます。

さて，令和＊＊年度におけるグループ会社連絡会を下記のとおり開催

いたしますので，ご案内申し上げます。

敬具

記

1. 日時：令和＊＊年＊＊月＊＊日　　午後□□時より

2. 場所：本社　10階　大会議室

3. 議題：

(1) 本事業年度に係る主な法令改正の概要　　30分

　説明者：法務部副部長　△△△

(2) グループ全体としての内部統制の基本方針の考え方と過年度からの

　変更点　30分

　説明者：内部統制推進部長　△△△

(3) 質疑・応答　30分

以　上

【グループ内部統制の基本方針事例】

令和○○年○○月○○日

□□株式会社内部統制推進部

令和＊＊年度　グループ内部統制基本方針について

Ⅰ．令和＊＊年度グループ内部統制基本方針

1．基本認識

(1) 昨年度の当社グループ内部統制の構築・運用状況については，適切な整備状況が認められ，開示すべき重要な不備は見られないと評価できる。しかしながら，連結子会社において，過勤務に関わる勤務管理について労働基準監督署から指導及び勧告を受けたこと，工場における重大災害が発生したこと，内部監査及び監査役監査によって，ソフトの違法コピーが発見されたことから，引き続き，内部統制システムの更なる改善を推進する必要がある。

(2) 特に，一部の連結子会社での事件・事故が迅速に当社に連絡されなかったことは，大事には至らなかったものの，注意を要する事項であり，グループ会社内での連絡体制の整備については，今一度検討を要すると考えている。

2．本年度のグループ内部統制の基本方針

(1) 法令・定款遵守体制の徹底

- とりわけ，昨年度の状況を踏まえ，労働法関連，知的財産関連の法令遵守の徹底を図る。

(2) 個別リスクの未然防止に向けた体制整備

- 個別リスクの未然防止を図るために，グループ内での実務者クラスの教育体制の充実を図る。
- グループ内における監査体制の実効性向上を図る。

```
(3)　グループ内での情報連絡体制の再構築
　　・親子会社間，子会社間の情報連絡体制を再構築するための方策を早
　　　急に検討した上で，実行に移す。
３．今後の具体的な進め方案
　　……（以下，略）
　　　　　　　　　　　　　　　　　　　　　　　　　　　　　以　上
```

適切に運用されていなければならない。特に，グループ全体としての企業集団
レベルの内部統制システムの場合は，法人格が別である会社の横断的な体制整
備となるために，とりわけ親会社を中心とした連携が求められる。

　親会社によるグループ内のリスク管理の方法として，会社機関別には，経営
執行側と監査役が行う方法に大きく分かれる。

(1)　経営執行部門によるリスク管理

　経営執行部門は，関連会社部やグループ統括部等のグループ管理を一元的に
行う部門が一括して管理する場合と，一次的には，各グループ会社を管理・監
督する管掌事業部門が行う場合がある。たとえば，社内で多岐にわたる事業を
展開しているためにカンパニー制度を採用している会社では，各事業部門が密
接に関係するグループ会社を監視・監督していることから，各々の事業部門に
グループ会社の収益管理等のみならずリスク管理まで実施している会社が多い。
このケースの場合は，リスク管理の項目や手法，特に法的問題点などについて
は，原局部門の管理のノウハウが蓄積されるまでは，コーポレート部門が指導
や助言を行うことが欠かせない。中には，コーポレート部門から営業部門に，
グループ会社管理の専門の従業員を人事異動させている会社もある。また，中
間期と期末時期の決算報告を受ける機会を捉えて，グループ会社から，併せて
自社のリスク管理状況の報告聴取を受ける方法が一般的である。

　グループ会社の数がそれほど多くはない会社の場合は，関連会社部等が一元

的に管理している例が多い。内部監査部門を独自に組織化している会社では，内部監査部門が社内とグループ会社の双方を監視・監督している場合もある。親会社の一部門が一元的に管理している場合は，グループ会社を横断的に見たときに共通の指標を設定して，効率的に監視・監督している。

(2)　監査役によるリスク管理

　他方，監査役の場合は，監査役の職責である取締役の職務執行を監査すること（会社法381条1項）に基づく。この場合の取締役とは，監査役が就任している会社の取締役であり，グループ会社の取締役ではない。たしかに，監査役には，その職務を行うために必要があるときは，子会社に対して事業の報告を求め，又はその子会社の業務及び財産の状況の調査をすることができると明定されている（会社法381条3項）。しかし，子会社には正当な理由があるときは拒否権がある（会社法381条4項）ことから明らかなように，子会社に対する事業の報告請求権や財産調査権を行使するためには，それ相当の合理的な理由が必要である。たとえば，親会社の計算書類等の監査を通じて子会社に粉飾決算の疑いが持たれるに至ったときは，親会社の連結決算の公表にも関係することから，親会社監査役が子会社を直接調査する合理的な理由は存在するものと考えられる。また，親会社の事業部が子会社を利用して，不正会計を行う場合等も同様である。

　このために，グループ会社に対して，親会社の監査役は，自社の取締役がグループ会社に対して適切なリスク管理を行っているか，監査役監査を通じて確認することが基本である。親会社取締役が直接的に子会社に対して善管注意義務を負う規定はないものの，会社法上，企業集団の内部統制システムが規定されている以上，親会社取締役として，グループ内で不正や不適切な事象が発生しないような予防的な体制が整備されているか，一定の注意を払う必要は高まっていると考えるべきであろう。特に，会社法上の大会社や委員会型の会社においては，企業集団の内部統制システムの整備について取締役会での決議義務が存在することから，とりわけ注意義務の程度は高いと思われる。

　親会社監査役は，子会社監査役との連携を深めることも有益である。グループ監査役連絡会と称して，親子会社の監査役が一堂に集まって，親会社の監査役監査計画を紹介したり，テーマに沿って勉強会を開催する機会を設けている会社が近時増えている。一方，親会社監査役とグループ会社の監査役が個々に意見交換することも効果的である。

　子会社の監査役は，自社の中で，取締役の職務執行の監査を通じて，不祥事が発生しているか，あるいはそのおそれがないか確認しているはずである。そこで，定期的に親子会社監査役が意見交換をするなどによって，親会社執行部門から不当な指揮命令が行われていないか，親子会社間で利益相反取引が行われていないかなどを確認し合うことが可能である[3]。普段から親子会社の監査役間での意思疎通が行われていれば，仮に子会社の不祥事を子会社監査役が発見したときでも，遅滞なく親会社監査役に報告することができるであろう。

　取締役会設置会社では，取締役会の構成員たる取締役が他の取締役を監督する機能（会社法362条2項2号）と，監査役による取締役の職務執行監査（会社法381条1項）の並列制となっているのに対して，グループ内では，子会社に対して親会社の役職員が取締役として派遣されていなければ，親会社として直接子会社の取締役会の監督機能を利用することはできない[4]。しかし，グループ会社が監査役設置会社である限り，グループ内での監査役間の連携は十分に可能であり，かつ効果的である。したがって，親子会社監査役間の連携が業務マナーとして定着していれば，グループとしての内部統制システムの整備状況

　3）会社法制の見直しに関する中間試案では，親子会社間に利益相反取引によって子会社が不利益を受けた場合には，親会社が不利益に相当する額を支払う義務を明文する規定を設ける案も提示された（法制審議会会社法制部会「会社法制の見直しに関する中間試案」（平成23年12月7日公表）第2部第2. 1. 親会社等の責任）が，要綱の段階では見送られた。
　4）親会社から派遣された役職員が子会社の取締役・監査役に就任した場合には，当該子会社では社外取締役・社外監査役としての扱いとなっていたが，平成26年会社法では，「親会社等又はその取締役若しくは執行役若しくは支配人その他の使用人でないこと」が追加された（会社法2条15号ハ・ニ，16号ハ・ニ）ために，親会社の役職員は社外扱いとはならなくなった。もっとも，このことは，親会社から子会社に取締役・監査役として役職員を派遣してはならないことを意味するものではなく，社外取締役・社外監査役の独立性要件を高めるための規定である。

について，監査役による監視が機能するといえよう。

4．内部統制システムの整備状況の開示

　事業報告とその附属明細書は監査役の監査の対象となる（会社法436条1項・2項2号）ことから，監査役は監査役（会）監査報告に，事業報告に記載された内部統制システムに関する内容の概要について相当でないと認めるときは，その旨及びその理由を記載するものとされている（会社法施行規則129条1項5号・130条2項2号）。

　元々，会社法上は，内部統制システムの構築の基本方針という入口のみ開示対象となっており，適切に運用していることを事業報告に記載することが義務付けられているわけではなかった。しかし，平成26年会社法では，金融証券取引法における有価証券報告書における財務報告に係る内部統制システムに関する記載と同様に，事業年度を通じた内部統制システムの運用状況にまで記載が求められることになった（会社法施行規則118条2号）[5]。しかも，企業集団の内部統制システムについての記載が，法務省令から会社法本体で記載されたことから（会社法348条3項4号・362条4項6号・399条の13第1項1号ハ・416条1項1号ホ），グループ全体としてのリスク管理の必要性が強まることになった。

　なお，上場会社の場合は，東京証券取引所の「コーポレート・ガバナンス報告書」による開示も要請されている。これは，主に投資家を対象に，内部統制システムの整備状況を開示するものであり，日本取引所グループのホームページから自由に閲覧できる[6]。

　企業不祥事は，もはや企業単体の問題ではなく，グループ全体としての問題として捉えられる傾向にある。仮に子会社で不祥事が発生すれば，親会社を中心としたグループとしてのリスク管理体制の甘さが問われる。内外の投資家か

5）この点について，監査役と内部統制システムとの連携を強化するという目的であるとの指摘がある。太田洋編著『速報！会社法改正』（清文社，2012年）58頁。
6）日本取引所グループ「東証上場会社情報サービス」http://www2.tse.or.jp/tseHpFront/CGK010010Action.do?show=show（2022年3月1日現在）

ら連結ベースで評価されるのが通常となっている今日，リスク管理も含めた企業集団の内部統制システムの適切な整備（構築と運用）の可否が，グループとしての競争力の有無に影響を与える時代となっていることを強く認識する必要がある。

第4章 グループガバナンスとソフト・ロー

1. ハード・ローとソフト・ロー

　ハード・ローとは法的強制力を持つ法律・省令・政令などであり，ソフト・ローは，法的拘束力を伴わない社会規範である。もっとも，ソフト・ローの中にも，有価証券上場規程のように，上場会社であれば，遵守することを求められる準法規的なソフト・ローも存在する。

　本書のタイトルである「グループ会社リスク管理の法務」について，中心的なハード・ローは会社法である。旧商法から会社法に至るまで，商法・会社法は基本的には単体の法律ではあるが，平成26年改正会社法に見られるように，企業結合法制の整備の重要性が認識され，かつ会社法の中に親子会社法制が意識された具体的な法定化が進んでいるのが近時の傾向である（立法経緯については，第4編第1章参照）。もっとも，会社法や会社法施行規則等の法務省令で規定することは，その規定を遵守しなければ，取締役等が法的責任を問われることから，経済界は極力，経営の自由度を確保するために，その自由度を拘束する法定化には反対を表明することが多い。また，立法の立場からも，法定化するための立法事実が存在しないのにもかかわらず法定化することは，政策的要素が強すぎると批判を受ける可能性もある。

　そこで，あるテーマや事項について政策的な方向性が定まったとしても，直ちに立法化するのではなく，ソフト・ローによって，実務の現場でその定着度を図った上で立法化するという手法が採用されることが考えられる。実務で定着が図れれば，立法化した際には，すでに多くの企業が実施又は実行している

ことから，いわゆるソフトランディングをさせることが出来ることになる[1]。

2．グループガバナンスとコーポレートガバナンス・コード

⑴　コーポレートガバナンス・コード

　コーポレートガバナンス・コード（以下「CGコード」という）は，現在，すべての上場企業の実務に大きな影響を及ぼしているソフト・ローであり，金融庁と東京証券取引所が事務局となり，有識者による議論を重ねた上で，平成27年6月1日から施行された。その後平成30年6月に改訂され，さらに令和3年6月に再改訂され今日に至っている[2]。

　CGコードは，副題に「会社の持続的な成長と中長期的な企業価値の向上のために」と記されており，本コードを適切に実践することにより，それぞれの会社が持続的な成長と中長期的な企業価値の向上のための自律的な対応を通じて，会社・投資家・ひいては経済全体の発展にも寄与することを狙いとしている。

　CGコードは上場会社を対象にしており，「プリンシプルベース・アプローチ（principle approach. 原則主義）」と「コンプライ・オア・エクスプレイン（comply or explain. 原則を実施するか，実施しなければその理由を説明）」の手法を選択しているのが特徴である[3]。CGコードは，現在五つの基本原則，31の原則，47の補充原則の合計83の原則（当初は，73の原則が規定）から構成されており，プライム市場及びスタンダード市場に株式を上場している会社はすべての原則

　1）ソフト・ローの意義について，個々の局面で具体的に解説した書籍として，小林秀之＝高橋均編著『コーポレート・ガバナンスにおけるソフトローの役割』中央経済社（2013年）参照。
　2）再改訂も含めて，CGコードを解説したものとして，中村直人＝倉橋雄作『コーポレートガバナンス・コードの読み方・考え方』商事法務（2021年）が参考になる。
　3）コンプライ・オア・エクスプレインの手法は，英国で利用されていた手法であったが，わが国では，平成26年改正会社法の審議過程で，社外取締役の選任に関して，就任させるか，さもなければ置くことが相当でない理由を事業報告及び株主総会参考書類の内容として開示することが規定されたことが一つの契機となりその手法が拡大した。

（但し，一部の原則についてはプライム市場の上場会社のみが適用）となるのに対して，グロース市場に株式を上場している会社は，基本原則のみ対応すれば良いことになっている。

CGコードは，多岐にわたっている内容であり，基本的には会社法と同様に会社単体に適用されているが，項目の中には，グループとして考える必要があるものもある。

⑵　関連当事者間の取引

CGコードでは，関連当事者取引は，第1章の「株主の権利・平等性の確保」の中に規定されている。具体的には，上場会社が関連当事者取引を行う場合は，会社や株主共同の利益を害したり，そのような懸念を惹起することがないように，取締役会は適切な手続を定めその枠組みを開示するとともに，監視をすべきとしている（原則1-7）。

関連当事者間の取引とは，ある当事者が別の当事者を支配していること，又は別の当事者の業務上の意思決定に重要な影響力を有している当事者間で行われる取引のことである。典型的な関連当事者間の取引には，親子会社間の取引があることから，グループガバナンスの観点からも関係してくる。具体的には，親会社がその特別支配力を行使して，子会社に損害を及ぼすこととなる取引を行い，結果として子会社の少数株主の利益を毀損する可能性が生じることから，問題となるケースが存在する。関連当事者間の取引が存在する場合には，計算書類の一つである個別注記表の記載が必要となることから（会社計算規則98条1項15号），この観点からも一定の規律が必要と解される。

関連当事者取引による自社の利害は，親子会社各々で監視すべき事項ではあるが，親子会社間の支配関係を考えると，特に親会社での規律が求められる。CGコードは，上場会社が対象となっているソフト・ローであるので，親会社が上場会社であれば適用の対象となる一方で，その子会社の上場有無は関係がなく関連当事者取引の規律が適用になることには留意すべきである。

(3)　グループ内部通報制度

　企業集団の内部統制システムの観点からは，子会社の役職員から親会社への報告体制が明示的に示された（会社法362条4項6号，会社法施行規則100条1項5号イ・3項4号ロ。**本編第2章参照**）。この報告制度の有益な体制整備の一つがグループ内部通報制度である。

　社内の違法行為や不適切な行為について，正規の情報伝達ルートは，通常，部下から上司への報告であるべきところ，部下と上司間のコミュニケーション不足等から報告が適切に行われなかったり，上司が報告を受けても何ら対応を行わない場合が十分あり得る。このような事態が生じても，内部通報制度が適切に活用され，遅滞なく経営層に伝達されることになり，重大な違法行為等を未然に防止したり，事件・事故の拡大を防ぐことが可能となる[4][5]。

　CGコードの原則の文面からは，内部通報制度の十分な活用と適切な運用，かつ通報された内容の事実関係の有無の確認に至る体制整備について，取締役会が監督すること（会社法362条2項2号）を要請している。内部通報制度は，内部統制システムの構築・運用としても重要な手段であるため，内部通報制度を管掌するコーポレート部門の一部の取締役にその責務をすべて負わせるのではなく，取締役会全体として適切な整備が行われていることが重要である。その上で，内部通報制度が適切に運用されるために，通報窓口の独立性と情報提供者（通報者）が不利益を被らないような仕組みを求めている（補充原則2-5①）。通報窓口としては，社内のコーポレート部門・外部の弁護士事務所・監査役[6]がある中で，現状は通報者に通報先を自由に選択させているケースが

4）内部通報制度については，たとえば，中央総合法律事務所編『内部通報制度の理論と実務（第2版）』（商事法務，2022年）が参考になる。

5）令和4年6月1日に施行された改正公益通報者保護法では，事業者は，通報対応業務従事者を定めること，及び通報に対して適切な対応を行うための整備を義務付けた。

6）監査役が直接通報窓口の一つとなっている会社数は，日本監査役協会のアンケート結果では，36.8％（1,206社）であり，過半数に達していないようである。日本監査役協会「役員等の構成の変化などに関する第22回インターネット・アンケート集計結果」月刊監査役No.736別冊付録（2022年5月18日公表）90頁。

多くなっている。もっとも，補充原則が例示として掲げている社外取締役と監査役による合議体を窓口とする体制の会社数は，現状は少ない。いずれにしても，内部通報制度では，不祥事等が執行部門で遅滞・隠蔽されることを防止するために，内部通報件数や通報内容が監査役や社外取締役に対しても速やかに伝達されることが大切である。

　CGコードでは，直接的にグループ内部通報制度について規定しているわけではない。しかし，グループガバナンスの観点からは，グループ内部通報制度を整備し，適切に運用する実務が求められていると理解すべきである（グループ内部通報制度の具体的な実務は，**第2編第4章**を参照）。

⑷　グループとしての内部統制・リスク管理体制

　グループガバナンスの観点から，令和3年6月の再改訂CGコードで特筆すべきであるのは，グループ全体を含めた内部統制・リスク管理体制について言及したことである。従前は，取締役会として，内部統制やリスク管理体制を適切に整備すべきであるとの規定となっていたが，再改訂版では，グ・ル・ー・プ・全・体・を・含・め・た・体制（傍点筆者）との文言を追記した。すなわち，CGコードにおいて，グループガバナンスの重要性を正面から認めた証左と考えられる。

　CGコードでは，取締役会の責務として，グループ全体のリスク管理体制を整備すべきとしているが，この場合の取締役会は，親会社の取締役会である。この点は，ハード・ローである会社法施行規則において，企業集団の内部統制システムは親会社が整備すべきことが明示的に示されていること（会社法施行規則100条1項柱書）と整合的である。

⑸　サステナビリティ

　令和3年6月の再改訂CGコードでは，中長期的な企業価値向上を強く意識した内容となっている。

　まずは，「社会・環境問題をはじめとするサステナビリティを巡る課題」（原則2-3）とした上で，取締役会の責務として，「気候変動などの地球環境問題

への配慮」を重要な経営課題として，積極的・能動的に取り組むべきとしている（補充原則2-3①）。地球環境問題や人権・従業員の健康への配慮等の課題への対応は，単にリスク対応として捉えるのではなく，適切な対応は，企業の収益機会にもつながると明記していることに着目すべきと考える[7]。

　さらに，経営戦略の開示の一環として，自社のサステナビリティへの取組みを適切に開示すべきであるとしている（補充原則3-1③）[8]。特に，グローバルな投資家を意識する必要があるプライム市場上場会社は，気候変動に係るリスクや収益への影響の開示の充実を求めている。

　加えて，自社のサステナビリティを巡る取組みについて，取締役会として基本方針を策定すべきとしている（補充原則4-2②）ことから，企業としてのESGに対する本気度が問われることになる[9]。CGコードでは，適用対象会社に関して，監査役会設置会社と委員会型の会社（指名委員会等設置会社・監査等委員会設置会社）とを峻別していないことから，監査役会設置会社の伝統的なマネジメント型の取締役会に限らず，指名委員会等設置会社や監査等委員会設置会社のいわゆるモニタリングモデル型の取締役会においても，ESG等のサステナビリティの基本方針の策定を重要事項と位置付けて，取締役会において策定すべきとしている。

　グループガバナンスの観点からは，サステナビリティについては，親会社のみならず，グループ全体での対応が求められる。たとえば，子会社で若年者の

7）澤口実＝内田修平＝小林雄介『コーポレートガバナンス・コードの実務（第4版）』商事法務（2021年）92頁。

8）ESGに関して，投資家が重要と考える取組みの上位項目は，トップのコミットメントとマテリアリティについてのKPIの設定であるが，CGコードの再改訂の最初の開示結果をもとにした調査によると，KPIの設定は，まだまだ低調なようである。伊藤邦雄＝茂木美樹＝吉田陽祐＝山田慶子＝藤田大介「新市場区分への移行を踏まえたCGコード対応の現状と展望－ガバナンスサーベイ2021の結果をもとに－」商事法務2290号（2022年）5～6頁。

9）ESG／SDGsを巡る議論は，企業の社会的責任論としてではなく，企業活動に直結する戦略論やリスクマネジメントの文脈で捉えることが重要との意見がある。中村直人＝倉橋雄作『コーポレートガバナンス・コードの読み方・考え方（第3版）』商事法務（2021年）22頁。

強制労働が問題となれば，当該子会社の問題にとどまらず，グループ全体の社会的信用にも関わることになり，たとえば，グループ会社で扱う商品や製品の不買運動にもつながる可能性が高まるリスクがあることを認識すべきである。

第2編

グループ会社における
リスク管理の具体策

━━━━━━━●　序　説　●━━━━━━━

　グループとしての競争力が問われ，連結経営が主流になっている中で，会社法や金融商品取引法においても，企業集団の内部統制システムの規定が法定化されている。そこで，各企業グループは，単体としてのリスク管理に限らず，広くグループ会社全体を横断的に監視・監督する体制の構築に力を注ぐようになってきている。もっとも，監視・監督体制が強化されすぎると，グループ内企業の独自性や特色が失われ，かえってグループ会社の効率的な経営が阻害される可能性もある。また，組織変更や人事異動が行われる都度，グループ全体の監視・監督体制や方針の変更が行われると，一貫したリスク管理を期待することは困難である。したがって，組織的なリスク管理を継続して実現するためには，それに相応しい内部統制システムの整備が重要となってくる。すなわち，グループの独自性を活かしつつ，グループ全体としてのリスク管理体制を行うために，内部統制システムの視点を踏まえた具体的な対応が求められる。

　内部統制システムについては，トレッドウェイ委員会組織委員会が公表した内部統制のフレーム（いわゆるCOSOモデル。COSOについては，**第１編第２章脚注４）を参照**）は，内部統制の構成要素として，①統制環境，②リスク評価，③統制活動，④情報と伝達，⑤モニタリング活動，を掲げた。これらは，内部統制システムを実践し評価するときの指標ともなり得るものであることから，企業側としては，これらの構成要素を意識した上で適切な構築・運用を図ることが大切となってくる。その上で，単体としての内部統制システムの構築・運用にとどまらず，グループとしての内部統制システム（企業集団の内部統制システム）に拡大して，リスク管理を行うことが重要となる。

　そこで本編では，各々の内部統制の構成要素に従って，グループ全体としてどのようなリスク管理を行うことが考えられるか，具体的な内部規程の実例や近時その有効性が主張されている３線ラインの考え方を紹介しつつ，解説する。

企業集団としての
統制環境の整備

1．グループ会社全体としての企業理念

　企業理念とは，社会の公器と言われる企業が社会と共生していくために，いかなる理念に基づいて企業活動を行うかを示したものである。創業者が起草した家訓から，中興の祖と言われる経営者が社員向けに示した経営方針の類まで，多種多様である。しかし，単体としての企業理念は存在していても，グループ全体としての企業理念を設定していたり，仮に設定していても，売上や技術開発等，利益に関係する内容にとどまって，法令遵守やリスク管理にまで言及した企業理念を設定している会社は必ずしも多くはない。

　しかし，グループ全体の内部統制が重要視されている今日，連結経営とは単に売上高や収益をグループ全体としての目標とすることにとどまらない。法令遵守を徹底し，企業不祥事を発生させないような企業経営を行うという理念やESG（Environment Social Governance）経営，国連サミットで採択されたSDGs（Sustainable Development Goals）経営を掲げることは，株主，投資家，取引先，地域住民から従業員に至るまで多くの利害関係者（ステークホルダー）の賛同を得られるものと考えられる（次頁の【グループとしての企業理念例】参照）。

2．グループ会社管理規程の策定

　グループ全体としての企業理念が，社会に対する一つのメッセージとすれば，

【グループとしての企業理念例】

○○グループの企業理念

基本理念

　○○グループは，△△事業を中核として，豊かな価値の創造・提供を通じ，産業の発展と人々の暮らしに貢献します。

経営理念

1．社会と共生し，社会から信頼されるグループであり続けます。

2．たゆまず技術の創造と革新に挑戦し，技術で世界をリードします。

3．変化を先取りし，さらなる進歩を目指して，自らの変革に努めます。

4．人を育て，人を活かし，活力に溢れるグループを目指します。

　以上の理念のもと，公正かつ透明な経営を行います。

グループ内におけるルールとも言うべき個別管理の規程を作成することが考えられる。グループ会社管理の基本方針やグループ会社管理の具体的方法などを定めることによって，グループ会社が売上高や収益目標にとどまらず，広くコンプライアンスの問題や社会全体の課題に対しても，どのように取り組むべきかという指針となるものである。特に，近時の地球規模の課題であるESGやSDGs経営の基本方針を盛り込むことにも意義がある。

　グループの企業理念と異なり，グループ会社管理規程は，グループ会社運営の基本事項を定めたものである。もっとも，グループ会社管理規程というと，親会社がグループ会社を管理下に置くための規程と捉えがちであるが，グループ各社が法令・定款遵守を行うことは，当該グループとしての社会的責任を果たす上での前提であり，これを効率的かつ実効性を持たせるために，統一的なルール作りは有用である。それでは，グループ会社管理規程を策定するにあたって，留意すべき点は何があるであろうか。

　第一は，グループ会社の範囲を明確化することである。第1編で解説したように，会社法上の企業集団の範囲は定められている。したがって，会社法上の

企業集団をグループ会社の範囲とするのはわかりやすいであろう。

　もっとも，たとえば，30％の株式の所有にとどまっていても，重要な取引先等の理由から，代表取締役を派遣したり融資面で協力関係にあるなど，グループ会社として位置づけをすることが相応しいというケースもある。グループ会社の範囲とは，グループを束ねる親会社が，色々な面でグループにとって重要（たとえば，取引関係，不祥事が発生したとき世間からはグループとしての責任があるとみなされる可能性が大きいなど）であるという基準で裁量的に決定することができる。このような点から，グループ会社管理規程を作成する際には，出資比率にとどまらず，人的関係や資金面での協力関係等を勘案した上でグループ会社の範囲を具体的かつ明確に示しておくことが必要である。

　第二は，グループ会社の区分化である。グループ会社を区分するといっても，優劣や序列を定めるのではなく，グループ会社管理規程で定める管理の程度を明確に分けるためである。たとえば，投融資案件について，親会社への事前報告とするのか事後報告でよいとするのかについて，グループ会社管理規程での区分を基準にして，グループ会社の対応に差を設けるという趣旨である。グループ会社の会社法上の子会社の範囲を広げた場合，子会社とそれ以外の関連会社に分けること，子会社の中でも，完全子会社とそれ以外を分けること，子会社上場か否か，経営戦略上の重要性，売上規模などが考えられる。これらのグループ分けを一つのグループ会社管理規程で整理するのであれば，グループ会社の定義条項の中で，Ａグループ，Ｂグループなどと区分することができ，あるいはグループごとに別々のグループ会社管理規程を策定することもあり得る。いずれにしても，グループ会社としての個別義務事項に対する対応の有無を明らかにすることが目的である。

　第三は，グループ会社管理部門の特定化と役割を明確にすることである。たとえば，親会社関連会社部門が統一的・集中的に管理するのか，各事業部門が管理する分散型とするのか，又は折衷型とするのか，グループ会社管理規程で明示しておくべきである。グループ会社管理規程は，グループ各社がその規程に基づいて，親会社への対応の目安や基準を明確化する性格を持っている。個

別の対応に際しては，グループ会社の担当者が疑問を生じて親会社に質問をしたい場合が想定されるので，その対応窓口となる部署を明確化しておく意義がある。

　集中型と分散型のどちらにするかは，親会社部門が扱う業種の範囲やコーポレート部門の担当者の員数によるであろう。業種が多岐多様の場合，多くの会社はいわゆる「カンパニー制度」を採用しており，カンパニー長を中心に，関係するグループ会社を管理している。他方，グループ会社の数がそれほど多くない場合には，関連会社部やグループ統括部等の名称の部署が統一的にグループ会社の対応窓口となっている会社が多い。このように会社の規模や特性，業種等によって管理組織を決定すればよいが，いずれのケースの場合でも，グループ会社管理規程の改廃は，コーポレート部門である関連会社部門等が行うべきである。

　第四は，グループ会社内での取引の透明化を明確にしておくことである。グループ内の取引では，ややもするとグループ内での処理が曖昧に行われたり，杜撰な取引が横行するリスクがあり得る。また，親会社の事業部門が，自部門の収益を上げるために子会社を利用して，不当に安価で原材料や部品を調達することも考えられる。したがって，非通例的な取引の防止に向けた基本的ルールを明示しておくことが有益である。もちろん，個別の取引については，個社ごとの売買基本契約の規定で定めればよいが，グループ全体としての基本方針・ルールについては，グループ会社管理規程の中で盛り込んでおくとよいであろう。

　以上のような留意点を勘案すると，グループ会社管理規程は親会社のグループ会社を統括している部門が策定することが基本である。もっとも，グループ会社と共同で作成することも考えられる（【グループ会社管理規程の例】参照）。

【グループ会社管理規程の例】

○○○○グループ会社管理規程

（目的）

第1条　当社グループの連結の向上を図り，連結企業価値を高めるためには，当社及びグループ各社が事業戦略を共有化し，一体となった経営を行うとともに，グループ各社が個々に健全かつ優良会社として自立的企業経営を実現し，適切なリスク管理を実行していくことが不可欠である。

　　この規程は，当社グループ会社管理に関する基本的なルールを明文化し，その適切な運用によって当社グループの連結企業価値向上に資することを目的とする。

（グループ会社管理の基本方針）

第2条　グループ会社は，各社の責任と権限において競争力，収益力のある自立的企業経営を行い，法令遵守及び企業倫理の確保を徹底するとともに，適切なリスク管理を実行することとする。

②　グループ会社は，当社グループの一員として，自社業績の向上を通じ連結企業価値の向上を目指すこととする。

③　グループ会社の管理は，原局主義を基本とし，グループ会社を管理する主管部門が行うものとする。

④　グループ会社管理部は，グループ会社の管理において，グループ全体に関する事項の企画・立案・調整を行うとともに，専門スタッフとして主管部門をサポートする。

（グループ会社の範囲）

第3条　この規程においてグループ会社とは，会社法上の子会社及び出資比率35％以上の当社が筆頭株主である関連会社を指す。

②　上記グループ会社以外の会社についても，グループ会社管理部が必要性を認めた場合は，主管部門と協議の上，本規程を適用する。

（グループ会社の区分）

第4条　グループ会社のうち，「当社が直接出資している子会社」及び「当社が筆頭株主で，かつ代表取締役社長を派遣している関連会社」は，当社の連結経営における重要な会社として，A会社とする。

②　A会社のうち，当社の経営戦略上重要な役割を担う会社で，かつ売上及び総

資産規模で連結経営に大きなウェートを占める会社は，特にＡＡ会社とする。

③　当社が直接出資している関連会社で，Ａ会社以外の会社はＢ会社とする。

（ＡＡ会社区分の決定及び変更）

第5条　グループ会社の区分のうち，ＡＡ会社の決定及び変更は，主管部門と協議の上，グループ会社管理部が行う。

（AA会社及びA会社からの事前協議事項）

第6条　主管部門は，AA会社及びA会社に対して，以下の事項について事前協議を求めることとする。

1　投資管理・株主の権利に関わる事項
- 株主総会付議事項（利益処分，役員人事等）
- 資本構成に影響を及ぼす事項（上場，増資等）

2　事業管理の内，事業戦略の共有に関わる事項
- 重要な事業方針の立案・変更（事業領域拡大，新規事業進出）
- 中期経営計画

3　事業管理事項の内，その他経営上の重要事項
- 子会社，関連会社に関する事項（設立，解散，増減資，譲渡）
- 高額な投資，債務保証及び念書
- リスクを伴う資金運用
- 重要な業務提携

（AA会社独自の事前協議事項）

第7条　AA会社に対しては，当社の連結決算に及ぼす影響が大きいことから，AA会社の年度決算については，当社常務会において承認事項とする。

（B会社からの報告事項）

第8条　主管部門は，B会社に対して，第6条の事項について，報告を求めるものとする。

（グループ会社からの報告事項）

第9条　主管部門は，AA会社，A会社及びB会社に対して，以下の事項について報告を求めることとする。

なお，AA会社は，年度決算については，第7条を適用する。

1　年度予算

2　中間決算，年度決算

3　リスク管理事項（重大な事件・事故，行政当局による立入調査，訴訟・法令違反）

（グループ会社との取引）
第10条　当社とグループ会社との間の取引価格は，客観的かつ合理的に決定することとし，原則として市場価格によることとする。

　　付　則
1　　この規程の適正維持については，グループ会社管理部長が責任を負う。
2　　この規程の解釈に疑義が生じた場合には，グループ会社管理部長及び法務部長が協議の上決定する。
3　　制定・改廃
　　この規程は，令和○○年○○月○○日から施行する。

　　　　　制定　　平成○○年○月○日　　　グループ管理第××号
　　　　　改正　　令和○○年○月○日　　　グループ管理第××号

3．会社機関設計の確認

　リスク管理を行うためには，会社の機関設計は重要な役割を果たす。会社の機関とは，法人である会社の意思決定をしたり，会社の運営に関与する組織・人である。会社法で会社機関に相当するものは，株主総会，取締役，取締役会，会計参与，監査役，監査役会，会計監査人，委員会，執行役の九つである。このうち，委員会とは指名委員会等設置会社において必置の「報酬委員会」「指名委員会」「監査委員会」，監査等委員会設置会社の「監査等委員会」のことである。九つの会社機関のうちで，株主総会と取締役は，株式会社であれば必ず設置しなければならない（会社法295条1項・326条1項）。

　株主総会は，会社の最高意思決定機関であると同時に，株主による議題や議案提出・提案権，会社役員への質問権等の株主権の行使を通じて，株主の目から見た監視機能の役割を担っている。取締役会は，業務執行の決定（会社法362条2項1号）と同時に，取締役の職務執行の監督（同項2号）の機能もある。一方，監査役は取締役の職務執行を監査（会社法381条1項）する責務を負って

おり，会計監査については，公認会計士又は監査法人である職業的専門家である会計監査人（同法337条1項）が会社の計算書類及びその附属明細書などを監査する（同法396条1項）。

　このように，会社法では，業務執行者である取締役（指名委員会等設置会社では，執行役）に対して，会社機関がその役割として監視・監督機能を持っている。したがって，グループ会社の各々が会社機関の適切な設置を行うことによって，その役割を最大限に発揮することが重要である。

　他方，会社法では，定款自治の観点から，一定の会社については，株主総会と取締役以外は，定款に定めれば会社機関を自由に設計できることになっている。いわゆる定款自治と言われることである。すなわち，大会社（資本金5億円以上又は負債総額200億円以上。会社法2条6号）か否か，公開会社（その発行する全部又は一部の株式の取得について，会社の承認を不要としている会社。同法2条5号）か否かの組み合わせによって，会社機関を自由に設定できる（同法326条2項）。

　たとえば，大会社かつ公開会社の場合は，取締役会，監査役（会），会計監査人をすべて設置しなければならないが，中小会社かつ非公開会社（株式譲渡制限会社）の場合は，取締役（会社法326条1項）以外は，各社の状況を勘案して自由に設置できる（【会社機関設計の相関図】参照）。会社機関を設定すれば，それ相当のコスト（報酬の支払いやサポート役の従業員の周辺コスト等）が発生することを考えれば，費用対効果によって，会社機関を決定することになる。

　このように，会社機関設計について，各社の形態（大会社か否か，公開会社か否か）によって，各社が自由に選択できるのが基本であるが，グループ全体として見たときは，グループ内の会社が適切な機関設計となっているか再確認することが重要である。

　会社の売上高や従業員数などそれ相当の規模にある非公開会社の場合，非公開会社といえども取引先等のステークホルダーが多様になっていることを考えれば，取締役会を設置しなくてよいのか，あるいは中小会社でかつ公開会社の場合は，公開会社として投資家らに対する情報開示の重要性を必要としている

ときに，計算書類等に虚偽記載がないか職業的専門家である会計監査人に適切に会計監査を行ってもらうことの必要性を検討することは意味がある。

【会社機関設計の相関図】

凡例：公＝公開会社，非公＝非公開会社（すべての種類株式が譲渡制限）

　　　大＝大会社（資本金5億円以上又は負債総額200億円以上）

　　　中小＝大会社以外

　　　委員会設置＝指名委員会等設置会社

　　　監査等委員会設置＝監査等委員会設置会社

　　　○＝必置，△＝任意，×＝設置不可

	取締役	取締役会	監査役	監査役会	会計監査人
公＋大	○ 3名以上	○	○ 3名以上	○監査役会の半数以上が社外	○
公＋中小	○ 3名以上	○	○ 1名以上	△	△
非公＋大	○ 1名以上	△	○ 1名以上	△	○
非公＋中小	○ 1名以上	△	△	△	△
委員会設置	○各委員会の過半数以上が社外	○	×	×	○
監査等委員会設置	○監査等委員会の過半数以上が社外	○	×	×	○

　各グループ会社の会社機関設計が各社の企業統治にとって重要であり，グループ全体の内部統制システムの運用にも影響を及ぼすことを考えると，各社が任意に設置することが可能である機関設計に関して，親会社を中心に見直し

の是非を含めて，定期的に議論し確認することは，グループ全体としてのリスク管理を具体的に考えるための前提となることに留意すべきである。

　加えて，新たにグループ会社化したり，分社する場合にも，最適な機関設計を検討すべきである。

　なお，会社機関設計の状況と並行して，①取締役や監査役の員数，②取締役や監査役の属性（社外取締役や社外監査役の就任有無。なお，監査役会設置会社では，半数以上の社外監査役の就任が義務付けられている。会社法335条3項）についても併せて検討することも意味がある。

4．グループ全体としての役職員教育

　法令遵守やリスク管理を目的として，多くの会社が社員教育を実施している。法令の改正や世の中のリスク内容の変更等に伴い，継続的かつ実践的な教育を行うために日々工夫している会社も多い。たとえば，担当者・中間管理職・部長層等の役職別・階層別の教育，座学にとどまらずロールプレイングやグループディスカッションの導入，社内講師にとどまらず専門性を持った社外講師による研修会などである。また，社員を外部の講習会やセミナーに積極的に参加させている会社もある。この場合は，会社内の各組織として業務のニーズを勘案した上で，組織内の社員が社命（所属長の命）として参加することになる。

　他方で，単体の企業内での教育は活発に実施している会社も，グループ全体としての役職員教育を行っている会社は必ずしも多くはないようである。社内に数多くの系列会社を持っている会社やグローバルに展開している会社などでは，連結対象の子会社だけでも数百社にも及び，すべてのグループ会社の役職員を対象にして教育を実施することは，物理的に困難であるという理由も考えられる。

　しかし，総務担当管理職など，各社の代表者1名がグループ全体の研修会や勉強会に参加し，その出席した参加者経由で，各社の末端まで徹底することは不可能なことではない。場合によっては，外部講師を招聘した親会社が主催す

る講演会に，グループ会社の役職員が参加することも考えられる。

　また，グループ会社全体が一堂に会して行う必要は必ずしもないであろう。重要と思われることは，グループ内としての役職員の教育体制の充実を図り，リスク管理，とりわけ法令遵守に対する意識を高めて，情報の共有化を図ることである。たとえば，独占禁止法違反について，わが国でも行政罰としての違反金額は増大しているが，アメリカにおける独占禁止法違反のペナルティはわが国の比ではない。したがって，アメリカで展開しているグループ会社が存在する場合は，親会社の役職員にとどまらず，子会社の役職員に対してもわが国の独占禁止法関連に限定せず，アメリカ特有のリスクについても十分な教育が必須である。

　グループ全体のリスク管理を実施する上で，グループ会社の重要度（会社の規模，出資比率等）やリスクの分類に応じてグループ会社を選択して実施することも考えられる。

　なお，グループ全体の役職員に対する法令遵守やリスク管理の教育に際して，個別には，以下のような留意すべき点がある。

　第一点は，親会社作成のコンプライアンスやリスク管理に関する教材やマニュアルを親会社にとどめず，グループ会社に対して積極的に配付することである。その際，グループ全体を見渡して，親会社特有の言い回し（業界用語）などを使用するのではなく，誰にでもわかりやすいような平易な表現で解説することも一考に値する（グループ内のコンプライアンス教育用として，「やってはならない20ルール」と題するわかりやすい冊子を作成した会社もあり，好評であったとのことである）。

　第二点は，親会社のコンプライアンス対応の専門職員を，グループ会社の研修に講師として派遣することも考えられる。多くのグループ会社役職員が一堂に会して研修が実施されることは，効率的ではあるが，物理的な場所の問題にとどまらず，きめ細かな質疑応答なども困難である。このために，グループとしての法令遵守やリスク管理の重要性の周知徹底を図るために，親会社役職員によるグループ会社へ個別に説明に行くなどの積極的な対応も考えられる。

　第三点は，継続的な教育の必要性の認識である。法令遵守等の意識は，継続的な教育を通じて常に意識を保持しておかないと，風化することになりかねない。グループ内で一度教育を実施して終了とするのではなく，都度，グループ会社内に発生した問題への反省や，法令の改正，同業他社の不祥事事例などを参考にしつつ定期的かつ継続的に実施することが大切である。また，教育や研修はややもすると，教育を実施することが目的化する可能性もあるので，内部監査部門や監査役と協力して教育を実施した後も実務の上で実践しているか確認することは有益である。

　第四点は，教育や講習会を，役員や部長クラスも必要に応じて受講することが望ましい。教育は，若手担当者に対して行うものと考えがちであるが，法令遵守は会社役員をはじめとした上位管理職こそが，意識面も含めて率先垂範して実行しなければならないものである。新入社員と役職者が同席している社内講習会を実施している会社があったが，たとえば，グループ会社の担当者クラスが出席したセミナーなどに，親会社の取締役も出席していることがわかれば，そのグループ会社の担当者は，セミナーで行われているテーマの重要性を改めて認識することになるはずである。

第**2**章 リスクの評価

1．グループ会社におけるリスク評価の目的

　COSOの構成要素の二つ目（第1編第2章脚注4）参照）として，リスク評価がある。リスクの評価とは，リスクの内容と分析，再発防止等を検討することである。グループ全体の内部統制システムの視点に置き換えると，個々のグループ会社のリスク評価というよりも，グループ内で発生可能性のあるリスクを事前に予知することである。その上で，リスク発生の未然防止を組織的かつ体系的に行い，仮にグループ会社で不祥事が発生したときには，遅滞なく親会社を中心に情報が共有化され，迅速な対応が可能となる。

　このための前提となる目安は，会社法施行規則で企業集団の内部統制として列挙（会社法施行規則100条1項5号）している ①子会社取締役・執行役・使用人の親会社への報告体制，②子会社の損失の危険管理等の体制，③子会社の取締役職務執行の効率確保体制，④子会社取締役・執行役・使用人の法令・定款遵守確保体制，が適切に整備されていることとなる。もっとも，単体ではなく，グループ各社のリスクを網羅的に管理することは実質不可能であることから，グループ全体として効率的かつ効果的に内部統制システムが機能していることが不可欠である。このための手法として重要と思われる点は，リスクアプローチの手法である。

2．グループ会社におけるリスクアプローチの具体策と留意点

　グループ会社の各社は，業種の違いによってリスクが異なっているとの認識が必要である。この認識の下で，グループ内で発生した不祥事がグループ全体として，大きな社会的信頼の失墜とならないためには，グループ内でのリスクの洗い出しが出発点となる。

　企業には，規模や業種・業態，事業を展開する場所などによる固有のリスクが存在する。たとえば，食品の製造・販売を業とする会社では，食品衛生法の遵守が大前提であり，人材派遣業界では登録者の個人情報が漏えいすれば，その会社の信用は一気に失墜することになるであろう。すなわち，食品会社や人材派遣会社では，食品衛生法違反や個人情報の漏えいが当該会社にとって会社の存亡にも及ぶ可能性がある最大のリスクであり[1]，このようなリスクの未然防止を最優先に行うことがリスクアプローチの手法である。

　リスクアプローチでは，リスクの優先順位が高いこと，言い換えれば会社として最優先に取り組むべきリスクを峻別し，リスクの高いものに対して，優先的に未然防止のための体制を整備することとなる。

　この際，リスクの重要度が高いものとは，仮に不祥事が発生したら会社に対する損害や社会に対する影響が大きいものに加えて，リスクの発生件数が多い事象も該当することに留意すべきである。リスクの一つひとつはそれ程大きな事件・事故ではないものの，発生頻度が高い場合には，いずれ大事件・大事故につながる可能性が高くなるという「ハインリッヒの法則」と言われるものである。

　1）雪印食品株式会社は，牛肉偽装事件によって，最終的に解散に追い込まれた。具体的には，雪印食品の社員が国産牛肉制度を悪用し，同社が保管していたオーストラリア産輸入牛肉を国産牛肉と偽って買い取らせて，総額2億円弱の資金を受領していたことが，平成14年1月に取引先の告発によって発覚した事件である。食品衛生法違反及び詐欺容疑で，同社の役員や社員が逮捕されると同時に，同社の業績が急激に悪化し，再建が困難となった。

「ハインリッヒの法則」とは，1件の重大な事故の発生の裏には29件の軽微な事故が存在し，さらに300件のヒヤリ・ハットが存在するというものである。言い換えれば，軽微な事故をおろそかにしないで，軽微な事故発生の原因究明と対策を適切に行うことが，重大な事故を防止できるというものである。裏返して言えば，日常的に発生している事件・事故も重要度の指標として高いと考えるべきである。このようなリスクの重要度が高いものに重点的に対応することこそが，リスクアプローチの手法である。

　このリスクアプローチの手法を企業集団としてのグループ内にも適用することが考えられる。具体的には，企業集団のグループ会社を横断的に眺めたときに，グループ全体として防止すべきリスクを適切に把握することが出発点となる。たとえば，グループ内の1社が，国からの補助金の不正受給をしていた場合に，別のグループ会社も後日，同様の不正受給をしていたことが発覚した場合，グループ内の重要な事件の教訓がグループ全体の教訓として活かされていなかったことになる。また，グループ内で独占禁止法違反行為を共同で実行していた場合なども考えられる。

　このためには，グループ内でのリスクの洗い出しを行うこと，法令の改正や他社等の状況を他山の石として内部統制システムを整備し，リスクの重要度に応じたグループ内の規程類の整備を行うとともに，定期的な確認を行うことが大切である。

　たとえば，近時，IT関係の急激な発達と利用者の急拡大から，IT関係のリスクが高まっている。IT関係は，その保守点検や運用をはじめとして専門化しているため，そのリスク対応が十分でない会社も多いようである。しかし，ITリスクについても，グループ内の各社が独自に対応し整備するよりは，グループ全体としてIT特有のリスクを共有化し，親会社を中心に検討し対応策を講じる方が効果的である（次頁の【IT関係の不備事例】参照）。

【IT関係の不備事例】

1. IT関連の基本整備が不備
   - IT統括責任者が不在，又は専門家ではないこと
   - IT関係の保守・点検体制が不十分なこと
   - IT関連の組織，予算や実績管理，パソコン等の貸出等の諸規程が未整備なこと

2. データ管理が不備
   - IDやパスワードの管理等不正アクセスへの対応が不十分なこと
   - ハッカー対策やウィルス対策に対する人員，予算面で不十分なこと
   - 退職者に対するID削除等の対応が組織的に行われていないこと

3. バックアップ体制をはじめサーバーの保全に対する不備
   - 地震や火災などの天災に対して，データのバックアップ対応が未整備なこと
   - データ保存場所に対する入室者のセキュリティ管理等が行われていないこと
   - データ保存へのアクセス権が厳格に管理されていないこと

第**3**章 企業集団としての統制活動

1．組織体制の整備

　親会社による企業集団としての内部統制システムの構築に対して運用を行う主体は，グループ内の各社であり，個々のグループ会社のリスク管理が適切に行われていなければ，親会社を中心にグループ全体としてのリスク管理は有効に機能しないはずである。しかし，親会社として，グループ各社が適切なリスク管理を実施できるように指導・助言したり，企業集団としての共通のリスクに対して情報を共有し，必要な規程の制定や教育体制の構築を確認する体制が整備されていることは，企業集団としての内部統制システムが有効に機能していると言える。それでは，企業集団として，どのような組織体制の整備を実行すればよいであろうか。

　基本的な考え方としては，企業集団としての内部統制システムを統括し，運用状況のチェックや評価を行う親会社のコーポレート部門が中心となって行う組織体制は必要である。具体的には，①独立した関連会社部門や内部監査部門を組織化，②内部監査部門・総務部門等の機能部門にグループ会社を管理する専任者を配置，③機能部門にグループ会社を管理する兼務者を配置，の三つのパターンが考えられる。

　関連会社部やグループ会社統括室の名称の親会社の組織部門は，文字通りグループ会社を統括管理する専門の部署であり，グループ会社からの相談窓口にもなる。これらの部署は企業集団としての内部統制システムの整備やグループ会社管理規程の作成・改廃を行う部署であるが，自社に内部統制推進部門が設

置されている場合には，内部統制システム関連の規程は，グループ会社を含め
てまとめて内部統制推進部門が作成し，その運用状況の確認について関連会社
部等が行う会社もある。連結子会社が多数に及んでいる場合には，親会社の組
織の中に，独立した関連会社部門を設置している会社が多い。

　内部統制推進部門等の機能部門に，グループ会社を管理する専任者を配置し
ている会社もある。内部統制推進部門の場合，自社の内部統制システムを構築
することと，企業集団としての内部統制システムを構築する場合も，自社単体
として整備することと基本的な内容が変わるものではない。したがって，内部
統制や監査の社内専門部門が企業集団の内部統制システムの整備もあわせて構
築したり，両者を監査することは効率的であることも事実である。

　連結子会社の数や管理すべきグループ会社数が多くはない場合には，コーポ
レート部門に兼務者を配置することも考えられる。この場合，内部統制推進部
門や内部監査部門の役職者が，社内と企業集団内の双方を担当する場合と，総
務部門等，必ずしもリスク管理を直接的に担当していない部門の担当者が兼務
する場合の二通りのパターンがある。

　総務部内で兼務の場合は，たとえば株主総会担当の総務部員の場合，その1
～2ヶ月前は株主総会担当に業務を注力せざるを得ず，この間はどうしてもグ
ループ会社への対応余力がなくなる可能性が高い。リスクの発生は不定期に起
こるものであるので，可能な限り，グループ会社を管理・統括する独立した部
門の設置が理想である。独立したグループ会社統括部門を設置しない場合には，
コーポレート部門にグループ会社を管理する専任の人員を配置するか，兼務者
の場合は，内部統制推進部門や内部監査部門など，グループ内の内部統制を行
う上で効率的に業務を遂行できる部員の兼務とすべきであろう。

2．手続・プロセスの確認

　企業集団の内部統制システムが構築されたとしても，それが適切に運用され
ていなければならない。このためには，企業集団としての内部統制システムの

構築の方針が親会社及び各グループ会社で徹底され，相互に共有化されている必要がある。これは，グループ全体として法令遵守やリスク管理に関して留意すべき事項の再確認にとどまらず，親会社からみてグループ会社に対して監視・監督を行うこと，グループ会社からみて親会社の一部の部門や役職員からの不当な要求に対する対応も含まれる。

　しかし，現実的には，単に内部統制システム構築の基本方針を文書や口頭で伝達するだけでは不十分であり，基本方針に基づいて適切に実行されているか，その運用状況を確認する必要がある。このためには，グループ内の業務監査の実行以前の問題として，企業集団の内部統制システムが機能するような親会社とグループ会社の相互の組織体制の存在が重要である。たとえば，グループ会社で発生した不祥事を親会社に報告したとしても，親会社で組織的に対応する体制が整備されていなければ，企業集団の内部統制システムは，そもそも機能しない。また，グループ会社内の不祥事が当該会社でとどまり，親会社に報告がなされずに事態が悪化するようなことになっていないかなど，必要な手続やプロセスの確認も不可欠である。

　このためにも，親会社の担当部門と各グループ会社の総務部門等のコーポレート部門との間の意思疎通の体制や手続面での不備がないかなどの確認をしておくことが大切である。

3．3線ラインとグループガバナンス

　近時，会社のリスク管理体制の一つの手法として，3線ラインの考え方が有効とされている。3線ラインとは，現場・現業等の事業部門の第1線，法務・財務等のコーポレート部門（管理部門）の第2線，内部監査部門である第3線の各ラインが，各々の責任のもと不正や不祥事等のリスク管理を行うことであり，アメリカに本部がある内部監査人協会（The Institute of Auditors.以下「IIA」という）が2013年に公式に採用した考え方である[1]。

　具体的には，第1線ラインとしては，各事業部門が業務執行を遂行する中で，

不正等の未然の防止や拡大を防ぐための監視体制が機能していることであり，複数の担当者によるチェック，人が介在出来ないような機械化・AI化，不正等を把握したときに，遅滞なく上司や現場責任者に報告するなどの機能である。

　第2線ラインは，コンプライアンス経営の中心的役割を担う法務・財務・リスクマネジメント部等のコーポレート部門として，全社レベルの観点から，各現場・現業部門を監督する役割を担う。製造業であれば，技術総括部等である技術部門を統括管理する本社機能の部門も第2線ラインに該当する。第2線のラインを担う部門は，各々の専門領域を持っていることから，その専門領域に応じて現場・現業部門のリスク管理状況や対応状況を監視・監督することになる。

　第3線ラインは，内部監査部門による全社的監査を行うことを通じて，内部統制システムの構築・運用に問題点がないか，仮に問題点があれば指摘し，改善を求める役割を担う。

　3線ラインは，内部統制システムの整備の観点からも重要な考え方であり，各ラインが適切に機能していれば，少なくとも重大な不祥事が長期にわたって放置されていることはないと考えられる。もっとも，3線ラインの考え方は，原則，単体の会社（各法人）の中で完結するものである。したがって，グループガバナンスを考える際に，3線ラインの考え方をグループ会社全体にどのように応用するかを検討する必要がある。

　グループガバナンスであっても，各グループ会社の中で，3線ラインが完結し，その状況を親会社が把握していることが本来は望ましい。しかし，上場している子会社であれば，法務や内部監査部門が独立した組織として存在してい

1）IIAは，当初3線ディフェンスラインの考え方を紹介していたが，2020年の改訂の際に，リスクマネジメントには目標達成等への貢献もあるとして，「ディフェンス」という文言を削除した。The Institute of Internal Auditors., *THE IIA'S THREE LINES MODEL* at 1（July 2020）。3線ラインの解説として，竹内朗編『図解　不祥事の予防・発見・対応がわかる本』中央経済社（2019年）38〜49頁，経済産業省「グループ・ガバナンス・システムに関する実務指針（グループガイドライン）」（令和元年6月28日策定）77〜89頁参照。

る可能性は高いが，小規模のグループ会社では，第2線ラインは管理部等の名称の組織が一つであり，担当者も複数の業務を掛け持ちしているケースが多く見受けられる。すると，自社で単独で3線ラインを機能させることは現実的ではない。このために，グループ全体（企業集団）として，3線ラインを考えていく必要がある。

　たとえば，第1線ラインを各グループ会社，第2線ラインを親会社コーポレート部門，第3線ラインを親会社内部監査部門とする考え方である。グループ会社の管理部門がある程度陣容が揃っていれば，第1線を各グループ会社の事業部門，第2線ラインは各グループ会社のコーポレート部門とし，必要に応じて親会社コーポレート部門がサポート，第3線ラインは親会社内部監査部門という方法もあろう。

　具体的な役割分担は，各グループ会社の業態や体制に応じて決定すれば良いと思われるが，親会社が直接的に接点をもって関与出来る仕組みとしておくことが重要である。上記の例では，親会社内部監査部門がグループモニタリングを通して直接関与することになる。もっとも，グループ会社の数が多いと，内部監査部門も自社の内部監査に加えて，グループ会社のモニタリングを実施することは必ずしも容易なことではない。したがって，グループ会社からの内部通報制度を活用した情報をもとに，親会社のコーポレート部門と内部監査との間で連携をとった上で，当該グループ会社を重点的に指示・命令・監査することによって，不正等の未然防止につなげることが考えられる。この点からも，子会社から親会社への報告体制が機能していることが，3線ラインシステムの有効な活用にもつながる前提となることを十分に認識すべきである。

第4章　企業集団における情報と伝達

1．平時における整備

　グループ会社内で円滑な情報報告ルートが整備されていることは，不祥事が発生した際の報告の遅滞・隠蔽を防ぐ有力な手段である。企業集団の場合は，本来，不祥事の発生に対して迅速な情報伝達が行われ，親会社を中心にその対応策に知恵を絞れば，不祥事の拡大やさらなる不祥事を防ぐことができるはずである。しかし，自社内で対応をすることに固執し，かえって事態を悪化させるケースも多い。

　企業不祥事の場合，メディア対応を含め，初期対応はきわめて重要であるが，そのためには，不祥事が発生するおそれも含めて，不祥事の発生について適時・適切に情報が伝達される体制を日頃から整備しておくことがグループ内の内部統制システムの観点からも重要である。そのための留意すべき点として，以下の点が考えられる。

　第一は，グループ会社から親会社に報告する事件・事故の基準を定めておくことである。あらゆる些細な事件・事故を報告することは非効率であるし意味を持たないので，リスクアプローチの観点から，グループ全体として影響力が大きいと思われる基準をあらかじめ明らかにしておくことを検討すべきである。

　たとえば，①業務上の行為において，会社，役員又は従業員が当事者となるマスコミに報道されるような重大な刑事事件が発生しそうな場合，②関係省庁より改善命令や行政罰を受けるような重大な法令違反の指摘・摘発，立入調査を受けそうな場合，③業務上の行為において，将来，訴訟にも発展し得る第三

者の生命，財産に重大な影響を与える事態が発生しそうな場合，などが考えられる。ここでのポイントは，報告すべき基準を極力具体的・客観的な指標として定めておくことである。単に「重大な事件が発生したとき」ということであると，「重大な」の判断基準が人によって異なることが想定され，本来，報告されてしかるべき事象が報告されない事態も起こり得る。したがって，このような事件・事故の発生の可能性について社内外からの情報が寄せられたときには，速やかに親会社に報告する基準を定めておく意義は大きい。

　第二は，あらかじめ報告・伝達ルートを定めておくことである。報告を行うか否かについて，往々にして個人の感覚に頼りがちであり，属人的な面に左右される場合が多いが，このようなことは，内部統制システムの観点からは望ましいことではない。特に，グループ会社で発生した事件については，グループ会社の役員が親会社に報告すべきか迷っている間に時間が経過し，グループ会社の代表取締役から親会社の役員に報告するときには，事態がかなり悪化した後となりかねない。したがって，まずは事務レベルで親会社とグループ会社と

【報告体制の例】

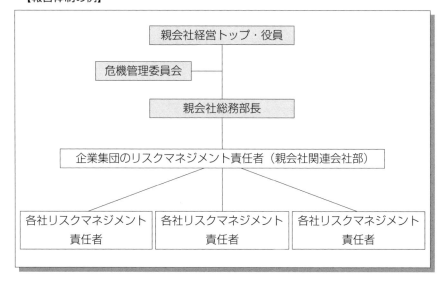

の連絡体制を整備しておくことが大切である。ここでの連絡体制のポイントは，正規の連絡ルートである上司・部下の関係に加えて，別の情報伝達ルートを整備しておくことであり，いわば，「情報伝達ルートの複数化」である。このためには，グループ会社の中で，情報を集約する部門及び具体的に行う責任者を決定しておくことである。

　たとえば，各社でリスクマネジメント責任者などとして任命し，発生した事件・事故などは，各社のリスクマネジメント責任者が情報を集約し，自社の部門長や役員に報告すると同時に，遅滞なく親会社のリスクマネジメント責任者にも報告するという体制が考えられる（前頁の【報告体制の例】参照）。いわゆるソフト組織の活用である。

　各社のリスクマネジメント責任者は，たとえば，グループ会社の総務部の次長や課長クラスが兼務することが考えられる。その上で，各グループ会社内において，事件・事故等，一定の報告をすべき事象を認知した場合には，リスクマネジメント責任者に必ず報告するという内規を定め，周知徹底させることが必要である。

　親会社のリスクマネジメント責任者は，グループ会社マネジメント責任者から報告を受けた場合は，企業集団としての対応の有無を含めて，総務部長や管理室長など機能部門の責任者と協議し対応策を検討する。そして，必要に応じて当該グループ会社の関係者も協議に参加させた上で，今後の方針を決定することが考えられる。

　第三は，親会社とグループ会社間で複数の情報伝達ルートを確保しておくことである。上記のようなリスクマネジメント責任者を中心とした情報伝達ルートを整備したとしても，リスクマネジメント責任者が兼務発令となっている場合には，必ずしも迅速な対応ができるとは限らない。

　このためにも，①親会社監査役とグループ会社監査役，②親会社会計監査人とグループ会社会計監査人などのルートによる情報伝達体制も意識的に実践することも大切である。

２．有事の際の対応

　実際に，グループ会社のリスクマネジメント責任者等から，事件・事故の情報が上がってきた場合にはいかなる対応を行うべきであろうか。

　当該事件・事故がグループ会社としても重大な影響を及ぼすことが必至の場合には，企業集団のリスク管理の観点から迅速な対応が不可欠である。このためには，親会社主導で一元的管理が必要となり，危機管理委員会等のソフトの組織体を設定し，集中的な対応を行うべきである。具体的には，メディア対応を含めた初期の対応方針の決定，事件の拡大を防止するための当面の具体的な指示，関係当局に対する報告などである。

　危機管理委員会等のソフト組織は，常設の組織とは異なるため，いかなる要件に該当した場合に誰が招集するかについてもあらかじめ規程として定めておく必要があろう（次頁の【グループ危機管理委員会設置規程例】参照）。

【グループ危機管理委員会設置規程例】

グループ危機管理委員会の設置について

（目的）
第1条 本規程は，「グループ危機管理委員会」の設置と運営に関する基本事項を定める。

（設置）
第2条 当社グループ経営に重要な影響を与える事態が発生した場合，又はそのおそれがある場合に，迅速にかつ必要な初期対応を行い，損害・影響等を最小限にとどめることを目的として，当社内に「グループ危機管理委員会」を設置する。

（構成員）
第3条 「グループ危機管理委員会」の構成員は以下のとおりとする。
　社長（委員長），総務担当副社長（副委員長），総務部長（事務局），人事部長，秘書部長，法務部長，グループ会社社長，グループ会社総務部長，その他必要に応じて社長が指名する者

（機能）
第4条 「グループ危機管理委員会」は，関係省庁対応，報道機関等を含めた当面必要な初期対応を行う。

（招集要件）
第5条 「グループ危機管理委員会」は，下記各号に該当する事態が子会社又は関連会社に発生した場合，又はそのおそれがある場合に，総務部長の発議により社長が招集する。
　(1) 業務上の行為において，会社，役員又は従業員が当事者となるマスコミ報道されるような重大な刑事事件が発生した場合
　(2) 関係省庁より刑事罰・行政罰を受ける可能性が高い重大な法令違反の指摘・摘発を受けた場合
　(3) 業務上の行為において，将来，係争に発展する可能性が高い第三者の生命，財産に重大な影響を与える事態が発生した場合

（対外公表）
第6条 下記の事件・事故が発生した場合には，速やかに対外公表を行う。
　(1) 第三者の死傷者を出した場合
　(2) 現場の火災・爆発・環境汚染で近隣に大きな被害が発生した場合
　(3) 欠陥商品が市場に流出し，早期の回収を必要とするとき
　(4) 役員による重大な違法行為
　(5) 国際的又は社会的関心の高い訴訟，事件，事故

　(6)　報道機関から集中して取材の申込みがあった場合
②　対外公表に加えて，記者会見を実施する場合の会見者は，当社（代表）取締
　　役又は執行役員とし，必要に応じて，グループ会社を代表する役員（代表取締
　　役社長又は副社長，及び取締役事業部長）が同席する。
（活動期間）
第7条　「グループ危機管理委員会」の機能が終了した時点で，速やかに正規の
　　組織による対応へ移行する。

付則
　本規程は，令和○○年○月○日より施行する。

制定　　平成○○年○月○日　　　総務第××号
改正　　令和○○年○月○日　　　総務第××号

3．内部通報制度

　事件・事故の未然防止のための情報伝達の手段として，内部通報制度がある。
内部通報制度とは，違法行為や不適切な処理などの不祥事又は不祥事につなが
るおそれのある事象が公になる前に，社内の内部で対処するための制度であり，
平成15年に当時の経団連が会員各社に対して，内部通報制度の整備の通達を出
したことを契機に広まった。
　内部通報制度については，「ヘルプライン」や「コンプライアンスライン」
など名称は各社で様々であるが，従業員のモラルに期待した組織内の自浄作用
を目的とした制度である。したがって，内部通報制度を適切に整備し運用でき
ると，内部統制上もきわめて有効な手段となり得るものである。
　この内部通報制度を，単体の会社にとどまらず，グループ会社内も含めて整
備することが考えられる。特に，親子会社間では，親会社の一部の役職員によ
る特別支配を背景とした違法行為や不当な取引を強要するリスクも存在し得る
ところであり，これらのリスク情報を早期に把握して，迅速な対応を取ること
は，グループとしてのリスク管理に重要な役割を果たすことになる。

　他方で，内部通報制度は形式的な整備になる可能性もあることから，整備・運用上，特に留意すべき点があると思われる。

　第一の留意点は，内部通報者の範囲の確定である。グループ会社の正規の役職員はもとより，グループ会社の派遣社員やパート従業員など非正規社員にまで広げることが考えられる。内部通報制度の利点は，通常の指揮命令系統とは別に，内部通報制度を利用して自由に誰からの制約を受けることなく，自らの意思で情報を提供できることである。

　企業集団としてのグループ内では，往々にして力関係が働き，正規のルートでは自分に不利益が及ぶことを怖れて，情報の提供に躊躇することは十分に考えられる。このためにも，内部通報者の範囲をグループ会社の役職員から派遣社員等まで拡大することも検討に値する。

　また，近年大きな社会問題化したサービス残業による過労死の問題は，社員より当人の家族が気がつくことが多い。家族も内部通報者に加えることも考えられる。

　第二の留意点は，内部通報者に対する不利益な扱いをしない旨の明確化と周知徹底である。内部通報制度を利用したとしても，通報したことが明らかになって，後日，自分に人事上等の不利益が及ぶ懸念があると，内部通報制度が十分に活用されることは困難である。したがって，内部通報管理規程により，通報者が不利益を受けない旨を明記するべきである。

　もっとも，内部通報管理規程について，利用者が日常的に目にすることは稀であると思われるので，企業集団のグループ内の関係者が自由にアクセスできるイントラネットがあれば，そのようなところに，グループ内部通報制度の利用方法と併せて，通報者が不利益を受けない旨を明示しておくことが有効である。また，代表取締役社長の年頭挨拶の際や各部門長による全社的な会議の場において，通報者には一切不利益が及ばない旨の発言をすることも効果的である。

　第三の留意点は，記名式とするか無記名式（匿名）とするか十分に検討した上で，実施すべきである。記名式とするメリットは，内部通報者に対して，会

社としての対応を確実に返答できることであり，内部通報者に対して会社として具体的な対応状況を説明できることである。また，特定の人物への誹謗・中傷や，冷やかし半分の通報の抑止効果もある。

　他方，記名式による特定化は，通報者が後日の不利益を懸念する場合，内部通報制度の利用を躊躇する大きな要因となるものである。したがって，無記名方式であると，内部通報者の心理的な壁が取り除かれ，通報しやすくなるというメリットが期待できる。無記名方式の採用のためには，内部通報の手段として，郵便が主体となるものと考えられるが，本人を特定できない電磁的方法があればそれを採用することもあり得る。少なくとも記名式を残したとしても，無記名方式の併存は必要である。

　第四の留意点は，通報先の確定である。原則は，親会社又はグループ会社における内部監査部門や総務部門等のコーポレート部門の特定の者であるが，顧問弁護士事務所や信頼がおける第三者の機関を利用することも考えられる。顧問弁護士事務所が経営執行部門と緊密な関係にあることが内部通報制度の場合にはプラスとはならないと考えるならば，顧問弁護士事務所とは別の法律事務所や第三者機関を利用することも考えられる。もちろん，複数のルートを用意しておいて，内部通報者に選択させることもあり得る。

　第五の留意点は，通報を受けた場合の対応である。すなわち，事実関係の確認と，事実であればその対応をグループとして確実に行うことである。現実的には，通報の対象となったグループ会社と親会社が共同して対応にあたることになる。その際，具体的な対応については，通達や注意喚起など目に見える形で行うことが重要である。

　この場合，親会社とグループ会社との間で一定の改善の方向性が決定された後に，企業集団として通達等を出す場合と各社が対応する場合の双方があるが，内部通報者が親会社に対して直接通報し，かつ通報内容が事実であることが判明した場合には，親会社として対応をした内容の概要を示すことが考えられる。その際の注意点として，内部通報を受けた親会社担当者が，自己の勝手な判断で処理しないように，通報を受けた後の組織的な対応をあらかじめ決定してお

くことも必要である。

　いずれにしても，内部通報制度が，形式的な設置にとどまっていれば，かえって，外部に情報が流出する危険性が高まるものと認識すべきである。言い換えれば，内部通報制度が適切に整備・運用されれば，グループ内の違法行為や不当な取引等が未然に防止できる優れた制度ということができる（【グループ会社における内部通報制度の内規例】参照）。

【グループ会社における内部通報制度の内規例】

グループホットライン規程

第1条（通報者及び通報内容）
　① ホットラインに通報できる者は，当社社員及びグループ会社社員とする。なお，これ以外からの通報であっても，必要に応じて受け付ける。
　② 受け付ける通報は，当社及びグループ会社の業務遂行に関するものとする。個人的な誹謗や中傷等は受け付けない。

第2条（匿名通報について）
　通報者は，氏名及び所属（グループ会社の場合は，会社名）を開示し，もしくは匿名にて通報を行うことができる。

第3条（通報の方法）
　通報者は，以下の電話，電子メール又は郵便を通じて，通報を行う。
　① □□㈱　内部監査室
　　電話　　　：○○－○○○○
　　電子メール：……@……
　　郵便　　　：〒………－…………
　② □□法律事務所
　　電話　　　：○○－○○○○
　　電子メール：……@……
　　郵便　　　：〒………－…………　　　×××弁護士宛

第4条（ホットラインへの通報の取扱い）
　ホットラインへの通報があった場合，ホットライン担当者は通報内容を監査室長に報告するとともに，記名による通報の場合は，通報者との面談，事実関

係の調査，顧問弁護士への相談等を行う。その上で，監査室長及びホットライン担当者との合議の上，対応方針を決定し，関係部門に問題の解決を促すとともに，氏名・所属が判明している通報者に回答を行う。但し，監査室長が重大な通報と判断するものについては，必要に応じて関係部門とも協議の上，監査室長が対応方針及び回答内容を決定する。

第5条（通報者に係る守秘及び取扱い）

　監査室長及びホットライン担当者は，通報者の氏名を役職員に一切開示しない。また，いかなる者も，本規程に従って適正な相談・通報を行ったことを理由として，通報者に対し，一切不利益な取扱いをしない。

付則：本規程は，令和○年○月○日より施行する。

第**5**章　監視活動

1．定期的な評価システムの整備の方策

　企業集団としてのグループ内の内部統制システムが構築された後に重要なことは，内部統制システムが適切に機能し，リスク管理が円滑に行われていることを定期的に評価する仕組みを作ることである。そして，その評価に基づいて，改善すべき点があれば適宜改善をしながら，より良い内部統制システムを構築していくことが大切である。

(1)　各グループ会社からの報告・聴取

　評価を行う方法は，親会社が各グループ会社から報告・聴取することが基本である。この場合の評価とは，グループ会社管理規程の対象範囲に規定しているグループ会社に対して，各社が内部統制システムに基づく具体的なリスク管理の方策を適正に遵守しているか確認することである。この場合，各グループ会社の対応に限定せず，親会社の一部門や一部の担当者が法令・定款違反や不当な取引を強要していないか確認することも含まれる。

　各グループ会社からの報告・聴取を受ける主体を大きく分けると，親会社執行部門による対応と親会社監査役・会計監査人の対応がある。

　親会社執行部門の対応とは，親会社の執行部門が，親会社が整備した企業集団の内部統制システムの運用状況の報告を各グループ会社から受けるとともに，資料や質疑応答等を通じて確認することである。その際，親会社のグループ会社統括部門等が一元的に報告を受ける場合と，各グループ会社を管理する主管

部門が一次的窓口として報告を受ける場合がある。

　どちらの方法を採用するかは，グループ会社の数や親会社グループ会社統括部門を構成する人員にもよる。もっとも，主管部門である営業部門等が一次窓口として報告を受ける場合は，内部統制システムというコーポレート関連事項について，必ずしも法務，財務，安全衛生等のリスク管理に精通している担当者が配置されているとは限らないので，必要に応じて，法務等の親会社機能部門の担当者が同席することもあり得る。

　また，主管部門が報告を受けた場合には，グループ会社を統括する部門に対して，グループ会社のリスク管理の評価結果を報告することになる。

(2)　監査役・会計監査人等の対応

　一方，親会社とグループ会社の監査役間の連携も考えられる。すなわち，グループ会社が監査役設置会社の場合，親会社監査役とグループ会社の監査役との連携を通じて，企業集団の内部統制システムが適切に運用されているか確認することになる。監査役の場合，事業年度ごとに監査方針等の監査計画を策定することが通常であるので（監査役会設置会社の場合は，法定化されている。会社法390条2項3号），親会社の監査計画の中に企業集団の内部統制システムの整備状況を監査項目として掲げた上で，グループ内で特に留意すべき法令等を各社の監査役と情報共有して，各社の監査計画に反映することも一考に値する。その上で，たとえば，中間期と期末期に親会社監査役と各グループ会社監査役とが個別に会合を持って，グループ監査役からの状況報告と，相互に適宜意見交換等をすることが考えられる。

　監査役の職責は，取締役の職務執行の監査（会社法381条1項）であることから，親会社監査役は，自社の取締役が企業集団の内部統制システムの構築を適切に実施しているか監査するとともに，グループ会社監査役を通じて，グループ会社からみて間違いなく適切な運用がなされているか確認するわけである（次頁の【監査役監査方針・計画例】参照）。

　さらに，親会社とグループ会社との間で会計監査人が同一か，又は監査法人

が同じ場合には，会計監査人経由で，グループ会社の会計監査状況を確認することも可能である。すなわち，財務部門等からグループ会社の粉飾決算等の疑いがある旨の報告を受けた監査役は，会計監査人に対して，当該子会社に対する会計監査にとりわけ注意を払って報告してもらうように要請することができる。このようなことが可能なためには，企業集団内では同じ監査法人又は会計監査人であることが望ましい。

【監査役監査方針・計画例】

注：親会社の監査役監査方針・計画事例であるが，下線部は，特に企業集団の内部統制システムを意識した内容となっていることに留意。

□□株式会社
監査役会

令和○○年度 監査方針・計画

Ａ．令和○○年度監査方針・計画の考え方

１．基本認識

(1) 「内部統制システムの基本方針」に対する取締役会決議，及び「内部統制規程」を踏まえ，当社及び当社グループの内部統制システムの構築・運用状況については，着実に進展している。但し，○○年度も連結子会社において偽装請負が疑われる事案が発生するとともに，従業員の勤務管理について，労働基準監督署から指導及び勧告を受けたことなどを踏まえると，内部統制システムの更なる改善を推進する必要がある。

(2) 内部統制システムを適切に運用していくためには，特に内部統制のPDCAを確実に廻していくことが重要であり，そのためにもリスク情報が遅滞無く報告される体制の整備，内部監査部の要員増加に伴う体制強化，監査役監査によるモニタリングの実践を図ることが重要である。

２．監査方針

(1) 「法令・定款遵守体制の構築」，「個別リスクの未然防止」，及び「グループ会社を含めた内部統制の充実」に対する監査を本年度の基本とする。

(2) 定常的業務監査・実地調査，及びグループ会社との個別対応を通じて，各部門との対話及びリスクアプローチ的視点を強化する中で，重点的な監査に留意する。

　B．令和○○年度業務監査の具体的進め方

１．監査方針に基づく監査項目

(1) 法令・定款・その他遵守

　会社法，労働関連法令，環境関連法令，知的財産関連法令　等の遵守状況，及び日本経団連企業行動憲章，社長通達　等の遵守状況

(2) 個別リスクの未然防止

　特に，下記の点を本年度は重点的に監査する。

　① 環境保全：特に水質・大気汚染・土壌汚染

　② 労働安全：特に従業員の勤務管理・健康管理，偽装請負

　③ 機密情報管理：特に，情報セキュリティ

　④ 製品品質：特に，製造物責任

　⑤ 大規模地震対策等：特に，東海・東南海地震発生時に備えた危機管理体制

(3) 内部統制システムの整備・運用状況

　特に，内部監査部の活動状況と<u>企業集団の内部統制システムの運用状況を重点的に監査</u>する。

２．業務監査の具体的実施要領

(1) 定常業務監査の報告聴取

　（対象）全部門　　（頻度）２回／年

　① 自主点検結果等の報告聴取

　•当該部門の管掌役員より，自部門の監査結果の自己診断シートに基づいた報告を行う。

　•上記報告聴取と併せて，リスクの未然防止に向けた日常業務での新たな工夫・対応等に関し，質疑・確認を行う。

　•報告聴取の結果，指摘事項については，再度聴取を行う。

　② 重点監査項目の報告聴取

　•各部門に提示した重点監査項目にそって，報告聴取する。

　③ 内部通報制度に通報のあった案件の報告聴取

　•その後の対応についても報告聴取する。

　④ 定例業務監査実施に当たっての留意点

　•監査の実効をあげるため，業務監査日の３日前までに被監査部門から報告資料の提出（必須）を受け，当該資料に基づく事前調査を行う。

　•業務監査時間は，原則として各部門３時間程度とするが，個別テーマの内容，及び項目数に応じて聴取時間の変更はあり得る。

- 定例業務監査を補完・強化する観点から，会計監査人が行うシステム監査・実地棚卸等にも適宜立会する。
- (2) 臨時の報告聴取
  - ① 下記案件が生じた場合，関連する各部門から報告聴取を行う。
  - 経営に重大な影響を及ぼす事故・事件（グループ会社案件を含む）
  - 内部統制規程に基づき管理部に報告のあった案件
  - 内部通報制度の中で，コンプライアンスに係る重要案件
  - ② 常務会等における重要意思決定事項等については，主としてデュープロセスの観点から執行決定前に報告聴取を行う。
  - ③ 経営に重大な影響を及ぼす事件・事故について，速やかに報告を受け，初期対応・再発防止策等について聴取する。
- (3) グループ会社対応
  - ① 連結子会社の常勤監査役との定期的な会合の充実，及び各社の現場視察拡大等を通じて，会社法に定められた「企業集団の内部統制システム」の構築・運用状況について，都度，親会社監査役としての指摘・意見表明を行う。
  - ② 会計監査人から各連結子会社に関する会計監査の結果について適宜報告を受ける。
- (4) 各管理部門，内部監査部門，会計監査人との連携強化
  - ① 秘書部・広報部・環境部・労務部・法務部・総務部・人事部・技術部・知財部の各管理部門から，内部統制システムの整備・運用とリスク管理に関する具体的推進状況を聴取し，都度，監査役としての指摘・意見表明等を行う。
  - ② 内部監査部から，グループ全体の内部統制システムの構築・運用に関する実行状況や，コンプライアンス委員会の活動状況，内部通報制度の活用状況を聴取し，都度，監査役としての指摘・意見表明等を行う。
  - ③ 会計監査人から，当社及びグループ会社の主に会計に関する内部統制システムの実行状況，リスクの評価及び重点監査項目について説明を受け，適時に意見交換を行うことにより，会計監査人との連携を一層強化する。
- (5) 監査後のフィードバック，及び監査対象部門との意見交換
  - ① 常勤監査役から，取締役会並びにコンプライアンス委員会に対し監査結果を報告する。
  - ② 監査結果について，代表取締役並びに各部門管掌役員等と個別に意見交換する。
  - ③ 監査対象部門に対し，他部門業務監査結果からの参考項目の紹介を含め，

監査意見・指摘事項を書面にてフィードバックする。

以　上

２．具体的な手法

　企業集団の内部統制システムの基本方針に基づきリスク管理体制が適切に運用されているか確認する主体として，親会社の関連会社部等グループ会社を統括している部門がまとめてチェックする方法と，各グループ会社を主管している部署がチェックする方法の大きく二つある。

　特に後者の場合で営業部門等の原局部門では，法令や財務・会計関連については，必ずしも社内の専門家が配属されていないことが通例であることも勘案し，チェックリスト（チェックシートともいう）を活用することも効果的である。

(1)　チェックリストの活用

　チェックリストとは，各グループ会社が自律的に自社の内部統制システムが適切に構築・運用されているか自主点検を行うための，項目ごとに記載されたチェック表である。各グループ会社がチェックリストに基づいて自主点検を実施した後，そのチェックリストを親会社に提出し，親会社はチェックリストを確認しつつ，必要に応じてグループ会社から報告聴取をするという形で利用するのが一般的である。

　チェックリストの項目は，企業集団内では共通の項目とすることが通常である。したがって，親会社が報告・聴取を受ける場合の効率化のみならず，内部統制システムの観点からグループとしての一体化を図ることができる点もチェックリストの活用目的の一つである。そして，チェックリストによる自主点検結果の報告・聴取とモニタリングの結果をもとに，最終的に事業年度における企業集団の内部統制システムの評価とする。もっとも，チェックリストを活用する場合の注意点を挙げると以下の点がある。

　第一の注意点は，チェックリストの項目数が多くなりすぎると，形式的な自主点検となる懸念が生じる。したがって，項目数についてはある程度絞りをかけるなり，各社の規模や業容によって，適宜取捨選択ができるような余地を残しておくことである。

　このためには，前年のグループ内の事件・事故や不祥事の事実，同業他社の不祥事等の報道，法令改正等社会状況を踏まえて，チェックリストの個別項目の内容と項目数の慎重な検討が不可欠である。たとえば，法律関連項目では，法令遵守の有無を裏付けるための具体的な設問に心掛けるべきであろう。

　第二の注意点は，グループ会社の中で，独自にチェックリストを利用している場合には，そのチェックリストとの重複を極力避けることである。

　チェックリストを利用する際の欠点として，形式的な自主点検に流れる可能性を指摘したが，その大きな要因は，チェックリストの項目数の多さ，及び類似のチェック項目の存在である。グループ会社で独自のチェックリストを使用している場合には，企業集団としての共通のチェックリストは，コアとなる重点項目に絞り，各グループ会社のチェックリストとの重複を避けることに注意すべきである。

　又は，チェックリスト項目検討会議に，グループ会社の一部メンバーも参画したり，最終決定する前に，チェックリストを事前配付してグループ会社の意見も一部反映するなどの工夫も考えられる。

　第三の注意点は，事件・事故に関しては，その事実を必ず記載する項目を設定することである。

　軽微な事件・事故まで網羅的に記載する必要はなく，たとえば当局から改善命令や指導・勧告を受けた場合，社内の懲罰委員会に付議された案件などが考えられる。もちろん，グループ全体としての緊急性を要する重大案件の場合は，チェックリストの記載を待つまでもなく，前述したような報告ルートで可及的速やかに親会社に報告・伝達される必要があるが，それ以外の事件・事故は，チェックリストを通じて再確認し記載することが必要である。その上で，親会社が報告・聴取を受ける段階で，事件・事故発生後の対応状況について確認す

るという手順となる。

⑵ チェックリストの例

具体的なチェックリストの例として，（一社）監査懇話会が策定した「企業集団内部統制に関する監査役職務確認書」[1]をベースに変更を加えたものを紹介する（次頁の【企業集団内部統制に関するチェックリスト項目の例】参照）。

チェックリストに基づきチェックする主体は，親会社の管理部門又はグループ会社を管掌していた事業部門でも良いし，各グループ会社が自ら自主点検するのもあり得る。ただし，その場合は，親会社のグループ会社統括部門にチェックリストの結果が報告される必要がある。

グループ会社統括部門は，チェックリストが形式的な自主点検に利用されていないか判断するために，業務報告の一環として，自主点検を実施した各グループ会社から業務報告聴取を行うと効果的である。

グループ会社を統括する部門や内部統制部門，又は監査役監査の一環として，このようなチェックリストを利用して監査をすると，実効的なリスク管理につながると思われる。

1）（一社）監査懇話会が監査役監査の視点からのチェックリストとして策定した「企業集団内部統制に関する監査役職務確認書」（2022年3月第8回改訂版）である。https://kansakonwakai.com 参照。

【企業集団内部統制に関するチェックリスト項目の例】

注：親会社のグループ会社管理部門による確認用のチェックリストとして作成

- □　企業集団として共有すべき経営理念，行動基準，各種の方針（SDGsやESGの方針を含む）を子会社に周知する明文規定が存在している。
- □　企業集団のグループ会社に，行政からの立入検査・勧告・警告・行政指導・行政処分の事実の有無を確認している。
- □　企業集団のグループ会社に，新たに係争となるおそれのある案件があるか確認している。
- □　企業集団内に重大な不適正行為が発生した場合には，親会社として必要に応じて調査委員会ないし第三者委員会の設置を行い，実態調査と原因究明，さらにその対応策・再発防止策の検討・規程整備を行わなければならないという認識を持っている。
- □　企業集団内に共通する内部統制上のリスクと各グループ会社の固有の内部統制上のリスクを共に把握していることを確認している。
- □　企業集団における内部統制システムの構築・運用の観点から，親会社として，企業集団の内部統制システム上の重要な課題・問題点について，グループ会社から報告を受け，適切な改善措置を講じるための規程又は体制が整備されている。
- □　企業集団の各子会社における内部統制の構築・運用状況のモニタリング結果又は関連する内部監査結果の報告を受け，必要な改善の指示を行う体制が整備されている。
- □　企業集団の内部通報制度による通報件数と内容を定期的に把握するとともに，親会社・子会社の内部通報者の利益を損なうことがないように十分な配慮がなされている。
- □　企業集団の内部統制システムのモニタリングを実施した結果，各グループ会社の課題・問題点や具体的な改善策の報告を取締役会等の場で行っている。
- □　取締役会において，企業集団の内部統制システムについて，当該事業年度の総括評価を行った上で，必要に応じて基本方針や構築の見直しの決定・決議を行っている。
- □　グループ会社に関する重要な承認・報告事項（内部統制上の案件を含む，以下同様）を社内規程に則り承認し，又は報告を受けていること，及び当該規程に則り，取締役会等又は代表取締役等の承認事項又は報告事項としている。

□　グループ会社に関する重要な承認・報告事項が，親会社の管掌部門を通じて子会社代表取締役等に伝達されている。

□　親会社・グループ会社において不適正な行為又は企業集団全体に大きな影響を与える事態が発生した場合に，親会社の管掌部門にその状況を適時・適切に把握できる情報伝達の仕組みがあり，社内規則に則り取締役会等で適宜，報告されている。

□　企業集団内（親会社とグループ会社との間又はグループ会社間）での不適正な行為の有無について確認し，必要に応じて是正措置が行われるように指示している。

□　親会社として，グループ会社役職員を対象として，法令遵守に対するコンプライアンス教育計画を策定し，確実に実施している。

□　企業集団において，情報システムに関するリスクを把握し，企業集団における情報セキュリティ方針，情報管理規程やセキュリティ管理規程等を定め，親会社，各グループ会社がその規程に則ってシステムを運用している。

□　企業集団の内部統制方針が策定され，年度計画においてグループ会社に係る監査方針，監査日程，往査対象，往査頻度，重点監査項目が毎年見直されている。

□　グループ会社監査の結果，指摘事項や是正計画，フォローアップ監査計画，是正完了結果等について，適切な実務が実行されている。

□　企業集団におけるグループ会社の内部統制システムのモニタリングの結果を確認し，特に内部統制システムの構築が進捗していない会社について，適切な指摘を行っている。

□　会計監査人が，企業集団内の親会社・グループ会社の経理規程・連結決算要領，連結決算処理手順，及びITによる経理処理手順等を調査した結果，その内容に統一性があり，不適正な処理が介在するリスクは十分に低減されていると判断していることを確認している。

□　会計監査人が，連結計算書類監査（及び連結財務諸表監査並びに内部統制監査）において，グループ会社のうちで，会計上又は内部統制上，重要又はリスクの高い会社と判断している会社について，会社名とその判断理由を確認している。

□　親会社とグループ会社との間，又はグループ会社相互間で，非通例的取引及び不適正な取引がないか，会計監査人の監査上の判断基準と監査結果について確認している。

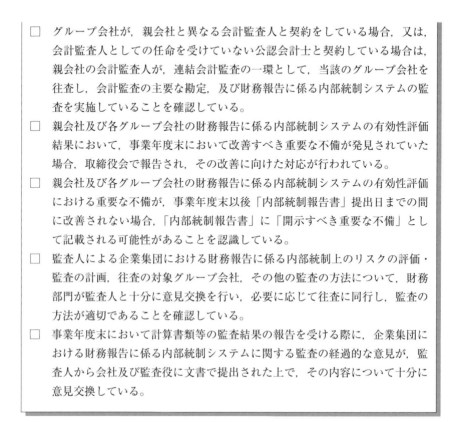

- ☐ グループ会社が，親会社と異なる会計監査人と契約をしている場合，又は，会計監査人としての任命を受けていない公認会計士と契約している場合は，親会社の会計監査人が，連結会計監査の一環として，当該のグループ会社を往査し，会計監査の主要な勘定，及び財務報告に係る内部統制システムの監査を実施していることを確認している。
- ☐ 親会社及び各グループ会社の財務報告に係る内部統制システムの有効性評価結果において，事業年度末において改善すべき重要な不備が発見されていた場合，取締役会で報告され，その改善に向けた対応が行われている。
- ☐ 親会社及び各グループ会社の財務報告に係る内部統制システムの有効性評価における重要な不備が，事業年度末以後「内部統制報告書」提出日までの間に改善されない場合，「内部統制報告書」に「開示すべき重要な不備」として記載される可能性があることを認識している。
- ☐ 監査人による企業集団における財務報告に係る内部統制上のリスクの評価・監査の計画，往査の対象グループ会社，その他の監査の方法について，財務部門が監査人と十分に意見交換を行い，必要に応じて往査に同行し，監査の方法が適切であることを確認している。
- ☐ 事業年度末において計算書類等の監査結果の報告を受ける際に，企業集団における財務報告に係る内部統制システムに関する監査の経過的な意見が，監査人から会社及び監査役に文書で提出された上で，その内容について十分に意見交換している。

⑶　グループモニタリング

　チェックリストは，確認や自主点検を目的としたものであるのに対して，グループモニタリングとは，企業集団の内部統制システムの整備の一環として，親会社主導で実際にグループ会社の現場を訪問したり，現物資料を確認する監査行為である。

　モニタリングを行う際には，受ける方のグループ会社は，モニタリングに対応するための説明者の配置や資料の準備等の受入対応が必要となる。もっとも，親会社のモニタリングということで，過度な対応が常態化すると，グループ会社としての負荷が高まる懸念が生じる。したがって，グループ会社の負荷の軽

減を考え，リスクアプローチの観点から，モニタリングの実効性を高めることを第一に考えるべきである。このためには，モニタリングの意義や共通認識を，あらかじめ親会社とモニタリングの対象となるグループ会社間で共有しておくこと，実施する内容や実施要領は，あらかじめグループ会社に示しておくなどの配慮も必要である。

　モニタリングを実施するのは，親会社の関連会社部等の統括部門か経理部門又は内部監査部門が通常である。その際，実際のモニタリングの場において，親会社の担当部門のスタッフは，各グループ会社のリスク管理上の改善点を洗い出し，リスクの発生の未然防止に向けた対応策をグループ会社とともに考えるというスタンスで臨むことを心掛け，摘発型のモニタリングとならないようにすることが大切である。

　モニタリングの具体的な方法であるが，あらかじめグループ会社に日時やモニタリングの内容を明示した上で実施する場合と，予告なしの抜き打ち的に実施する方法がある。内部統制システムは，日常的な整備が重要であり，モニタリングが行われる日時のときだけ整備するものではないことから，抜き打ち的に実施することに意味がないわけではない。

　しかし，同じ社内の別組織のモニタリングを行う場合はともかくとして，法人格が別のグループ会社のモニタリングをする場合には，モニタリングの対象や具体的な実施要領をあらかじめ示しておくことを基本とすべきである。モニタリングの実施要領とは，サンプリング的に伝票を抜き取り検査したり，現場で直接資料を確認することなどである（次頁の【財務関係に係る内部統制モニタリング例】参照）。

【財務関係に係る内部統制モニタリング例】

事例区分	事例内容	モニタリングポイント	モニタリング時期
取引の実在性	• 仮装取引 • 代品納入	• 購入起案者と検定者の分離 • 書面での事前契約 • 決済基準の明確性	○○会社： R4. 5. 1〜10 △△会社： R4. 9. 8〜15
取引の妥当性	• 検定内容が不明確 • 契約内容が不明確	• 検定基準の明確性 • 取引形態の適正性 （複数の売買契約等）	××会社： R4. 10. 5〜 11. 20

⑷　リスクコントロールマトリクス

　チェックリストを利用し，モニタリングを実施した上で，グループ会社からの報告・聴取で確認した結果として，年度末の全社評価としては，リスクコントロールマトリクスによって一覧表とすると，何が課題であり，今後改善すべきか一目瞭然となりわかりやすい。まず，各社のリスクコントロールマトリクスを作成した上で，その集大成として，企業集団を構成するグループ全体のリスクコントロールマトリクスを作成する手順となる。

　特に，親会社の各部門がグループ会社を管理している場合には，各部門が管掌しているグループ会社ごとのリスクコントロールマトリクスを作成し，関連会社部等に提出し，関連会社部がグループ全体のリスク管理を表現したマトリクスを作成している会社が多いようである（【グループ全体のリスクコントロールマトリクス例】参照）。

【グループ全体のリスクコントロールマトリクス例】

	委員会等 体制整備	規程類 整備	業務 プロセス	検証手続	フォロー 体制	……	評　価
1. 安全・ 環境・防災	◎	◎	○	○	◎	○	◎
2. 製品品質	◎	○	△	○	△	○	○
3. 財務統制	○	◎	△	△	×	△	△
4. 独禁法	◎	◎	○	○	○	△	◎
5. 知的財産	△	◎	○	○	○	△	○
6. 情報管理	○	○	○	○	○	△	△
7. …………	○	○	△	△	×	×	×
評　価	◎	◎	○	△	×	△	○〜△

第6章　親子会社間の利益相反取引

1．会社法規定の利益相反取引

(1)　会社法上の狭義の利益相反取引

　取締役は，会社と委任関係があること（会社法330条）から，会社に対して，善管注意義務を果たす必要がある（民法644条）。また，取締役は，法令及び定款並びに株主総会の決議を遵守し，会社のために忠実にその職務を行わなければならないという忠実義務もある（会社法355条）[1]。忠実義務には，会社と取締役との間で利益の衝突が問題となるような局面において，取締役は会社の利益を優先しなければならないという意味も含まれていると考えられている。したがって，取締役が会社を犠牲にして，自己の利益を図ることは，典型的な忠実義務違反ということになる。会社法では，取締役が自己の利益を図ることに限定せずに，第三者の利益を図ることも含めて，利益相反取引と称している。

　利益相反取引が典型的に行われるケースが親子会社間での利益相反取引である。たとえば，食品の製造・販売を業としている親会社甲社の取締役Aが，甲社の子会社で，甲社に食品の原材料を供給している乙社の代表取締役を兼務している場合を考えてみる。

　甲社の中期経営計画において，子会社の業績向上目標がグループ全体の収益向上の観点から設定された場合，Aとしては，自ら代表取締役を兼務している

1）善管注意義務と忠実義務の関係について，判例では，注意義務を敷衍して一層明確化したものが忠実義務であり，善管注意義務と別個の高度な義務ではないとしている（最判昭和45・6・24最高裁判所民事判例集24巻6号625頁）。

乙社の収益向上が重要となってくる。このような状況下において，乙社が赤字経営から脱却できなかった場合に，Ａが，乙社から甲社に供給している原材料価格を引き上げる行為を行えば，乙社の利益が向上し，その絶対値は，そのまま甲社の損失につながる。この場合のＡの行為は，自らが取締役である甲社を犠牲にして，自ら代表取締役に就任している第三者である乙社の利益を図る典型的な利益相反取引行為となる。乙社の利益の向上になれば，Ａの社内的評価も高まることから，Ａにとっては自己のための利益相反取引ともいえる。

　もっとも，利益相反取引が法的に一律に禁止されているわけではない。たとえば，子会社の経営状況の悪化に伴い，子会社救済の一つの手段として，一次的な利益相反取引行為が行われることはあり得る。問題となるのは，合理的な理由もなく，自己又は子会社の利益を図る利益相反取引である。

(2)　利益相反取引を行う際の手続

　取締役が利益相反取引を行うときには，自社の利益を毀損することになることから，会社法では，株主総会（取締役会設置会社では取締役会）で利益相反取引につき重要な事実を開示し，その承認を受けなければならないと規定している（会社法356条1項2号・3号・365条1項）。利益相反取引の合理性を判断するために，重要な事実を開示した上で，株主総会や取締役会で判断することが立法趣旨である。承認を受けるのは，利益相反取引行為を行う前段階である。また，取締役会設置会社においては，利益相反取引を行った取締役は，遅滞なく，当該取引について重要な事実を取締役会に報告しなければならない（同法365条2項）。取締役会での事前承認の内容に基づいて取引が行われているかの確認のためである。

　利益相反取引による会社の損害は，株主の不利益にもつながることから，株主総会ではなく，内部の会社機関である取締役会で承認・決議した場合には，取締役会での報告を課すことによって，会社全体としての利益相反取引に対する監視機能を維持しているものと解せられる。

　親子会社間の利益相反取引の場合，親会社の取締役が子会社の代表取締役を

兼務していることが要件となる。代表取締役は，会社の業務に関する一切の裁判上又は裁判外の行為をする包括的権限がある（会社法349条4項）ことから，利益相反取引の利益の帰属先の責任者の位置づけとなるからである。

　なお，利益相反取引を行おうとする取締役は，直接の利害関係者であることから，取締役会の議決には加わることが出来ない（会社法369条2項）。したがって，取締役会での説明者は，コーポレート部門の取締役又は同じ事業部門の執行役員等となる。

(3)　利益相反取引に関する損害賠償責任

　利益相反取引により，会社に損害が生じたときには，利益相反取引を行った取締役，利益相反取引を決定した取締役，利益相反取引の取締役会の承認決議に賛成した取締役は，その任務を怠ったものと推定される（会社法423条3項）。取締役の任務懈怠責任は，それによって生じた会社の損害を賠償する責任を負うことになる（同条1項）。すなわち，利益相反取引を行おうとした取締役が，あらかじめ取締役会の承認を得ていたとしても，自社に固定的な損害を発生させた事実をもって，当該取締役のみならず，利益相反取引を決定・決議した取締役も任務懈怠が推定され，会社に対する損害の支払い義務が生じることとなる。

　監査等委員会設置会社においては，監査等委員会が監査等委員以外の利益相反取引についてあらかじめ承認をしていれば，取締役の任務懈怠の推定規定（会社法423条3項）が適用されない（会社法423条4項）。監査等委員会設置会社のみに認められた特徴であることから，監査等委員会設置会社移行へのインセンティブともなり得るものである。

　なお，利益相反取引は，完全親子会社間では該当しないというのが，判例・学説の確立した考え方である[2]。

　親子会社間での利益相反取引の前提は，親会社の取締役が子会社の代表取締

2）最判昭和45・8・20金融・商事判例231号6頁。

役を兼務していることから，現時点において，親子会社間で利益相反取引が存在していなくても，将来的に急遽発生することもあり得る。したがって，子会社の代表取締役を兼務している取締役が存在する場合には，リストアップしておいて，利益相反取引が生じる見込みのときには，取締役会での承認・決議を行う必要があることを，社内で徹底しておくことが望ましい。

2．親会社等との利益相反取引の開示

(1)　平成27年会社法施行規則の内容

　会社法に規定された取締役の利益相反取引は，親会社の犠牲のもとで，自らが代表取締役に就任している子会社に利益をもたらす内容であるのに対して，親会社等との利益相反取引は，親会社が特別支配力を利用して子会社に犠牲を強いる子会社の少数株主保護の視点である。平成27年会社法施行規則により，個別注記表において，「関連当事者取引」の記載がある会計監査人設置会社，又は会計監査人非設置会社かつ公開会社の子会社は，親会社等との取引について，一定事項を事業報告又はその附属明細書に開示する（会社法施行規則118条5号・128条3項）とともに，監査役（会）監査報告に事業報告の記載内容について，監査役の意見を記載することとなった（同規則129条1項6号・130条2項2号）。

　関連当事者取引の個別注記表記載事項は，関連当事者の会社名，相互に保有している議決権株式の割合，取引の内容，取引金額，取引条件等である。その際，すべての事項を個別注記表に記載する必要がある会社は，会計監査人設置会社である。一方で，関連当事者の会社名，相互保有議決権株式割合以外（取引内容等）は，計算書類の附属明細書に記載することになっているのは，会計監査人非設置会社かつ公開会社である。平成27年会社法施行規則で規定された親会社等との取引は，従前から規定されていた関連当事者取引の内で，親会社等との取引に焦点を当てたものである。したがって，親会社等との取引に関する事業報告開示において，会計監査人設置会社の場合は，すべて事業報告に記

載し，会計監査人非設置会社かつ公開会社は，取締役の判断及びその理由等については，事業報告の附属明細書に記載することになっている（【関連当事者取引と親会社等との利益相反取引の開示比較表】参照）。

【関連当事者取引と親会社等との利益相反取引の開示比較表】

	関連当事者取引の個別注記表への記載	親会社等との利益相反取引の事業報告への記載
会計監査人設置会社	すべての事項を計算書類に記載	すべての事項を事業報告に記載
会計監査人非設置会社かつ公開会社	取引内容・金額・取引条件と決定方針等については，附属明細書に記載	取締役（会）の判断，社外取締役の意見は事業報告の附属明細書に記載

　事業報告等に開示すべき一定事項とは，①取引をするに当たり，事業報告作成会社の利害を害さないように留意した事項（当該事項がない場合にあっては，その旨），②取引に当たり，事業報告作成会社の利害を害さないかどうかについての事業報告作成会社の取締役（会）の判断及びその理由，③社外取締役が就任している場合は，②の取締役（会）の判断と異なるときにはその意見，となっている（会社法施行規則118条5号）。立案担当者によると，①の「取引をするに当たり，事業報告作成会社の利害を害さないように留意した事項」の事業報告への記載とは，たとえば，下記の内容が考えられるとのことである[3]。ここで，事業報告作成会社とは，子会社のことを指している。

【事業報告作成会社の利害を害さないように留意した事項】
（会社法施行規則118条5号イ）
• 類似の取引を親会社以外の独立した第三者との間でも行っている場合には，当該第三者との間の取引と同等の条件等であることを確認した旨

[3]　坂本三郎＝辰巳郁＝渡辺邦広「立案担当者による平成26年改正会社法関係法務省令の解説」別冊商事法務397号（2015年）23頁。

> - 類似の取引を独立した第三者との間では行っていない場合には，独立した第三者同士の間の類似の取引と同等の取引条件等であることを確認した旨
> - 独立した第三者機関から取引条件等が適正であることの確認を得た旨

　また，子会社にとって，親会社等との取引それ自体は子会社に不利益となったとしても，将来的にトータルで見れば不利益が解消できる場合や，親会社が金融機関に対する債務保証を行っているなど，子会社にとって別の点で利益を得ている場合も記載内容となるであろう。

(2)　確認実務

　親会社等との利益相反取引に関する規定は，子会社の視点から見たものであるが，親会社との取引であることから，親会社としても無関係ではない。そこで，親会社としても実務的に確認すべき点がある。

　第一に，特別支配関係にある親会社が子会社を犠牲にして親会社の利益となる非通例的な重要な取引が継続的かつ固定的に行われていないかの確認がある。特に，一部の事業部門が子会社を利用して自部門の利益獲得を行っている恒常的な取引がないか，子会社を統括しているコーポレート部門は注意を払うべきである。

　第二に，親子会社間の取引について，一定のルールがあるか確認する必要がある。たとえば，グループ会社管理基本規程に，「親子会社間取引は，原則市場価格で行う」などの規定が盛り込まれていることの確認である。「市場価格」以外に，「売買基本契約を締結する」とすれば，これらの契約は法務部門等のコーポレート部門が事前にチェックすることが通例であることから，子会社に対する優越的地位の濫用を回避できる。仮に，一部の事業部門が子会社に非通例的な取引を実行したとしたら，当該部門は，社内の基本規程を遵守しなかったこととなるから，当該部門長は社内処罰の対象となるはずである。親会社等との利益相反取引では，親会社が利益を得ている構図であることから，親会社のグループ統括部門，内部監査部門，監査役等は，親子会社間で合理的な理由

がない非通例的な取引が行われていないか，監査等を通じて確認しておくことが重要である。

(3)　事業報告等の記載

　子会社の事業報告又は事業報告附属明細書記載（以下，まとめて「事業報告の記載」という）に関して，取締役（会）の判断は，個別でなく取引の類型ごとに包括的な判断内容で可能である（【親会社等との利益相反取引に関する事業報告の記載例】参照）。

【親会社等との利益相反取引に関する事業報告の記載例】

記載例1

　当社は，<u>親会社との取引について，基本的に市場価格で行っていること，市場価格で行っていない場合には，当社が不利益を生じないような売買基本契約を予め締結すること</u>により，当社の利益を害されないように留意しております。

　注　売買基本契約の代わりに，ライセンス契約などを締結している場合には，それらを記載することも考えられる。

記載例2

　当社と親会社との取引については，当社及び全ての株主の利益を損なうことがないように，<u>親会社以外の第三者との取引と基本的に同条件での取引であることを社外取締役を含めて取締役全員の一致による取締役会で承認されており，当社に不利益を及ぼさないこと</u>を確認しております。

　注　取締役会以外でも，社内の別の委員会等の会議体で承認されている場合には，それらを記載することも考えられる。

---

(4)　監査報告の記載

　子会社の監査役・監査（等）委員は，期末の監査報告の中に，親会社等との利益相反取引に関して，自社が不利益とならないように留意していることについて事業報告の記載に対する監査役（会）の意見を記載する必要がある。その

際，対象となる利益相反取引は，重要なものに限定してよい（【親会社等との利益相反取引に関する監査報告の記載例】参照）。

【親会社等との利益相反取引に関する監査報告の記載例】

記載例1　（日本監査役協会ひな型）
　事業報告に記載されている親会社等との取引について，<u>当該取引をするに当たり当社の利益を害さないように留意した事項及び当該取引が当社の利益を害さないかどうかについての取締役会の判断及びその理由</u>について，指摘すべき事項は認められません。

記載例2
　事業報告に記載されている当社と親会社との取引に関して，指摘すべき事項は認められません。また，<u>親子会社間取引について，基本的に市場価格で行っていること</u>から，当社の利益を害さないように留意しているものと認めます。
　　注　利益を及ぼさないように留意している具体的な理由が事業報告で記載されていたら，その文言を利用することも可能（記載例2であれば，「市場価格で行っていること」）。勿論，事業報告に記載されていなくても，監査役の判断として理由づけを記載しても構わない。

第3編

グループ会社の
形態別対応の具体策

● 序　説 ●

　グループ会社と一言で言っても，グループ会社がすべて国内に存在しているか，あるいは海外にも設立しているかという設立場所の問題，完全親子会社形態か否かという問題，また同じ完全親子会社形態であっても，親会社が持株会社か事業会社かの違いがある。

　このような区分は，特にグループ会社のリスク管理を考える上では重要な意味を持つ。すなわち，海外に子会社が存在すれば，現地特有の法体系や文化・商習慣等が存在することから，国内子会社の場合とは異なったリスク管理が必要となってくる。そもそも，わが国の会社法で定めている企業集団の内部統制システムの構築の法規定は，現地国の子会社からみれば，まず遵守すべきは現地の法律である。

　また，近時，わが国では完全親子会社形態を採用する会社が増加しているが，金融会社を中心として多く見られる親会社が持株会社の場合と，親会社の事業の一部を分社して完全子会社化した場合のように親会社自身が事業会社の場合では，企業集団の内部統制システムを構築・運用する面において，親子会社間の関係や親会社の役割は異なっていると考えるのが自然である。

　以上のように，企業集団の内部統制上のリスク管理のあり方を考える上では，全体像としての対応策に加えて，個別のグループ会社の形態を踏まえたリスク管理のあり方を検討する意味は大きい。

　そこで，本編では，海外親子会社形態，純粋持株会社形態，分社型完全親子会社形態の三つのパターンを取り出して，各々の個別のリスク管理の実践について解説する。

　なお，日本国内では，会社法上の子会社以外にも，リスク管理上必要性の高いグループ会社を同列に扱う事例が散見されるが，海外の場合は子会社以外は，筆頭株主である外国会社や合弁のパートナー会社にリスク管理を委ねるケースが多いことから，**本編第1章では，海外子会社との表記を基本とする。**

第1章　海外子会社に対するリスク管理の実践

1．海外子会社と企業集団の内部統制

　グローバルに展開している企業は，海外に子会社を持っている。子会社は，新たに設立される場合もあれば，株式を取得して海外子会社化する場合もある。

　海外子会社は，各々の国の準拠法に基づいて設立され，かつ各国の法令に従うことになるから，海外子会社単体として，わが国の法令で規定した内部統制システムの適用を受けることはない。

　それでは，海外子会社には，企業集団の内部統制システムは及ぶのであろうか。すなわち，親会社として整備しなければならない企業集団の内部統制システムの対象範囲に，海外子会社は入るのかという論点である。

　結論としては，外国会社も日本法に基づき設立された会社がその経営を支配していれば，会社法上の子会社になり得る（会社法施行規則3条1項・2条3項2号）から[1]，子会社には外国法に基づき設立された会社も含むことになる。

　したがって，わが国の会社法で規定されている企業集団の内部統制システムには，海外子会社もその対象範囲に含まれる（次頁の【企業集団の内部統制システム整備の相関図】参照）。すなわち，親会社自身が海外子会社に不祥事を生じさせた原因たる企業集団の内部統制システムの不備があると，親会社の役員は法的責任が問われる可能性があることには注意が必要である。

　1）江頭憲治郎『株式会社法（第8版）』（有斐閣，2021年）9頁。

【企業集団の内部統制システム整備の相関図】

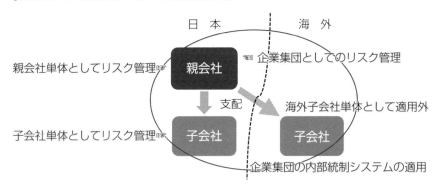

２．海外子会社特有の課題

　グローバル化の進展によって，わが国の企業が商品や製品の輸出を積極的に推進することにとどまらず，海外の企業と合弁会社を設立したり自ら子会社を設立するケースが，近時目立って多くなっている。完全子会社を設立する場合に限らず，現地の会社との合弁会社を立ち上げるに際しても，出資比率を過半数とすれば子会社となる。ところが，国内子会社のリスク管理の場合と比較して，海外子会社の特有の課題が存在する。

　第一は，海外業務特有の法律への理解の必要性である。わが国の国内での業務にとどまっていれば問題とはならないことが，海外との取引によって外国為替管理法，不正輸出防止法などの理解が必要となってくる。また，税務についても，国によって異なり，近年，移転価格税制の関係で，日本の親会社との取引に関係した税金問題も増加している。このように海外の子会社が現地で自己完結型に業務を展開している場合や日本の親会社と取引をする場合のいずれにおいても，親会社の管理部門のみならず，子会社に派遣された駐在員自身も，海外業務に係る独自の法令を理解する必要がある[2)]。

　第二は，現地の法律や商習慣の理解である。各国には，独自の法体系が存在する。そして，当該国に会社を設立すればその国の法律に従うことは当然とな

る。しかし，同じ分野の法律でも，適用の範囲・手続から罰則規定に至るまで
国によって相当の違いがあるのが通例である[3]。また，独特の商習慣が存在
することもある。この違いには，歴史的背景や宗教上の問題に起因する相違も
見られることから，これらの相違も理解しつつ現地の法令や商習慣を正確に理
解しなければ，トラブルの元になる。

　第三は，日本から直接的に監査できない物理的なハンディである。国内であ
れば，チェックリストを利用した自主点検をベースにしても，具体的な自主点
検の内容について，直接報告を受けたり，場合によってやや疑念を生ずる点が
あれば，ただちに現場監査を行うことも可能である。しかし，海外子会社の場
合は，海外出張に伴う時間的・コスト的にも直接監査することは容易ではない。
海外子会社の監査のために海外出張を行うことに伴う時間とコストをかけて，
それに見合うだけの監査効果が上がるか疑問な場合もあり得る。

　第四は，監査に対する考え方の違いである。たとえば，欧米企業では，監査
（Audit）とは会計監査を意味するのが通常であり，日本流のコンプライアンス
監査（業務監査）と受け止める向きは少ない。したがって，内部監査や監査役
監査で海外子会社に赴くと，当該子会社の長が日本からの派遣役職員でない限
り，監査の目的や方法を説明し理解を得る必要が生じる。

　以上のような，海外子会社の特有の課題・問題点を十分に認識した上で，管
理の目が届きにくいリスク，特有の商習慣による不正温床のリスク，業績連動
による報酬体系によるコンプライアンスに優先する収益向上志向のリスク，海
外グループ会社のデータが十分に揃わずIT統制の不備と相まってリスクを把
握できないリスクなど，海外子会社の特性から派生した固有のリスクがあるこ
とを十分に認識する必要がある。

　2）水戸貴之＝新堀光城＝島津佳奈「米・中・東南アジアにおける法規制リスクの最新動
　　向と対応上のポイント」ビジネス法務21巻11号（2021年）58〜62頁。
　3）たとえば，アメリカでは，陪審員制度（trial by jury），証拠開示制度（discovery），
　　懲罰的損害賠償（punitive damages）など特異な法制度が存在する。

3．海外子会社のリスク管理の具体的な方策（総括編）

　海外子会社の特性を踏まえて，どのようなリスク管理を行ったらよいか，最初に，総括編として，具体的な方策を提示したい。

⑴　海外子会社内部統制説明会の設置

　日本法に基づく企業集団の内部統制システムの法令の規定への遵守が，海外子会社にも当てはまること，このために，親会社が整備する企業集団の内部統制システムの内容について，海外子会社も遵守する必要があることの理解を海外グループ会社の経営者に求めることが出発点である。その上で，日本の企業集団の内部統制システムの法令の規定や考え方，リスク管理の重要性など親会社としての方針への理解の促進を図るために，海外子会社の経営者が一堂に会した説明会を実施することが考えられる。特に，海外子会社の経営者が現地出身者の場合は，直接対話による効果は大きい。

　また，現地子会社経営者のみならず，当該子会社のスタッフにも理解の徹底を図るために，親会社の内部統制システムの基本方針を現地の言語に翻訳した冊子を配付し活用してもらうような工夫も考えられる。

⑵　親会社主管部門長・海外グループ会社経営者の責任の明確化

　国内のグループ会社と同様に，海外のグループ会社の場合も管理する主体となる部門が存在する。海外子会社の場合は，子会社を設立する場合も合弁の場合も，当該国で事業を展開する強いニーズが存在することが通常であり，その事業に最も関わりが深い事業部門が管理主体となる傾向がある。この点は，国内グループ会社の場合は，過去の設立経緯や，地域との関係などによってグループ会社化することも散見され，必ずしも最も密接な事業関連がある部門が主管しているとは限らないことと比較して対照的である。

　海外子会社においても，当該会社の売上や収益の指標とその達成度合いが最

も重要視されるが，併せてコンプライアンスの観点も盛り込むと効果的である。すなわち，海外子会社を主管している部門長・海外子会社経営者の評価項目の中に，当該会社の収益等の達成度合いに加えて，企業集団の内部統制システムの運用状況も指標化する。

　たとえば，親会社内部統制システムの基本方針に則って，社内の規程類やマニュアルの整備・運用，現地スタッフを含めた従業員教育の実施状況などである。また，法令違反による重大な事件・事故が発生した場合には，内部統制システムの運用の適切性を検証した上で，当該部門長・海外子会社経営者に対する評価査定として反映させることが考えられる（次頁の【海外子会社管理評価査定表事例】参照）。

【海外子会社管理評価査定表事例】

海外子会社管理査定表

注1　下記基準による。
(1)　中期収益達成度合い（①～③の各項目で評価）
- 未達0点，計画通り5点，過達3％以下10点，過達3％超5％以下15点，過達5％超20点
(2)　法令遵守状況（①及び②について）
- 自己点検結果10点，本社グループ統括室評価10点

注2　現地当局からの行政罰や立入調査による重大な法令違反が認められた場合は当該事業年度の評価は，自動的に0点とする。

評価項目	評価内容と割合	個人別評価点
収益評価（60点）	中期収益達成度合い ①売上高（20点） ②経常損益（20点） ③ROA（20点）	
法令遵守評価（40点）	法令遵守状況 ①内部統制基本方針の遵守状況（20点） ②内部統制の整備状況（20点）	
合計点数		／100

最終評価
　90点以上：AA，　80点以上90点未満：A，　70点以上80点未満：B，
　60点以上70点未満：C，　60点未満：D

　海外子会社の場合は，親会社による収益至上主義や現地役職員の業績連動報酬体系によると，法令遵守に優先させて業績を最大化することに注力するリスクが発生する。このためには，海外子会社の経営者を含め，法令遵守を無視した収益確保は評価されないばかりか，退職，降格，報酬削減等につながるという意識を徹底させることが肝要である。このためにも，たとえば，重大な法令

違反によって，当局から行政罰や立入調査が行われた場合には，少なくとも，その法令違反に関係した者（使用者責任も含む）の当該期の評価はゼロとしたり，場合によっては懲戒解雇もあり得ることなどを周知することも意味がある。

　特に，海外子会社の経営者を外部から採用する場合には，採用の際の契約書に親会社策定の企業集団の内部統制システムの遵守，コンプライアンス関連も評価の一定ウェイトを占めていることを明記しておくと効果的である。

(3)　現地法人管理要員の活用

　海外の合弁会社設立に際して，親会社の役職員が直接，合弁会社の役職員に就任するケースは多い。特に，子会社であると，出資に見合った役員が就任することを合弁契約の中であらかじめ決めておくことが通例である。この場合，親会社から派遣された役職員が，合弁会社の中で親会社の意向を受けたり，親会社としての方針を実行するための役割を担うことになる。

　他方で，親会社の意向や方針と，合弁会社の方針が必ずしも一致しない場合もあり得る。しかし，合弁会社の役員としては，親会社の意向を受けつつも，合弁会社と利益相反行為を行うわけにはいかないことから，親会社の方針に必ずしも沿わない決断をしなくてはいけない場合もある。

　海外に事業展開をしている会社は，当該国の事業会社の管理・運営をサポートする役割を持った100％出資の現地法人を設立していることが多い。たとえば，ニューヨークに現地法人を設立しアメリカ本社とし，この本社を通じて，アメリカ国内に展開している合弁会社や出資会社を一元的に管理するというものである。

　このようなケースの場合は，ニューヨークの現地法人に駐在している経理担当者を，アメリカ国内の合弁会社や主要な出資会社に非常勤取締役として就任させることが考えられる。この場合の非常勤取締役の役割は，合弁会社等に常勤している役員と比較して，親会社の立場を踏まえた主張がしやすいこと，常勤の日本人役員が経理・財務の専門でない場合に，経理分野のエキスパートとして対応できることが考えられる。

　このように，現地法人会社の本社又は支店等の役職員を活用する意義は大い

にあると考えられる。

(4)　現地の外部専門家との連携強化

　現地国には，現地の法体系とともに具体的な法令がある。また，会計処理も国際会計基準が大きくクローズアップされてきてはいるが，現地特有の会計処理も存在する。さらには，現地ならではの商習慣や人々の考え方，生活・文化・宗教等がある中で，わが国では問題とならないようなことがトラブルの元となることも考えられる。新興国を中心に，テロ集団や反政府組織の騒動に巻きこまれるリスクも，日本国内の比ではない。

　このような事態を想定して，現地の信頼できる外部の専門家を確保し，日頃から相談できる関係を構築しておくことがきわめて重要である。特に，日本人駐在員は，一定のローテーションがあることから，仮に人事異動となっても，属人的な能力に依拠するのではなく，現地オフィスと外部の専門家，たとえば弁護士や会計士，コンサルタントや人材派遣の専門家とは契約に基づいて，しっかりとした関係を確立しておく必要がある。たしかに，顧問弁護士等の起用により一定の費用がかかるが，将来のリスクに対する保険料と考えれば，このような費用を惜しむべきではない。そして，可能な限り，わが国の企業風土や習慣等についても，一定の理解をすることができる専門家を起用できるとよいと思われる。

　伝統的に早くからグローバルに展開している企業であれば，そのノウハウも蓄積していると思うが，新たに当該国又は当該地域に進出した企業の場合は，すでに別の日本企業が拠点を構えていれば，現地の状況についてアドバイスを受けたり，在外公館やJETRO（日本貿易振興機構）等の公的機関も色々と相談に乗ってくれるはずである。

　日本では同業のライバル会社であっても，外国では同じ日系企業としてはるかに緊密な連携を取って助け合うことも多い。専門家についても，具体的な事務所や人材の紹介を受けたり，あるいは同じ弁護士事務所や会計事務所を通じて，別の専門家と契約を締結することが考えられる。このような情報網を最大

限に利用し，現地における会社運営に相応しい専門家との連携を確立しておくことは不可欠である。

(5)　海外子会社の独立性と親会社への従属性の問題

　海外子会社の場合で，特に経営者が現地出身者の場合は，子会社といえども独立性の傾向が強いという特徴がある。独立性が強いとは，現地のことは現地が一番状況を熟知しているとの認識の下，自分達が現地の商習慣や国民性等に合致したビジネスを行うことができるという自負である。このために，親会社が一方的に指揮・命令を強めたり，多くの項目を親会社の事前承認制とすると，当該海外子会社の経営者以下，現地スタッフの働く意欲を削ぐことになりかねない。

　他方，親会社の意向を無視して，法令違反や多額の損失を被る事態は避けなければならない。特に，近年M&Aによりグループ会社化した海外子会社で多額の損失を被ったことにより，親会社にも大きな影響を及ぼした事案が存在する。多額の損害が表面化した後，親会社は「十分な監視・監督が行えなかった」と釈明をしているが，海外子会社の管理が甘かったと言わざるを得ない。前述した海外子会社特有のリスクが存在する以上，親会社との間で一定のルールを個別に定めておいた上で，海外子会社の経営陣には，厳格にそのルールを遵守させる体制整備を行うべきである。その際，合弁会社を設立している相手会社が現地の企業で，かつ持株比率が相手会社と同率の場合は，基本的に相手会社に任せてよいであろう。なぜならば，現地の状況は合弁パートナー会社の方が精通しているからである。もっとも，その場合も，わが国には企業集団の内部統制システムの法規定が存在し，一定の監視・監督義務があることの理解をパートナー会社の経営者に求めることは必要であろう。

　また，合弁会社における出資比率が現地のパートナー会社よりも高いときは，相手会社のコーポレート部門と連携して，現地の商習慣や特有のビジネスルールの存在等の情報を入手し，具体的にどのような対応を採用するのがベストか知恵を絞ることになる。

　特に，このようなケースの場合は，合弁会社の人事・労務や総務部門等の
コーポレート部門には，現地国の合弁パートナー会社から役職員を派遣しても
らい，合弁会社の枢要なポストで処遇する方法が効果的である。

　労務管理や現地特有の法体系については，現地国出身の役職員に経験や知見
があるのは当然であるからである。現地で長年生活している日本人を現地採用
すると，現地の商習慣や文化等にも熟達し，かつ日本企業特有の企業文化にも
理解を示していることに加え，日本人スタッフとも日本語でコミュニケーショ
ンが取れるというメリットはある。もっとも，海外オフィスで，日本人同士が
日本語だけでコミュニケーションを行うことは，現地出身スタッフと溝ができ
る場合があるので，注意が必要である。

　いずれにしても，合弁会社の場合には，個別事案で後で紛争とならないよう
に株主間協定をあらかじめ締結しておくことが大切である。特に，合弁契約解
消の際に備えて，デッドロック条項，持株の譲渡等処分の方法，紛争の際の仲
裁機関や裁判管轄の条項は，必ず規定しておくべきである。

(6)　海外子会社現地役職員に対する教育

　企業集団の内部統制システムの一環として，子会社役職員の職務執行の法
令・定款遵守体制が規定されている（会社法施行規則100条1項5号ニ）。子会社
の役職員が法令・定款を遵守するための有効な手段は，効果的な教育である。

　具体的には，法令遵守なくして会社の発展はないこと，法令遵守と個人の評
価は連動していることなどを解説する。法令については，現地の法令に限らず，
独占禁止法や公務員への贈収賄等，世界的に関心が集まっている法令について
も説明に加えると良いであろう。その上で，親会社としてリスク管理のために
整備している規程類やマニュアル，内部通報制度などの活用の推進などについ
て，丁寧に説明することが大切である。その際，単に解説の資料を配布するの
ではなく，海外子会社のしかるべき管理職から説明することが基本であるが，
可能ならば日本の親会社の内部統制システム整備の責任部門から直接説明する
機会を設けると，その有用性が増すと思われる。また，職場単位のミーティン

グを通じて現場担当者レベルに至るまで，教育内容を周知徹底させる工夫も大
切である。

なお，現地での教育に際しては，現地の法制度・商習慣・文化を十分に尊重
することには留意すべきである。

(7)　海外子会社からの情報伝達ルートの確立

子会社から親会社への報告体制が企業集団の内部統制システムの一環として
明示的に示されたことから，会社法上の子会社に該当する海外子会社の場合に
は，何らかの体制整備が必要である。

そのための有力な手段の一つが内部通報制度である。内部通報制度は，日本
企業よりも欧米を中心とした外国会社の方が現地スタッフに受け入れられやす
い傾向が見られる。わが国の企業文化としては，和や集団を尊ぶ傾向があるこ
とから，内部通報制度の利用は仲間や組織の中で密告するという負のイメージ
があること，その結果，通報者が不利益な扱いを受けるのではないかという危
惧がある。他方で，海外では社内や組織内での不正を放置しておくことの方が
犯罪であるとの意識が高く，内部通報制度は機能しやすいと考えられる。

もっとも，海外子会社からの直接の通報の場合は，通報を受ける親会社に
とって，言葉の壁がある。したがって，基本的には，手紙やメールを含めた文
書形式で受領することが基本である。文書による受領であれば，翻訳すること
が可能であるからである。わが国の親会社が直接通報を受けるのではなく，海
外子会社の日本人トップや役員経由という方法もある。この場合では，日本人
役員が，その内容を翻訳して日本の親会社に通報できる。この手段では，親会
社と海外子会社の役員との間で，情報が共有化されるメリットはあるものの，
すべての情報が親会社に伝達されるかは不明である。この点での相互の信頼関
係が前提となろう[4]。

4）EU域内に子会社がある場合には，EU一般データ保護規則（EU General Data
　Protection Regulation）により，個人情報の保護の十分性が求められていることにも注
　意が必要である。

　また，費用はかかるものの，現地の弁護士事務所等の第三者を通報受け窓口とすれば，必要な翻訳も含めて適切な対応が期待できる。海外子会社からの内部通報制度の運用上の留意点としては，ガバナンスの観点から内部通報制度が存在することを現地スタッフにも周知・徹底すること，わが国の個人情報保護法の観点からも，通報者が不利益な扱いを受けることはないことを強調すべきである。なお，親会社への情報伝達の手段として，現地スタッフに対して，匿名のアンケートの実施も効果的である（【匿名アンケート例10問】参照）。

【匿名アンケート例10問】

> □　社内で，法令遵守が最優先であるという意識があると感じますか。
> □　リスク管理の基本方針や行動指針が，社内で徹底されていると感じますか。
> □　不正や不正のおそれが見つかったときに，社内でそれを隠ぺいするような様子を感じたことがありましたか。
> □　上司とは，意思疎通が十分に図れるような人間関係が構築されていますか。
> □　社内で不正行為があったときに，内部通報制度を活用しましたか，あるいは活用するつもりですか。
> □　社内で一番のリスク事項が社内で共有されていますか。
> □　社内において，社員の能力向上や法令遵守のための定期的な教育が行われていると感じますか。
> □　親会社の管理は厳しいと思いますか。それとも管理の度合は緩いと思いますか。
> □　自己に対する評価は正当に行われていると思いますか。
> □　現在の職場にどちらかというと満足ですか不満ですか。
> 　　（最後に，自由記述欄）

注１．スタッフ向けのアンケートは，自由記述方式よりも，極力シンプルが良い。（YES・NO方式，又は三段階程度での回答）
注２．回答者が特定されない範囲で，役職や職種等の属性を記載してもらうことは可能。

4．海外子会社のリスク管理の具体的方策（個別編）

(1)　独占禁止法対応

①　基本的な考え方

　従前より，欧米諸国は独禁法に対する規制が強かった（特に，アメリカのシャーマン法）が，近年，中国や新興国でも独禁法の整備が図られてきた。特に，これらの国では，わが国で威力を発揮している自首した会社の減免制度（リニエンシー制度）が当初から法定化されていることに注意が必要である。

　独禁法違反で注意すべき点は，カルテル等は，国境を越えた相手企業が存在することから，独禁法違反の調査情報が，各国の独禁法管轄官庁で共有されるリスクがあることである。たとえば，アメリカにおいてカルテル容疑が発生すると，米国司法省による調査が開始される際に，各国の独禁法管轄官庁に対して情報提供を行い，その情報提供に基づいて，当該国に設立されている外国会社に対して，当該国の官公庁が調査を行う。したがって，アメリカで企業活動している会社が，当局に証拠を押さえられないように，情報の隠蔽を含めた対策を講じていたとしても，カルテルを共謀している相手外国会社において，カルテル行為の証拠が発覚する可能性がある。

②　独占禁止法への実務対応

　リニエンシー制度の適用が一般的になった以上，カルテル等の独禁法違反は，リスクが大きいことを，海外子会社役職員に徹底させることが出発点である。このためには，日本の法務担当者や海外業務責任者が，海外子会社に直接説明する機会を設けること，又は各海外子会社のコーポレート担当役員から現地従業員に対する教育を通じた説明を義務付けさせ，かつその実施結果報告を親会社として受領することを定期的に実施することが大切である。その際に，海外子会社の設立国において，独禁法の存在有無，当局によるガイドラインの有無を確認し，仮に存在していれば，海外子会社に派遣された日本人も正確な理解をしておくことが必要である。場合によっては，現地の法律専門家から，説明

の機会を設けることが望ましい。その上で，海外子会社の中で，独禁法違反を犯していたり，犯そうとしている場合に，親会社として，違反事実を如何に迅速に把握するかが重要となってくる。このためには，特に内部通報制度の活用が効果的である。

　仮に，独禁法を犯した役職員による申告によって，リニエンシー制度が適用となった場合には，当該役職員の社内的な処罰を軽減する措置を採用することも一考に値する。

③　その他の留意事項

　親会社の管掌している事業部門から，海外子会社に対して，同業他社の情報収集を指示した場合にも注意が必要である。指示を行った親会社の事業部門自身が独禁法に対する認識が十分になされていないと，親会社の指示を受けた現地役職員が，同業他社と独禁法に抵触する情報交換を行う可能性が否定できない。欧米では，同業他社と話し合いの場を設けること自体が，外観的に独禁法違反との疑いをかけられる可能性が高くなることに留意すべきである。このような場合においては，中立的第三者の弁護士等に立ち会わせることにするか，あらかじめ，独禁法違反となる価格や数量等の話し合いは行わない旨の覚書に署名するなどの対策を考えるべきである。

　また，同業他社とM＆A交渉を行う場合には，そこでの情報結果を，自社での営業活動等に活用しないようにするなど，あらかじめ交渉段階で相互に覚書を締結しておくと良いであろう[5]。

(2)　外国公務員への贈賄

①　基本的な考え方

欧米中心の海外展開から，安価な労働力を求めて，アジア諸国への進出が本

　5）カルテル行為に対して，米国司法省との対応等，会社として如何に膨大なエネルギーを費やしたかについて，具体的な実態を著した書籍として，山口利昭＝井上朗＝龍義人『国際カルテルが会社を滅ぼす』（同文舘出版，2014年）が参考になる。

格化したことに伴って，当局との許認可が必要となる中で，新興国等では，公務員への賄賂が慣習化している例が多い[6]。アメリカでは，「海外腐敗行為防止法」(Foreign Corrupt Practices Act 1 of 1977，以下「FCPA」という）により，早い段階から，海外の企業活動において，外国公務員[7]に対して贈賄等の腐敗行為を防ぐための法律が制定されていた[8]。FCPAは，贈賄等の腐敗を禁止し，違反した場合には処罰を行うとともに，会社取引や資産処分を公正に反映した帳簿・記録の作成・保管義務を課し，この点を合理的に保証する内部統制システムを整備することを規定している。

　贈賄禁止については，米国司法省（Department of Justice）が管轄しており，会社や会社役員に対する民事制裁は，証券取引委員会（Securities and Exchange Commission, SEC）が管轄している。

　また，規制当局が参考にしている「連邦量刑ガイドライン」では，合理的なコンプライアンス・プログラムとして七つの原則，すなわちコンプライアンス基準の作成，コンプライアンス監督責任者の設置，コンプライアンス基準の従業員への周知徹底，コンプライアンス違反の報告制度，違反者に対する厳格な処分，違反に対する適切な対応等を示している。日本企業も，「連邦量刑ガイドライン」は参考になる。

　他方，イギリスでも，2010年に「汚職防止法」(Bribery Act of 2010,以下「BA」という）を制定し，当局による摘発を強めている。

　さらに，OECD（経済協力開発機構）では，1997年に「国際商取引における外国公務員に対する贈賄の防止に関する条約」(Convention on Combating Bribery of Foreign Public Officials in International Business Transactions（1997))

6）わが国の複数の企業が，ナイジェリアでのLNGプラント建設を巡って，現地のJVの現地政府高官への贈賄行為に関して，FCPA違反があるとして，米国司法省に対して2億5,000万ドル強の罰金を支払った事例がある。それ以外でも，ブラジル等の南米諸国の国営企業関係者に賄賂を支払ったことから，米国司法省に3,000万ドル近い罰金の支払いとともに，実際に贈賄に関与していた日本人社員が収監された事例もある。
7）狭義の公務員に限らず，政党やその職員，公職の候補者も含む。
8）FCPA制定については，柿崎環『内部統制の法的研究』（日本評論社，2005年）30頁以下参照。

を採択した。2005年12月に発効した国連の「国連腐敗防止条約」（United Nations Convention against Corruption（2005））も，組織や個人による腐敗行為を防止するための条約である。これらを受けて，近年，現地の公務員に対する贈賄等の不適切な商慣習に対して，国際的に対応しようとする傾向が強まっている。

　ラテンアメリカ諸国においても，従前より汚職が問題となっており，ブラジルでは，汚職により大統領が解任される事態が続いた。そこで，ブラジル・チリ・コロンビア等では，OECD贈賄禁止条約をはじめ，米州反腐敗条約や国連腐敗防止条約を批准している。ブラジルでは，2013年にブラジル法人処罰法が制定され，公務員や公務員と関係のある第三者に対して，直接・間接的に不当な利益を約束，申出，又は付与すると，ブラジル企業のみならず，同国に本社や支店などを有している外国企業にも適用となり，制裁金が科される。ブラジルに限らず，チリ・コロンビア・メキシコ・アルゼンチンにおいても法人処罰法が立法化される見込みであり，注意が必要である[9]。

　また，中国では，現政権下において「腐敗防止」を掲げており，そのための政府高官への摘発が相次いでいることから，日系企業としても，その騒動・事件に巻き込まれないことにとりわけ注意が必要である[10]。なお，中国では，公務員に限らず，国営企業と民間企業との境界が曖昧な点もあることから，民間企業に対しても，賄賂の規制となっていることも留意すべき点である。

　東南アジア諸国でも，贈収賄の商慣行への規制を強めている。各国とも贈収賄を禁止する法整備を進めており，マレーシア・インドネシア・ベトナム等の国では贈収賄の通報を義務付けたり，シンガポール・マレーシア・フィリピン・ブルネイでは司法取引制度も存在する。また，カンボジア等一部の国を除いて，域外適用（わが国の法律が外国で発生した事件に適用となること）の法規制

9）ラテンアメリカ諸国の不正防止法制を解説したものとして，阿部博友「ラテンアメリカにおける贈賄防止法制の現状―チリおよびブラジルの法人処罰法―」国際商事法務46巻1号（2018年）61～65頁。
10）中国では，2018年1月から施行されている改正不正競争防止法では，取引相手方の従業員や職権又は影響力を利用して取引に影響を及ぼす個人も贈賄の対象となった（不正競争防止法7条）。

となっている。東南アジア諸国の中には，法の具体的な運用について，課題を残している国もあるが，東南アジアでビジネスを行う際には，各国の法整備を理解しておくことが不可欠である[11]。

わが国でも，不正競争防止法の改正[12]により，海外子会社で発生した賄賂が，域外適用となった。したがって，新興国で直接的に，贈収賄行為が法令違反となることにはなっていなくても，わが国の不正競争防止法の適用により罰せられることに注意を払うべきである[13]。

②　外国公務員への贈賄への実務対応

贈収賄等による腐敗防止については，親会社と海外子会社との間でギャップが大きい項目の一つである。たとえば，親会社が公務員への贈賄の禁止を海外子会社に強く求めても，親会社からの受注へのプレッシャーを受けている海外子会社にとってみれば，親会社のような綺麗ごとを言っていたらビジネスができないとか，受注を確保さえしていれば，親会社も黙認してくれるであろうとの意識が存在する可能性が高い。したがって，親会社としては，海外子会社のこのような意識を変えさせることが出発点である。

また，海外においては，海外子会社の代わりに，顧客との対応を含めて，代理店が実際の商行為を行っているケースも多い[14]。この場合には，海外子会社が代理店との間で業務委託契約を締結する際には，あらかじめ「贈賄防止」

11）東南アジア10ヶ国の贈収賄規制を整理したものとして，大塚周平＝芳滝亮太＝大田愛子「最終回　各国法制度の一覧，企業文化の醸成」ビジネス法務21巻6号（2021年）76頁参照。

12）不正競争防止法の改正によって，外国公務員等に対する不正の利益の供与等の禁止が規定された（不正競争防止法18条）。

13）中国の公務員に贈賄行為を行ったとして，平成15年に当該行為を行った役員が50万円の略式起訴された事例，平成21年にハイウェイ建設に関してベトナムの公務員に贈賄を行った役員が執行猶予付の懲役刑かつ法人に罰金が科された事例，平成27年に鉄道関連事業に関してベトナム・インドネシア・ウズベキスタンの公務員らに対して贈賄行為を行ったとして，罰金や執行猶予付の懲役刑が言い渡された事例がある。

14）日本企業が企業連合を組んで受注したインドネシア発電ボイラーでは，現地起用の代理店が贈賄を行った結果，米国司法省に約91億円を支払うこととなった事例がある。

規定を盛り込んでおくと良い。もっとも，地域によっての商慣習が異なる中で，一律のコンプライアンスを海外子会社に押しつけても，形骸化する可能性も否定できない。そこで，汚職対応に対する基本方針，社内の罰則規定等とともに，現地特有の文化・商慣習を尊重した現地目線のマニュアル化の策定は，特に贈収賄関連においては必要である。たとえば，経済産業省の「外国公務員贈賄防止指針」[15]（平成27年7月30日改訂）では，「現地社会慣習に基づく季節的な少額の贈答品提供」「日本や第三国の自社工場の視察に要する一定の経費を負担すること」については，贈賄にならない可能性もあるなどの解釈を示している。現地国の法令の整備状況とあわせて，これらの指針を参考にして，海外子会社に対して具体的・現実的なマニュアルや手引きを作成することも，親会社としては重要なことである[16]。

(3)　海外子会社の職場における労務問題

①　基本的な考え方

労務問題は，人種・宗教・文化等，様々な要因が複合的に関係して，複雑化かつ長期化しやすく，後々に大きな問題となる可能性が大きい。たとえば，前任の日本人トップとはきわめて良好な人間関係のもとで，残業等についてもまったく問題視されなかったものの，後任のトップとの人間関係の悪化にともない，前任時代の残業代の不払いまで問題となって，係争にまで発展したケースもあるようである。

このような事案に見られるように，海外子会社のトップや上級管理職の属人的な対応に頼り過ぎないで，親会社としては，仮に人事異動が行われたとしても，労務管理に支障がないように正面から取り組む必要があるとの基本認識を持つことが重要である。

15）日本版FCPAとも言われる。
16）日本弁護士連合会が作成した「海外贈賄防止ガイダンス（手引き）」（平成28年7月15日）も参考になる。

②　労務問題への実務対応

現地職員を含めた労務管理については，海外子会社の特性を踏まえた人事措置を行う必要がある。具体的には，新たに海外子会社を設立する場合には，当初は親会社からの日本人派遣社員中心で立ち上げた上で，軌道に乗った段階で，現地スタッフに段階的に経営を任せていく方向が考えられる。その際，総務部門や経理・財務部門等の管理部門に日本人幹部を配置することの是非を十分に検討する。たとえば，現地スタッフの管理は，言語の問題もある場合には，現地採用のスタッフを重要管理職として登用する方針とするか，海外子会社のリスク管理の観点から，重要な管理ポストは，親会社からの派遣社員を置くかの判断である。

なお，重要な管理ポストをすべて日本人駐在員が占めることについて，アメリカで雇用差別の問題ともなり得ることには注意すべきである。

日本の親会社としては，人種や性別等による雇用差別をしないという宣言（ポジティブアクション）を行った上で，この宣言に基づいて，現地スタッフの雇用・昇給・昇格・福利厚生等について具体的な人事政策を行う必要がある。また，現地スタッフの採用面接を日本人派遣社員が行う場合には，面接で質問してはいけないこと（アメリカでは，年齢や家族・宗教など個人情報に関すること）について，あらかじめ十分な教育・指導を行うことにすること，場合によっては，現地スタッフ幹部も同席させる配慮を考えるべきである。

③　国別で特に注意すべき対応

アメリカは，雇用差別にもっとも厳しい国であることを忘れてはならない。したがって，親会社として細心の注意を払わないと，集団訴訟等に発展する可能性が大きいことを肝に銘ずるべきである。また，採用面接時のみならず，雇用後の職場環境の維持・向上にも，継続して注意を払う必要がある。たとえば，セクハラと訴えられないような環境整備，昇給，昇格について，ルール化・透明化した上で，従業員に十分に説明する機会を確保することなどである。採用時には，職務規程や就業規則にとどまらず，昇給・昇格の基本方針，コンプラ

イアンス遵守義務などについて，丁寧に説明した上で，同意のサインを得てお
くと良いであろう。

　近年，急速な経済的な発展が見られる中国では，社会主義体制としての特徴
と格差社会が問題化している点に注意を払うべきである。日系企業が中国の安
価な労働市場を求めて進出しても，2008年から施行された労働契約法と相まっ
て，現地従業員の間では，現地採用者が不当な扱いとなっているのではないか
という意識が高まってきている。その上で，労働問題が政治問題化したり，製
品の不買運動やデモ等につながる危険と隣り合わせであることを十分に認識し
た企業経営を行う必要がある。

　また，中国に現在グループ会社を設立していたり，今後新たに進出する予定
の場合，将来の不測の事態から撤退をせざるを得ない場合のリスク対応につい
ても，あらかじめ方針を定めておくことが望ましい。すなわち，会社を解散・
清算させることにするのか，他社と吸収合併させるかについて，ケースに応じ
たシミュレーションを行っておくことがリスク管理上も重要である。特に，従
業員の雇用と退職金の扱いなどについては，個別の検討事項となる。たとえば，
合弁会社の場合には，中国の現地パートナー会社に，従業員ともども継承する
ことが基本となろう。このあたりについて，合弁会社設立の準備段階から，
パートナー会社とよく話し合っておくことが基本となる。

(4)　ESG対応

　ESG（Environment Social Governance）は，近時における企業経営にとっ
て重要なキーワードとなっている。Environmentが示す「環境」は，地球温暖
化対策のための二酸化炭素削減やリサイクルの促進等は地球規模の課題であり，
Socialである「社会」は，企業が利益第一主義ではなく，広く社会全体を見渡
して社会的責任を果たす意味がある。たとえば，人権，人材の多様性，女性活
躍社会，労働問題等がある。また，Governanceが示す「企業統治」とは，贈
収賄やマネーロンダリングなどの個別課題からリスク管理体制への対応に至る
まで，各企業が外部から強制されるのではなく，自律的に企業経営を行う必要

性を表している[17]。

　株主は会社の所有者であるという考え方がある。株主は出資に見合う経済的
リターンを期待し，会社経営を取締役に負託する。取締役は，会社の利益向上
とともに株主への剰余金の配当や株価上昇に向けて業務執行を行う。一方，会
社には，株主のみならず，取引先，消費者，債権者，従業員，地域住民等多く
の利害関係者（ステークホルダー）を大切にすべきであるという考え方が近時
の主流となっている。ESGへの対応は，世の中の潮流に沿った考え方であり，
しかも会社単体ではなく，グループ全体として対応が求められる。すなわち，
親会社経営陣のみならず，グループ会社の経営陣一人ひとりがその重要性を理
解し，経営に活かしていくことが求められている[18]。とりわけ，「環境」や
「人権」分野への取組みは欧州企業が先行したことから，日本も欧州企業の取
組みを先行事例として，ESGへの取組みを本格的に検討する企業が出てきてい
る[19]。中でも，人権と環境への対応が重要である。

　人権問題とは，児童や若年層に労働を強要すること，人権侵害の実態がある
企業との取引，長時間労働の強制などは，ESGの「Ｓ」である社会性で問題と
なる。特に，2011年に国連人権理事会において，「ビジネスと人権に関する指
導原則：国際連合『保護，尊重及び救済』枠組実施のために」の決議[20]が採
択されたことを契機に，欧米の企業を中心に人権問題への取組みが加速した[21]。

17）企業買収においても，ESGの要素は表明保証条項として規定されるのが一般的である
　とのことである。今仲翔「ESGとM＆A」商事法務2258号（2021年）38頁。
18）ESGへの対応は，短期的には株主資本主義（株主価値最大化）という米国型の考え方
　と対立することになる。たとえば，カーボンニュートラルを目指した環境関連の設備投
　資は，短期的に会社の収益を圧迫し，株主への剰余金への配当にも影響をもたらす。
19）ESGを積極的に推進する企業に投資を行うESG投資も盛んになってきた。ちなみに，
　世界のESG投資（主要５市場）は，2020年初頭において，35.3兆ドルに達し，それまで
　の４年間で55％もの増加があったとのことである。渡辺直樹＝大杉真＝橋本鮎子＝橋爪
　航「SDGs，ESGをめぐる世界の情勢からみるESG投資を呼び込む知財活用・知財戦略」
　ビジネス法務22巻５号（2022年）83頁。
20）A/HRC/17/31.
21）この国連人権理事会の決議は，法的拘束力を有しないものの，事実上の法規範を有す
　るグローバルスタンダードとなっているとの意見として，齋藤宏一「人権デュー・ディ
　リジェンスの実践［上］─ビジネスと人権の国際的動向を踏まえて─」商事法務2297号
　（2022年）６頁。

　従前は,「人権の保護およびその推進は基本的に国家の責務と観念されてき
た」[22] のに対して,近時は国家の問題にとどまらず,各会社が人権問題に対
してビジネスを展開する上で注視しないと,不買運動に直結し,かつインター
ネット社会により,瞬く間に,世界規模で問題が拡散することになる。また,
自社のみならず,グループ会社や提携先企業,さらには委託先企業で人権問題
が発生すれば,サプライチェーンとしての供給にも支障を来すことになる[23]。
不買運動やサプライチェーンの支障による原材料や部品供給の遅延や供給ス
トップは,操業停止等につながり,会社収益に多大な影響を及ぼす。また,人
権問題は,会社の社会的信用を大きく毀損し,短期的に問題が収束することは
考えにくい。

　イギリスの現代奴隷法（Modern Slavery Act）等,近時は直接的な法規制も
施行されており[24],これら法令に違反すれば取締役の法的責任に直結する。イ
ギリスの現代奴隷法は,英国国内で事業を行う一定規模以上の企業[25] に対し
て,自社の事業及びサプライチェーンにおいて,人身取引等による強制労働や
若年労働が発生しないことを保証するために,前年度の会計年度に講じた措置
（あるいは,講じなかった措置）を報告書又はウェブサイトで開示することを義
務付けている法律である。

　直接的な法規制に関しては,直接の法令違反でなくても,不買運動等による
会社の損害は,人権問題の重要性を認識しなかった帰責性があると判断され,
取締役の善管注意義務違反となり得る。

22）森・濱田松本法律事務所ESG・SDGsプラットフォーム編著『ESGと商事法務』（商事
　　法務,2021年）114頁。
23）サプライチェーンにおける強制労働への対応について,欧州委員会等が定めたガイダ
　　ンス（Guidance on Due Diligence For EU Businesses to Address the Risk of Forced
　　Labor in Their Operations and Supply Chains）も参考になる。
24）他には,オーストラリア現代奴隷法（The Modern Slavery Act 2018（Cth）（Act）),
　　フランスの規制法（Loi relative au devoir de vigilance des sociétés mères et des
　　entreprises donneuses d'ordre),米国連邦調達規則（Federal Acquisition Regulation）
　　などがある。
25）イギリス国内で事業の全部又は一部を行い,商品・サービスの提供によって,年間
　　3,600万ポンド以上の売上高を持つ法人又は組合のこと。

　人権問題に対しては，社内外に対して人権を尊重する旨の「人権宣言」を公表することが考えられる。「人権宣言」は，企業として人権尊重の責任を果たすことを対外的に約束するものであり，企業としての明確なメッセージとなる。また，企業が多角化等を目的として，M＆Aを行う場合において，買収する企業が人権問題に関して，人権侵害の実態がないか，十分に事前調査（デューディリジェンス）を行った上で実施しないと，買収する側の企業の取締役の責任となるので注意が必要である。

　当初は，人権尊重を遵守していたとしても，企業収益が悪化するなどの理由により安価な若年労働者に強制労働をさせたり，人身売買をするなどの実態がある企業と取引を行うリスクは存在する。したがって，取締役としては，人権宣言を策定して終わりとするのではなく，遵守状況の定期的なフォローが必要である。また，人権侵害の予兆があるとの情報を入手した際には，事実関係有無の調査を迅速に実施するとともに，仮に事実が確認できた場合には，直ちに是正措置を講じるとともに，関係者の処分や公表，再発防止策の構築を行う必要がある。

　地球環境問題への対応も重要である[26]。地球の温暖化が世界規模で問題となっている昨今の状況において，温室効果ガスである二酸化炭素排出等の環境規制を無視した企業活動を行うこと，又はそのような企業に投資することは，企業の社会的責任の観点からも問題視されるであろう。さらには，再生可能エネルギーや物品のリサイクルなど自社で定めた環境関連目標に対して実績面で乖離が大きく，実行力の面で問題がある場合には，そもそも環境問題に対する企業の基本姿勢が問われる事態にもなりうる。

　もっとも，グループ会社の中で人権侵害の実態が明らかになれば，直ちにすべてのグループ会社が扱う製品や商品等への不買運動やサプライチェーン問題による会社や第三者への損害が明確となり，取締役の善管注意義務違反の有無

26）2015年12月の国際機構変動枠組条約第21回締約国会議で採択された「パリ協定」において，世界全体の平均気温上昇を2℃以下とする目標（いわゆる「パリ目標」）が定められた。

が論点となるのに対して，環境問題は，中長期にわたるものであり，取締役の法的責任の有無が問題となるのは，しかるべき期間を経過した後となる場合が多い。たとえば，二酸化炭素排出削減目標を掲げたものの，数値目標に未達であったとしても，そのことが直ちに，会社や第三者の損害につながるわけではない。したがって，取締役からすると，環境問題はESG経営の観点から重要であると認識していたとしても，日々の経営に注力せざるを得ない状況下で，現実的には，取締役の法的責任の点からの意識が希薄化する可能性がある。加えて，取締役には，任期があり定期的な交代がある中で，中長期に一貫した環境政策を継続するためには，環境問題に対する会社としての一貫かつ堅固な基本方針が策定され引き継がれていることが必要である。

環境問題については，汚染水や有害物質の放出等の直接的な問題を除けば，地球温暖化対応であるカーボンニュートラル，省エネルギー，環境に配慮した製品開発等は，中長期にわたって取り組まなければならない課題である。したがって，10年単位で振り返ったときに，結果として環境問題への真摯な取組みに疑問を投げかけられるような状況となったときに，会社の社会的信用が失墜し，株主を含めた会社の利害関係者からの離反を受けるような事態となれば，取締役の善管注意義務の問題が俎上にあがってくるであろう。

環境問題は，グループ全体として中長期的に取り組まなければならない課題ではあるだけに，中期経営計画に省エネルギーなどの数値目標を設定した上で，単年度でその実行状況をフォローする経営姿勢が重要である。

5．海外子会社のリスク管理のためのチェックリスト

(1) チェックリストの目的と利用上の留意点

チェックリストの利用目的としては，国内子会社の場合と同様である。すなわち，グループ統括部，内部監査部門等を管理するコーポレート部門が，リスク管理の整備状況や会社としての対外的な開示（事業報告，有価証券報告書，コーポレートガバナンス報告書など）の整理のために，自らの確認用として利用

の場合と，海外事業部門や各海外子会社が，決められたリスク管理の運用状況の確認や報告を行うための自主点検に利用する場合も考えられる。いずれにしても，チェックリストの利用に際しては，リスク管理の効率性・確実性を勘案して，チェックする主体を決定することが出発点となる。

　一方で，海外子会社におけるチェックリスト活用では，国内子会社の場合と異なり，日本の親会社のコーポレート部門や海外事業部門が確認する際には，確認のための手間暇やデータの収集，直接モニタリングなどによる監査において，時間とコストを費やすことになる。したがって，海外子会社に関してチェックリストを利用する場合には，一律に親会社が確認するものと決める必要はなく，海外子会社の地域特性や規模等によっては，海外子会社による自主点検として利用し，その結果を親会社に報告してもらうことが考えられる。

　もっとも，親会社コーポレート部門作成のチェックリストに基づいて，海外子会社が自主点検を行う場合は，表面的・形式的な点検とならないように，チェック項目数を増やしすぎたり，内容が複雑すぎないように留意することが大切である。

⑵　チェックリスト利用の効果的な方法

　海外子会社が自主点検を行った場合には，自主点検の実施者の署名にとどまらず，管理責任者の署名があるとチェックリストの重みが増す。可能ならば，海外子会社のトップ又は役員の署名があると理想的である。その上で，親会社が海外子会社を直接監査したりモニタリングを行う場合に，自主点検の方法や内容まで確認・報告聴取を行うと，形式的な自主点検の防止につながる。

　他方で，海外子会社の数が多い場合は，地理的な問題もあり，毎年，定期的に監査としての実査や直接のモニタリングをする機会がない場合も多いと思われる。このために，自主点検結果としてのチェックリストは，親会社に送付するものの，親会社が自主点検の実施状況等について直接確認したりヒアリングを行うのは，リスクの観点から注意を要する海外子会社とそうではない海外子会社とを峻別することが現実的である。すなわち，注意を要する子会社は，毎年チェックリストに基づいたリスク管理状況を，親会社による直接のヒアリン

グや現場実査により確認するのに対して，それ以外の海外子会社は，数年ごとのローテーションによって確認する。

　なお，新型コロナウイルス感染症拡大に伴い，人々の行動・移動が制限される中で，オンライン会議やオンライン監査の手段が広く利用されるようになった。オンライン会議や打ち合わせは，海外子会社との間では，出張に伴う時間や費用をセーブすることが出来ることから，特に利便性が高い。国や地域によっては，時差の問題はあるものの，モニター画面上とはいえ，直接の姿や音声を聞く事が可能なメリットは大いにある。

【海外グループ会社チェックリスト項目の例1】

A．基盤
□　親会社が策定した企業集団として共有すべき経営理念や行動基準を海外子会社の一員として，全ての役職員が理解しているか。
□　親会社が定めた企業集団の内部統制システムの基本方針を，全ての役職員が十分に理解しているか。
□　親会社が定めた海外子会社に関する重要な承認・報告事項について，規定通り，親会社に対して行われているか。

B．事実関係
□　行政からの立入検査・勧告・警告・行政指導・行政処分の事実を，親会社に遅滞なく報告・伝達しているか。
□　新たに係争となった案件，又はなりそうな案件を，親会社に遅滞なく報告・伝達しているか。
□　重大な違法行為・不正行為が発生した場合には，親会社に直ちに報告するとともに，親会社の指示に従うという認識を海外子会社経営トップとして認識しているか。

C．リスク管理体制
□　自社の特有のリスクについて，役職員が認識し共有しているか。
　※　特有のリスク例：テロ・自然災害・政治体制・人材や技術の流出・ITセキュリティ・経済的混乱等

- ☐ 自社が設立されている国の重要な法令や規則・ガイドラインが何か認識し，その改正等の情報が迅速に入手できる体制ができているか。
- ☐ 重要な法令・規則・ガイドライン，自国の文化・慣習等を踏まえた適切な社内規程やマニュアルが策定されており，かつその遵守が徹底されているか。
- ☐ 企業集団における内部統制システムの構築・運用の観点から，親会社への報告体制が整備され，かつ適切に運用されていることを定期的に確認しているか。
- ☐ 親会社との間に「グループ内部通報制度」が整備されている場合に，その制度が有効に機能しているか確認するとともに，内部通報者の利益を損なうことがないように十分な配慮がなされているか。
- ☐ 企業集団の内部統制の構築・運用の観点から，親会社若しくは第三者機関からのモニタリングを通じて，その結果の報告を受けた後に，海外子会社の社内として，必要な改善の指示を行う認識があるか。
- ☐ 監査の結果，指摘事項や是正計画，フォローアップ監査計画，是正完了結果等について，適切な実務が実行されていることを確認したか。
- ☐ 親会社が策定した法令遵守に対するコンプライアンス教育を確実に実施しているか。
- ☐ 情報システムに関するリスクを把握し，親会社が定めた情報セキュリティ方針，情報管理規程やセキュリティ管理規程等に則って，自社としてのシステムを運用していることを確認したか。
- ☐ 企業集団の内部統制システムの方針を理解して，業務に活かしていることを確認したか。
- ☐ 会計に関して，外部の監査人が，海外子会社の経理規程・連結決算要領，連結決算処理手順，及びITによる経理処理手順等を調査した結果，その内容に統一性があり，不適正な処理が介在するリスクは十分に低減されていると判断しているか否かについて確認しているか。
- ☐ 親会社と海外子会社相互間で，非通例的でない取引及び不適正な取引がないか，監査上の判断基準と監査結果について確認しているか。
- ☐ 現地の法令や事情に精通している弁護士事務所及び会計事務所を起用しているか。

【海外グループ会社チェックリスト項目の例2】

　注　本チェックリストは，公益社団法人日本監査役協会が，協会の海外監査研究
　　会がまとめた「海外監査チェックリスト」をもとに，特にコアと思われる部分
　　を摘出し英訳として公表したものである（平成25年1月11日公表）。

　　なお，和文チェックリストの全項目は，同研究会「監査役の海外監査につい
　　て」（令和24年7月12日公表）参照。協会のホームページ（http://www.kansa.
　　or.jp/index.html）から入る電子図書館の中に掲載されている（2022年4月30日
　　現在）。

【QUESTIONNAIRE for Audits by Audit & Supervisory Board Member (海外監査チェックリスト（抄））】

A.　　用語
A.　　Terms

用語 TERMS	本社	本邦における本社，親会社の意味を含む。
	Headquarters	Headquarters in Japan, Headquarters of parent company including the meaning of parent company overall.
	事業会社	海外における現地法人，支店，営業所，駐在員事務所等を含む広い意味で用いた。
	Company	Subsidiary company in foreign countries including branch office, sales office or representative's office of parent company.
	経営責任者	事業会社の最高責任者である，社長，支店長，営業所長，駐在員事務所長等をさす。
	Executive manager	Chief executive manager of Company, i.e. President, MD, Branch manager, Head of representative office, etc.
	出向社員	本社より派遣された事業会社の社員
	Seconded personnel	Employees or Executives of Headquarters seconded to Company

B.　　　　　　　　　基本事項
B.　　　　　　　　　Common and Important Items

	チェック項目 の分類 Classification of check items	項目 No. Item No.	チェックポイント （例示） Description (Examples)	結果 Result	備考 Note
海外監査において 業種・規模等を問 わず必要と考えら れる基本的事項 Common and Important Items necessary for any organization regardless type of business, scale etc.	（1）経営全般				
	（1）Management General				
	企業理念	44	企業集団で共有すべき経営理念・行動基準・課題が事業会社内部に周知徹底されているか。特に法令遵守を周知徹底しているか。		
	Corporate philosophy	44	Are corporate philosophy, code of conduct, important subjects that should be shared among Company group well-known to all part of Company? Especially, does Company assure its compliance to the laws and regulations?		
	内部統制	57	内部統制の基本方針は，本社の方針との整合性が取れているか。		
	Internal control	57	Are Company's basic policies over internal control consistent with that of Headquarters?		
	基本規程	49.1	定款，取締役会規則，株主間協定，職務権限規程，経理規程，就業規則などの社内諸規則・規程は整備されているか。		
	Principle rules	49.1	Are company rules or regulations such as articles of incorporation, rules of board of directors, shareholders agreements, standards of authority and responsibilities, accounting rules, employment rules, etc. well established?		
	不正等の風土	216	経営責任者がコンプライアンスの重要性などのメッセージを全従業員に発信する機会はあるか。		
	Back ground of fraud etc	216	Are there opportunities for Executive Manager to present messages to all employees about the importance of compliance etc.?		

	チェック項目 の分類 Classification of check items	項目 No. Item No.	チェックポイント （例示） Description (Examples)	結果 Result	備考 Note
海外監査において業種・規模等を問わず必要と考えられる基本的事項 Common and Important Items necessary for any organization regardless type of business, scale etc.	健全な取引	41	本社の圧力が不当にかかったり，あるいは本社が過度に無関心になっているようなことはないか。		
	Sound transaction	41	Does Company have any unreasonable pressures from Headquarters? Or, Do you feel Headquarters is too disinterested in the activity of Company?		
	会社の機関	63	株主総会，取締役会等の決定機関は適正に機能しているか。		
	Organ of company	63	Are decision making organizations properly functioning, such as shareholders meetings, meetings of board of directors?		
	会社の機関	64	株主総会，取締役会等の議事録は整備されているか。		
	Organ of company	64	Are minutes of shareholders meetings, meetings of board of directors etc. made and properly managed?		
	内部通報制度	96	意見箱を含む内部通報制度が構築され，適切に運用されているか（たとえば，管理規程等の仕組み・対応者・処理や公益通報者保護の定め，通報の適切な処理・対応の周知など）。		
	Internal reporting system	96	Does Company properly establish and operate the internal reporting systems including opinion boxes? (e.g. rules for process, person in charge, handling, protection for whistleblowers, or proper handling for reporting or announcements)		

	チェック項目 の分類 Classification of check items	項目 No. Item No.	チェックポイント （例示） Description (Examples)	結果 Result	備考 Note
海外監査において 業種・規模等を問 わず必要と考えら れる基本的事項 Common and Important Items necessary for any organization regardless type of business, scale etc.	重要案件	3	当該事業会社の大口投融資案件，その他の重要案件は，適切な機関により十分な検討を経て決定されているか，本社として確認しているか。		
	Important matters	3	Are major investments/financing and other important items of Company thoroughly studied and decided by the appropriate organizations and confirmed by Headquarters?		
	棚卸資産管理	123	不良在庫（不要・陳腐化・滞留の在庫）に関する評価および引当てのルールが規定され適切に運用されているか。		
	Inventory management	123	Are the rules established and implemented properly for the evaluation and reserving of dead stock (unnecessary stock, deteriorated stock, and/or long-held inventories)		
	棚卸資産管理	148	期末実地棚卸は，手順どおり網羅的に整然と実施され，帳簿との差異の追究は行われているか。滞留品や棚卸除外品の現物確認によりその判断に問題はないか。		
	Inventory management	148	Is the year-end physical inventory taking thoroughly conducted according to regulated procedures and are the discrepancies in books examined? Are there any problems in its judgment on the slow moving inventory and/or excluded goods from inventory by confirming the actual goods?		
	固定資産管理	149	固定資産の台帳と現物を定期的に照合しているか。		
	Fixed assets management	149	Is Company periodically collating the actual goods and fixed assets ledger book?		

	チェック項目 の分類 Classification of check items	項目 No. Item No.	チェックポイント (例示) Description (Examples)	結果 Result	備考 Note
海外監査において業種・規模等を問わず必要と考えられる基本的事項 Common and Important Items necessary for any organization regardless type of business, scale etc.	与信管理	162	与信の管理方法は確立され，適切に運用されているか。		
	Credit control	162	Does Company properly establish and implement the credit control method?		
	牽制体制	172	不正防止のために発注・検収・支払の三権は分立しているか。たとえば，発注の担当者が検収も担当していないか，発注または検収の担当が支払も担当していないか。		
	Check and balance system	172	Are the three powers - ordering, acceptance (inspecting incoming goods) and payment, clearly separated for preventing any misconduct? (For instance whether the person in charge of ordering is in charge also of the acceptance? Or, whether the person in charge for payment also in charge for ordering or acceptance?)		
	牽制体制の欠如	202	財務（出納）と経理（記帳）に関する一連の業務または仕入に関する業務について，他者による実効的なチェックを経る仕組みまたは人事ローテーションや休暇の強制取得といった牽制の仕組みは構築・運用されているか。		
	Lack of internal check system	202	Are there practical and useful checking systems, revolving systems for person in charge or compulsory days-off systems established for finance (receiving and payment) and accounting (bookkeeping)?		

	チェック項目 の分類 Classification of check items	項目 No. Item No.	チェックポイント (例示) Description (Examples)	結果 Result	備考 Note
海外監査において 業種・規模等を問 わず必要と考えら れる基本的事項 Common and Important Items necessary for any organization regardless type of business, scale etc.	(2) 内部統制システムの構築・運用 (2) Setting up and maintenance of internal control system				
	現地特殊性	21.1	現地および当該事業に特有かつ検討の対象 とすべき特殊な事項および事業分野はない か。		
	Special conditions of country or areas	21.1	Does Company have any special matters or business segments which are unique to the local market and business and also require to be examined?		
	リスク管理体制	98	リスク管理のための体制は構築され，適切 に運用されているか（たとえば，リスク管 理の規程や委員会，代替機関または定期的 会議での検討など）。		
	Risk management system	98	Does Company establish and operate the risk management systems? (e.g. risk management rules, risk management committee or alternative organization or regular meetings for risk management)		
	リスク管理体制	99.1	事業会社の事業そのものに関わるリスク全 般，すなわち自然災害，政体の安定性，経 済・為替変動を含めた金融市場の混乱，市 況・原材料価格変動を含めた市場動向，競 争環境，外的脅威等の外部環境リスク並び に，社内体制，人材流出，顧客満足度，ブ ランド力，ITセキュリティ，調達，生産， 金融リスク等の内部リスクなど，外部およ び内部の要因に基づく諸々の予見されるリ スクに関して，十分な分析・評価が行われ ているか。		

	チェック項目 の分類 Classification of check items	項目 No. Item No.	チェックポイント （例示） Description (Examples)	結果 Result	備考 Note
海外監査において業種・規模等を問わず必要と考えられる基本的事項 Common and Important Items necessary for any organization regardless type of business, scale etc.	Risk management system	99.1	Does Company sufficiently conduct analysis and assessment for major risks in general that may influence to the operation of Company? (e.g. External risks such as natural disasters, political stability, turmoil of finance markct including fluctuation of economy and foreign exchange, market trend of prices of products and raw materials, competitive conditions, threat from outside, and Internal risks such as organization, loss of employees, customer satisfaction, branding, IT security, procurement, production, financing)		
	利益相反	39.1	事業会社に別の親会社やパートナーがある場合，関連当事者との取引はないか（取締役・従業員（親戚及び支配する会社を含む）と会社間の取引を含む）。		
	Conflict of interest	39.1	In case Company has other parent company(ies) or partner(s) ,does Company have any transactions with related party(ies) ? 〈Including transactions between or among such related party(ies) , their directors and employees (including their relatives and controlling parties)〉		
	利益相反	39.2	前項で関連当事者との取引がある場合，取締役会にて事前承認されているか，承認後の当該取引の妥当性が定期的に確認されているか。		
	Conflict of interest	39.2	In case YES to the above 39.1, are any of such transactions approved in advance by the board of directors, and are the appropriateness of the transactions periodically evaluated after the approval?		

	チェック項目 の分類 Classification of check items	項目 No. Item No.	チェックポイント （例示） Description (Examples)	結果 Result	備考 Note
海外監査において 業種・規模等を問 わず必要と考えら れる基本的事項 Common and Important Items necessary for any organization regardless type of business, scale etc.	コンプライアンス	70	コンプライアンスに関わるリスク分析は適切に行われているか（たとえば，倫理観の欠如，不正，不祥事の可能性，契約上の義務や第三者へのコミットメントなど）。特に，現地特有でリスクの高いリーガルリスクを洗い出しているか（次の法令等の事例などを参考にして）。		
	Compliance	70	Does Company assess any risks in relation to its compliance?（e.g., lack of moral, bad faith, possibility of misconduct, duty and commitment to a third party bound by agreements）　Especially, does Company identify the significant legal risks specifically to the country or area?（Please refer to the lists of laws and regulations listed below）		
		70.2	◎リスクの高い法令等の事例		
		70.2	Examples of laws and regulations that may have significant influence when violating		
		70.3	贈賄に関する刑法及び関連する特別法，カルテル等に関する独禁法，日本の不正競争防止法及び同様の目的を有する外国の法令（米国：The Foreign Corrupt Practices Act（FCPA），英国：The UK Bribery Act，中国：反不正当競争法，韓国・マレーシア等：公務員に対する贈賄を禁止する法律）等		
		70.3	Specific laws and regulations related to bribery, competition laws related to cartels, Unfair Competition Protection Act of Japan and foreign laws for the similar purpose (e.g. USA: The Foreign Corrupt Practices Act（FCPA）, UK: The UK Bribery Act, China: Anti-unfair Trade Competition Law, Korea/Malaysia etc.: Laws to prevent bribery to public officials)		

	チェック項目の分類	項目No.	チェックポイント（例示）	結果	備考
	Classification of check items	Item No.	Description (Examples)	Result	Note
海外監査において業種・規模等を問わず必要と考えられる基本的事項 Common and Important Items necessary for any organization regardless type of business, scale etc.		70.4	会社法, 不当表示, P/L法等消費者保護法規, 下請法（マニュアル含め）等		
		70.4	Corporation law, act prohibiting misleading representations, consumer protection act such as P/L laws, laws protecting interest of subcontractors (including those guidelines and manuals) etc.		
		70.5	安全保障貿易管理, 輸出入取引法等		
		70.5	Laws concerning trade control for the security of countries, import-export trade control, etc.		
		70.6	大気・水質・騒音等の環境保全法規, 消防法（消火設備・危険物管理含め）, 建築基準法等		
		70.6	Environment preservation laws such as for air and water pollution, noise, etc. / Fire prevention law (including fire extinguishing equipment, hazardous material control) / Building standards acts / Others		
		70.7	労働基準法（残業時間管理含め）, 安全衛生法（過重労働の基準と対策含め）, 人種・性別・年齢・宗教等の差別取扱い, セクハラ, パワハラ, 労働組合法（設置義務含め）・労働者派遣法等の労働法等		
		70.7	Labor laws (including control for overtime) / Industrial safety and health act (including control for overloaded work and its countermeasures) / discrimination prevention laws by races, sex, age, religion etc. / work environment laws concerning sexual harassments, power harassments, labor union laws (including obligation for establishment) and worker dispatching, etc.		

チェック項目 の分類 Classification of check items	項目 No. Item No.	チェックポイント （例示） Description (Examples)	結果 Result	備考 Note
海外監査において 業種・規模等を問 わず必要と考えら れる基本的事項 Common and Important Items necessary for any organization regardless type of business, scale etc.	70.8	知財の侵害・被侵害・機密情報漏洩等		
	70.8	Infringement of intellectual properties of third parties/infringement of Company's IP by the third parties, divulgence of confidential information etc.		
	70.9	税法（関税・所得税含む），外為法，移転価格税制等		
	70.9	Tax laws (including custom duties, income taxes) / Foreign exchange and foreign trade act / Transfer price taxation act / Others		
情報管理	107	電子情報のセキュリティに関する規程はあるか，適切に運用されているか（たとえば，持出し管理・セキュリティレベル管理・パスワード管理・アクセス権の制限など）。		
Information control	107	Does Company have any rules for security of electronic data and adequately operate the rules? (e.g. carrying-out control, security level control, password control or access authority control)		
BCP	100.1	大型の自然災害，火災，重大労災，テロの発生や広域の停電等の非常時の対応体制は構築・運用されているか（たとえば，非常時連絡網，管理体制など）。		
BCP	100.1	Does Company establish and operate any countermeasures for major natural disasters, fires, workman's accidents, terrorisms, large area power failure, etc. ? (e.g. emergency communication net work, control systems etc.)		

	チェック項目 の分類 Classification of check items	項目 No. Item No.	チェックポイント （例示） Description (Examples)	結果 Result	備考 Note
海外監査において 業種・規模等を問 わず必要と考えら れる基本的事項 Common and Important Items necessary for any organization regardless type of business, scale etc.	（3）指摘事項・重要情報のフォロー等 （3）Follow up for items questioned or important information etc.				
	会計監査人	132	会計監査人による指摘があった場合，その内容およびマネジメント・レターを受領後の経営側の対策の状況に問題はないか。		
	Accounting auditor	132	In case there were some matters pointed out by accounting auditor, is there any problems in the content of the matter or in the counter action taken by the management after receipt of management letter?		
	監査人	134	財務報告内部統制について現地監査人監査における問題点や指摘された不備事項がある場合，期限内に是正されたか。		
	Auditor	134	If the local accounting auditor indicated any problems or deficiencies regarding the internal control of financial reporting, was the corrective action made within the time limit?		
	内部監査	62.6	内部監査により発見ないし指摘された問題がある場合，実態把握と対応状況を確認しているか。		
	Internal audit	62.6	In case there is/are issue(s) indicated through the internal audits, does Company recognize the actual condition and confirm any countermeasures?		

	チェック項目 の分類 Classification of check items	項目 No. Item No.	チェックポイント （例示） Description (Examples)	結果 Result	備考 Note
海外監査において 業種・規模等を問 わず必要と考えら れる基本的事項 Common and Important Items necessary for any organization regardless type of business, scale etc.	税務対応	131	税務当局から指摘された事項はあるか。ある場合，不適切な決算・不祥事につながるような事項はないか。		
	Tax practice	131	Is there any matters pointed out by the tax authority? If yes, are there any matters leading to inappropriate settlement of accounts or to scandalous affairs?		
	訴訟事案	29	係争中あるいはそのおそれのある案件はないか。		
	Disputes	29	Does Company have any pending litigations or any issues likely to become disputes?		
	重要情報	193	事業会社における重大な法令違反や重大な損害の発生またはそのおそれがあるときは，監査役に報告が来ているか。監査役への報告体制は構築され，適切に運用されているか。		
	Important information	193	In case there are big violations of laws or big damages or such possibilities, are such events reported to Audit & Supervisory Board Member? Are the reporting systems or procedures to Audit & Supervisory Board Member are established?		
	重要情報	194	会計監査人・監査人・内部監査部門・親会社の関係部門・意見箱を含む内部通報等から指摘・発見・通報された重大な法令違反・重大な損害・不正行為や不当な事実の発生またはそのおそれはないか。		
	Important information	194	Are there big violations of laws or big damages or such possibilities indicated by accounting auditors, internal auditors, related business lines of Headquarters and internal reporting (including opinion boxes)？		

第2章 純粋持株会社形態のリスク管理の実践

1. 対応の基本方針

(1) 純粋持株会社の役割

　純粋持株会社とは，自らは直接的には事業を行わずに，株式を保有する傘下の事業会社の活動を支配・コントロールすることを通じて，収益を上げる会社であり[1]，純粋持株会社が親会社となって，傘下の事業会社を従えた企業集団を形成している[2]。銀行・証券・保険の異なった金融分野を総合的に管轄するために，金融機関において，純粋持株会社形態を採用している会社が多い。

　純粋持株会社形態といっても，企業集団の最適化を目指し，親会社である純粋持株会社主導で事業会社に対する指揮・命令を強めている決定管理体制型の場合と，事業会社に大幅な権限が移譲され，純粋持株会社が包括的に管理している権限移譲管理体制型があり，現実的には，この両者の間でどちらかの体制に近い形態を採用している。

　もっとも，いずれの体制型の場合であっても，純粋持株会社には，グループとしての利益の最大化を図るべく，グループ全体の事業戦略を企画・立案する役割が存在する。個々の事業会社単独では，新たな事業分野や市場に参入することが困難な場合であっても，純粋持株会社が各事業会社のニーズを汲み取った上で，相互の調整役を果たしたり，その分野のノウハウをグループとして共

1）一方，事業を自ら行う持株会社は，事業持株会社と呼ばれる。
2）持株会社とは，会社法上の概念ではなく独占禁止法上の概念である。具体的には，子会社の株式の取得価額の合計額の当該会社の総資産の額に対する割合が100分の50超の会社である（独占禁止法9条4項1号）。

有することによって，事業強化に役立てることも考えられる。そして，純粋持株会社がこのような役割を強力に推進できる根拠は，自ら事業を行わないために，グループ全体の事業企画・戦略の立案に特化することが可能なこと，傘下の事業会社を完全子会社とすることで，立案の実践・実行のための強制力を保持できることである。

すなわち，親会社の立場として，グループ全体の事業戦略，法令遵守態勢などに特化することができるだけでなく，株主としての立場から，株主総会での決議事項である役員の選解任，役員報酬，重要財産の譲渡，組織再編行為等の決定が可能となる。別の見方をすれば，監視・監督機能としての純粋持株会社と事業運営を行う事業会社が明確に分離されていることにより，一般の親会社よりもはるかに影響力が強く，傘下の事業会社を実質的に完全に支配できることが特徴である。

(2)　法人格否認の法理

本来，純粋持株会社と傘下の事業会社とは，別の法人である。したがって，各々の会社が独自の権利・義務を持っているはずである。しかし，純粋持株会社が傘下の事業会社を意のままに支配し，事業会社に対して一方的に不利益となるような取引を行うことは，事業会社のステークホルダーにとって都合が悪いことになる。たとえば，完全親子会社形態であっても，純粋持株会社の親会社が事業子会社に対して，非通例的な取引や利益相反取引を一方的に押しつける行為をすることは，当該事業子会社の法人格を無視することにもつながる。このような場合には，事業子会社の独立性を否定して，純粋持株会社と事業子会社を同一視するような考え方が判例で認められている。このような考え方を一般的には，法人格否認の法理と称する。

判例においては，法人格否認の法理が適用されるのは，法人格が形骸化している場合，又は法人格が法律の適用を回避することを目的とした濫用的な利用の場合としている[3]。法人格が形骸化している場合とは，オーナーと個人企

---

3) 最判昭和44・2・27最高裁判所民事判例集23巻2号511頁。

業との関係において主に見られる現象であるが，事業会社が純粋持株会社に対して独立性がまったく存在していないとみなされれば，法人格否認の法理に該当することも考えられる。

　一方，純粋持株会社が脱法行為を目的に事業会社を利用している場合にも該当する。法人格否認の法理を主張するのは，事業会社のステークホルダー，とりわけ事業会社の債権者であろう。事業会社の債権者にとってみれば，純粋持株会社である親会社は，株主有限責任の原則から事業会社の全債務に対して責任を負うことはないのに対して，債権者が不利益を被ったとしても，事業会社の債権者が純粋持株会社に対して責任を追及する法律上の根拠条文が存在するわけではない。このようなときに，法人格否認の法理を利用して，株主有限責任の原則を排除することが考えられる[4]。

　完全親子会社形態を採用している純粋持株会社形態の場合，事業会社にとって唯一の株主は親会社である純粋持株会社であることから，完全に支配している事業会社から責任追及をされないと考えてステークホルダーに過大な不利益を及ぼすことになると，法人格否認の法理によって純粋持株会社に対して損害賠償等の責任追及がなされることもあり得ることは念頭におくべきことである[5]。

(3)　純粋持株会社形態における内部統制システム構築の具体的な取組み

　完全子会社の事業会社の運営については，その損益状況にとどまらず，事業会社の不祥事によるグループとしての社会的信頼の喪失も含めて，純粋持株会社に対して多大な影響を及ぼす。すなわち，連結決算の観点からは，事業会社

　4）法人格否認の法理以外に，純粋持株会社が，事業会社の事実上の取締役であるとみなして，会社役員の対第三者責任（会社法429条1項）を根拠に責任追及をすることも考えられる。この考え方はイギリス会社法では，影の取締役（shadow director）という概念が存在しているが，わが国の学界では，十分に支持されている解釈ではない。

　5）会社法に関する見直しに関する中間試案では，利益相反取引の場合に，子会社から親会社への責任追及を法制化する案も出されていたが（法制審議会会社法制部会「会社法制の見直しに関する中間試案」（平成23年12月7日公表）商事法務1952号12頁），要綱の段階では削除された。

の損益状況は純粋持株会社の連結決算にそのまま直結するし，事業会社の不祥事については，純粋持株会社の監視・監督責任が問われる可能性が大きくなる。特に，純粋持株会社自身は，上場している場合が圧倒的に多いため，傘下の事業会社への内部統制システムについても，株主から監視されていると認識すべきである。

　仮に，事業会社の不祥事を原因として持株会社に損害が発生（社会的信用の毀損も含む）すると，事業を自ら行わない純粋持株会社やその役員は，事業会社の監視・監督が重要な役割であることから，株主代表訴訟や直接の損害賠償の訴訟が提起されるリスクが，通常の親子会社形態の場合以上に存在する可能性があることを認識すべきである。このような点を踏まえると，純粋持株会社における内部統制システムの構築・運用について，どのように具体的に取り組むべきであろうか。

　第一には，純粋持株会社の組織体制の検証が挙げられる。具体的には，純粋持株会社において，事業会社を横断的に管理する最適な態勢（組織，人員）となっているかという観点からの検証である。具体的な事業を行っていない純粋持株会社は，事業会社の役割とは明らかに異なる。したがって，持株会社と事業会社の役割分担を明確化した上で，事業会社の方が事業の現場に近いことからリスク管理が容易であるという点と，収益を上げることを最大の目標とする事業会社の管理組織の簡素化のバランスをいかに取るかということになる。その基本的な方向として，純粋持株会社一元管理型と純粋持株会社戦略決定型がある。

　純粋持株会社一元管理型とは，純粋持株会社のコンプライアンス部門や内部統制部門等の組織が，事業会社に対して一元的に管理する体制の方法であり，たとえば，事業会社に対する監査計画やモニタリングを純粋持株会社が自ら行う。一元管理型では，純粋持株会社がコーポレート関連業務を行うことになるため，事業会社は営業や技術開発等に特化した事業運営を行うことができる反面，管理部門としての役割を果たす純粋持株会社の監視・監督が強まることになる。

　また，営業や技術部門は，ややもすると営業成績や技術開発最優先となり，法令遵守がおろそかになる可能性も否定できない中で，企業集団としてのグループの信頼確保の観点から，純粋持株会社が事業会社における法令違反や不適切な取引に対して厳格な対応を行うことができるメリットがある。もっとも，現場実態に精通していない純粋持株会社が過剰な管理を行うデメリットもある。

　このために，純粋持株会社と事業会社との間で一定の人事交流も必要である。純粋持株会社の役職員は，事業実態の現場を直接的に体験可能となり，事業会社の役職員は，純粋持株会社において，具体的な管理手法を身に付けることができる。

　他方，純粋持株会社戦略決定型の場合は，純粋持株会社がグループとしての内部統制システムの基本方針を定めたり，事業会社からの法務や知的財産等のコーポレートの専門事項の相談窓口に特化し，日々の管理は事業会社のコーポレート部門や内部監査部門等が行うという方法である。純粋持株会社一元管理型と比較して，純粋持株会社戦略決定型の方が，事業会社が主体的にコーポレート関連も含めて事業活動を行うために，企業としての自主性は担保された形態である。

　特に，金融グループでは，事業会社である銀行自体がきわめて大きな規模の事業体であり，純粋持株会社が銀行に対して，純粋持株会社一元管理型となるのは物理的にも不可能である。

　このように，純粋持株会社一元管理型と純粋持株会社戦略決定型のどちらを採用するかは，各々の一長一短を踏まえつつ，事業会社の数や規模，純粋持株会社を設立した目的等により，決めることになろう。

(4) 企業集団の内部統制システム及び監査方針の作成・徹底

　純粋持株会社一元管理型と純粋持株会社戦略決定型のどちらを採用するにしても，純粋持株会社形態の企業集団の場合は，通常は，事業会社は完全子会社であり，上場子会社等が存在する一般の企業集団と比較して，はるかにグループとしての結束は強く，外部からみると，企業集団としての一体性があるとみなされる。

　すると，純粋持株会社を頂点とする企業集団を規律する企業集団の内部統制システムの作成・決定は，純粋持株会社が行うというのが自然である。すなわち，企業集団の内部統制システムの基本方針を持株会社が作成した上で，その基本方針は，事業年度ごとの見直しの要否を含めて，純粋持株会社において機関決定（通常は，取締役会）するというものである。その際，企業集団の内部統制システムの基本方針は，世の中の状況，過年度の事業会社の事件・事故や当局からの改善命令等の状況を勘案して，グループ会社共通の方針を作成することとなる。その上で，純粋持株会社としてのグループ監査方針の作成を合わせて行う。

　具体的には，内部統制システムの基本方針に則った適切な運用，純粋持株会社として重点的に監査する項目，具体的方法について作成することになる。その際，企業集団の内部統制システム及び監査の基本方針を徹底するために，単に，方針文書を流すだけということにはせずに，事業会社の担当部門の責任者が一堂に会して，純粋持株会社担当部門から趣旨説明を行う機会を設定するのがよいと思われる。

２．経営管理契約の作成

　経営管理契約とは，純粋持株会社と事業会社との間で，非通例的な取引や利益相反行為が起こる可能性があるので，あらかじめ両者の間での手続等を決めておくための契約書である。経営管理契約の締結によって，純粋持株会社と事業会社との間の取引について客観性を担保することにより，時々の担当者による恣意的な対応を排除し不正等の防止を図る意義がある。

　経営管理契約の主な項目としては，以下のようなものが挙げられる。

【経営管理契約項目例】

① 　目的
② 　グループの基本方針の提示

③　経営管理及び指導の対象事項
④　事前の協議事項
⑤　報告事項・情報提供事項
⑥　持株会社からの指導・助言事項
⑦　持株会社からの監査実施要領
⑧　守秘義務協定
⑨　有効期限

　この中で，とりわけ重要と思われるものは，純粋持株会社と事業会社の間での事前協議事項と報告・情報提供事項の規定である。本来は，事業会社の内部で意思決定できる事項を，純粋持株会社の承認・決議を必要とするということは，それだけ純粋持株会社の関与が強まることを意味する。他方で，企業集団全体にも多大な影響を及ぼすと考えられる事項については，あらかじめ純粋持株会社の承認を必要とすることは十分にあり得ることである。

　たとえば，事業会社が事業拡大のために，他社を吸収合併するなどの組織再編行為を行う場合が考えられる。組織再編行為は，短期間でかつ効率的に事業展開をするための有力な手段となる一方で，企業集団内に新たなリスクを抱える可能性もある。このために，組織再編行為の相手会社に関するリスク調査や将来の採算見通し等，あらゆる角度から精査した上で，決定することは重要なことである。そこで，そもそも当該組織再編の検討前に純粋持株会社からの検討の開始そのものの承認を得ることが考えられる。

3．内部統制システムの実効性確保

　各事業会社は，純粋持株会社の基本方針に沿って，具体的な内部統制システムや監査計画を独自に作成した上で実践することになる。純粋持株会社による一元管理型の場合は，事業会社の内部統制システムの運用状況について，純粋持株会社が事業会社に対してモニタリングや監査を行うこととなり，他方，純粋持株会社戦略決定型の場合は，各事業会社が内部統制システムの運用状況の

監査等を実施した上で，その結果を純粋持株会社に報告するというスタイルになる。

　すなわち，純粋持株会社としては，年度初めに示した企業集団の内部統制システムの基本方針に沿って，各事業会社において適切に運用がなされているか，事業会社からの報告聴取とモニタリングを組み合わせてその状況確認を実施することになる。そして，監査結果は，必ず各事業会社にフィードバックすることが大切である。その上で，中間時期に，内部統制システムの運用状況について，純粋持株会社と各事業会社との間で，報告を兼ねた検証の場を設けるとよいであろう。特に，純粋持株会社が各事業会社での反省点などを集約し，企業集団として重要な指摘事項は，グループ全体として共通化・共有化することが重要である。

　さらに，期末時期の評価も不可欠である。すなわち，企業集団の内部統制システムの運用状況について，純粋持株会社として一定の評価を行った上で，次年度に活かすことが必要である。特に，中間時期での反省事項が，その後期末時期までに適切に改善されているか重点的に確認する。その上で，純粋持株会社として，企業集団としての内部統制システムの構築及び運用状況の評価報告書を作成するとよい。

　企業集団の内部統制システムの基本方針は，一度作成したら終わりとするのではなく，事業年度の検証結果を踏まえて，毎年，適宜見直すことが重要である。

第**3**章　完全子会社における
リスク管理の実践

1．完全子会社の類型

　完全子会社とは，自社の株式を100％保有している親会社が存在していることを意味する。グループ全体のリスク管理として，完全子会社に対して別個に検討する意味は，完全子会社以外の場合は，少なくとも他の株主による監視・監督機能が存在するのに対して，完全子会社は，親会社が唯一の株主として全面的に監視・監督機能を有することから，チェック機能が十分に機能しない可能性があるからである。

　このようなリスクが考えられるために，わが国でも，子会社役員がその職務につき任務懈怠により子会社に損害を及ぼし，結果として親会社にも損害が及ぶときには，子会社の役員に対して損害賠償請求が可能となる最終完全親会社等の株主による特定責任追及訴訟（以下「多重代表訴訟」という。制度の詳細は，第4編第4章3．(2)参照）の制度が創設された（会社法847条の3）。

　しかし，多重代表訴訟については，濫用的な行使も考えられることなどを理由として経済界の反対が強かったこともあり，平成26年会社法では，株式会社の最終完全親会社の総株主の議決権の100分の1以上の議決権又は当該最終完全親会社の発行済株式の100分の1以上の株式を有するという少数株主権が原告適格要件となった。加えて，完全子会社の適用範囲も，最終完全親会社が有する株式の帳簿価額（当該最終完全親会社の完全子法人が有する当該株式会社の株式の帳簿価額を含む）が最終完全親会社の総資産額の5分の1を超える場合に限るとされた。すなわち，完全子会社のリスク管理について，多重代表訴訟が

認められるのは，原告適格の点からも，また完全子会社の規模からも，きわめて限定された範囲での制度設計となっている。したがって，すべての完全子会社のリスク管理については，基本的には従来と同様に企業集団の内部統制システムの観点からも，適切な体制を整備する必要があることになる。

完全子会社には，その親会社が純粋持株会社の場合と，事業会社の場合がある。純粋持株会社の場合は，傘下の事業会社を統括管理することが最大の目的であり，管理の中には，法令・定款遵守を含めたリスク管理は当然に含まれているはずである。

他方，親会社自身が事業会社の場合がある。分社型完全親子会社が典型である。分社型完全親子会社の場合は，親会社自身が，自らの事業に関連したリスク管理に注力しなければならないために，純粋持株会社の場合と比較して，子会社へのリスク管理の程度は低くなる可能性がある。特に，親会社が扱う事業と子会社が扱う事業がまったく異なる分野の場合は，業法への対応を含めた個々のリスク管理に差異が生じることも考えられる。

したがって，分社型完全親子会社形態の場合には，内部統制システムを含めた全体のリスク管理の手法（モニタリング，報告体制等）を確立した上で，個別具体的な対応は，各子会社が行うことが現実的である。

2．完全子会社における内部統制の留意点

(1) 基本的考え方

完全子会社の視点からみた場合，親会社との関係で発生するリスクをいかに回避するかが最大のポイントである。具体的には，①親会社の粉飾決算に利用されるリスク，②非通例的な取引強要のリスク，③違法行為を強要されるリスク，の3点が考えられる。

親会社の粉飾決算に利用されるリスクは，親会社の事業収益が悪化したために，子会社を利用して収益を良く見せかけたり，逆に親会社の収益を圧縮し税金逃れをするために，違法な利益の付け替えを行ったりすることが考えられる。

非通例的な取引とは，親子会社間で市場価格とは乖離した取引や不当な取引条件で行われることで，子会社を犠牲にするものである。また，連結決算を良くするために，親会社が子会社に対して談合を命じたりする違法行為を強要するリスクも存在する。

　このような親会社に利用される子会社のリスクへの対応も，企業集団の内部統制システムの観点からは組織的かつ効果的に整備し，リスクを未然に防止することが重要である。

(2)　具体的対応の実践

　第一は，親子会社間の一定のルール作りである。親会社主導による不正や違法行為の強要は，親会社の収益悪化などを契機として行われることが多い。このために，あらかじめ親子会社間で一定の規定や契約を締結して，これら規定に則って取引を行うことが考えられる。

　たとえば，親子会社間で部品の取引という垂直型の関係にある場合には，部品の価格や数量，取引条件（決済基準等）を明文化しておくことが重要である。このことによって，一部親会社役職員が属人的に子会社の担当部署や担当者に対して，不当な取引を強制するリスクを回避することが可能である。そして，何よりも取引関係の契約は，法務部門を含めたリスク管理部門のチェックを受けることになるはずであることから，不正の防止対策としては十分に効果を発揮する。

　第二は，会社機関設計や組織を工夫することである。たとえば，子会社独自に，社外役員の選任やアドバイザリー委員会を設置することにより，子会社の中で，親会社からの不正や不当な取引の強要を防止する体制を整備することである。

　会社機関設計は，基本的には，定款自治により各会社が決めることができるはずであるが，中には，会社法で定められている機関の設置や廃止は親会社の事前承認が必要という会社もある。他方で，アドバイザリー委員会などのソフト組織は，それこそ各社の判断で設置できるものである。親子会社の関係で，

子会社のみでは抗しきれない問題や課題に対して，外部の識者をメンバーに加えたソフト組織を活用することの効果は大きい。

　第三は，執行部門以外の会社機関の間での連携強化である。たとえば，親子会社とも監査役設置会社の場合には，親子会社間の監査役の連携強化である。経営から独立した立場の監査役は，取締役による法令・定款違反やそのおそれ等に対する取締役の行為差止請求権（会社法385条1項）があることから，お互いの監査役が意思疎通を図り対応を協議することによって，親会社執行部門からの不当な強制について一定の防止効果が期待できる。同様に，親子会社で同じ監査法人や会計監査人であれば会計監査人の間，又は同じ監査をする立場から，監査役と会計監査人との間での意思疎通も可能なはずである。

　このように経営執行部門とは別の会社機関の間で，日頃から意思疎通を緊密にしておくことにより，親会社からの不当な圧力に対抗することができるはずである。言い換えれば，親会社からの不当な圧力を知りながら，あるいは知る立場にありながら放置していれば，監査役や会計監査人が任務懈怠に問われ，後日，損害賠償の責任追及を受ける可能性があることになる。

第4編

企業結合法制の主要論点

---●　序　説　●---

　企業戦略を単体ではなく，グループとして推進する動きや連結決算重視の流れに対して，単体企業をベースとしている商法を見直し，親子会社間の関係の規定や子会社の少数株主保護の問題を中心に整備すべきであるという主張は早くから行われていた[1]。

　平成17年に商法を改正し，会社法として独立させる過程でも同様な議論が行われた。しかし，必ずしも十分ではなかったと評価されたことから，平成17年の会社法成立の際の国会衆参両院の法務委員会では，企業結合法制（親子会社関係をめぐる法制度）の検討を引き続き行うことの附帯決議が行われた。

　これらの状況を踏まえて，平成22年2月24日に法務大臣から，会社法制に関して，「企業統治の在り方」「親子会社に関する規律の見直し」の要綱を示すように法制審議会に諮問された。これを受けて，同年4月28日の第1回会議から都合24回にわたって審議が行われ，中間試案の公表，パブリックコメントを経て，平成24年9月7日に法務大臣に審議の結果が答申され，要綱としてまとめられた。そして，平成25年11月29日に「会社法の一部を改正する法律案」として，第185回国会（臨時会）に提出され，閣議決定を経て，平成26年6月20日に国会で可決・成立し，6月27日に公布された（平成26年法律第90号，第91号）。

　そこで，本編では，親子会社法制の規律に関する商法・会社法の変遷を確認するとともに，子会社少数株主の保護，子会社債権者の保護，親会社株主権の

1）もっとも，世界的にみても，会社グループに関する包括的な法ルールを有する国はきわめて少なく，また包括的な法ルールが存在しても有効に機能していると言い難い面があるとのことである。落合誠一『会社法要説（第2版）』（有斐閣，2016年）285頁。親子会社に関して体系的規定を持っている主要国としてはドイツ株式法であり，しかも企業結合の形成段階に力点を置いた規制ではなく，すでに形成されている組織体としての企業結合における利害関係者（従属会社の少数株主債権者）の保護に重点を置いた規制となっていることが特徴である。高橋英治「わが国における企業結合法制の現状と課題」大阪市立大学法学雑誌53巻4号（2007年）782頁。

縮減の主要な論点について，今後のあり方や方向性について検討する[2]。

2）現行の法制度は，子会社の少数株主・債権者の保護に関する規定が十分に整備されていない（畠田公明『企業グループの経営と取締役の法的責任』中央経済社（2019年）75頁）ことが，根底にある。

企業結合法制をめぐる立法経緯

第**1**章

1．問題の背景

　単体としての企業活動のみならず，グループ全体としての企業活動の重要性が増している中で，時間的・コスト的効率性を高めるために，いわゆる合併・分割・株式交換・株式移転・株式交付による組織再編行為を利用するケースが増えてきている。これら組織再編行為によって，政策的に子会社化されることも可能となっている。

　組織再編行為は，グローバル化の進展や企業間の競争が一段と厳しさを増す中で，スピーディに企業戦略を推進する強力な手段として，特に経済界が組織再編行為の手段の拡大や手続の簡素化を求め，いわゆる効率的な企業経営を行うために強く主張してきたものである。

　他方，組織再編行為に伴う効率化と同時に，株主や債権者をはじめとするステークホルダーに対する公正性の問題も存在する。グループ経営に伴う親子会社の問題では，親子会社間の支配権を背景として，企業結合法制の整備の必要性は，学界でも早くから課題とされていた。しかし，企業結合法制に関しては，規制緩和による組織再編行為の手段拡大や手続の簡素化が先行し，それに伴う課題についての立法措置は，いわゆる後追い的に整備されたという状況にある。もっとも，公正性を追求すれば，一定の法規制の強化とならざるを得ないことから，まずは規制緩和を先行させ，具体的な問題点が生じるという立法事実を確認した上で，法規制を見直すという進め方が必ずしも誤っているとは言えないであろう。

２．近時の商法・会社法改正の経緯の概要

⑴　昭和50年から平成９年改正まで

　組織再編については，オイルショック後の商法の根本的な見直しを開始する
に際して，その基本的問題点が整理された[1]。

　基本的問題点の一つとして，企業結合・合併・分割についても項目として掲
げられた。具体的には，①企業結合に関し，株式の相互保有の制限，連結決算
制度の導入のほかに，検討すべき問題があるか，②会社の合併について，改め
るべき点があるか，③会社の分割について，の規定を設けるかどうか，という
形で問題提起された。

　その後，上記基本的問題点として掲げられた株主総会制度の改善策，取締役
及び取締役会制度の改善策，株式制度の改善策等が先行して検討され，法改正
が行われたものの，企業結合・合併・分割の問題は積み残されていた。そこで，
再び，組織再編問題の中でもとりわけ合併に関する問題点について，法制審議
会商法部会の審議を取りまとめた形として公表された[2]。

　具体的には，報告総会の廃止の是非，債権者保護手続の簡素化の是非，消滅
会社の規模が相対的に非常に小さい場合の存続会社（たとえば，消滅会社の総資
産の比率が存続会社のそれの20分の１以下）の株主総会での承認決議の省略の是
非などである。

　これらの問題点を踏まえて，「商法・有限会社法改正試案」が公表され[3]，
合併に向けた簡素化・合理化を図るために，報告総会制度の廃止や簡易合併制
度の導入などの改正が提案された。合併行為は，株主や債権者の利益の毀損に
もつながる可能性が大きいことから，従前は厳格な手続が定められていたから

---

[1]　法務省民事局参事官室「会社法改正に関する問題点」（昭和50年６月12日公表）商事
　　法務704号（1975年）６頁。
[2]　法務省民事局参事官室「大小（公開・非公開）会社区分立法及び合併に関する問題
　　点」（昭和59年５月９日公表）商事法務1007号（1984年）13頁。
[3]　法務省民事局参事官室「商法・有限会社法改正試案」（昭和61年５月15日公表）商事
　　法務1076号（1986年）11頁。

である。しかし，この改正試案を受けて検討された平成2年の商法・有限会社法の改正では，合併制度の全面改正は先送りされた。

　合併法制の簡素化・合理化が実現したのは，平成9年の商法改正である。具体的には，報告総会や創立総会の廃止，簡易合併制度の導入，債権者に個別催告を要しないなどの手続の簡素化・合理化を図るとともに，合併承認総会前の事前開示の充実，事後開示の創設等によって，株主や債権者への利便性が配慮された改正が行われた。

(2)　純粋持株会社解禁と平成11年商法改正

　独占禁止法が純粋持株会社を解禁したのを受けて，会社法上の諸問題を検討することを目的として，法務省民事局参事官室から「親子会社法制等に関する問題点」が公表された[4]。この中で，株式交換・株式移転制度の親子会社関係創設のための手続に加えて，親子会社をめぐる株主等の保護が検討課題として明記された。

　親子会社関係の創設のための手続としては，株式交換契約書の作成と株主総会の承認の有無，事前の情報開示，反対株主の株式買取請求権，検査役の調査，債権者保護手続，無効の訴え等の項目の問題点が具体的に示された。また，親子会社をめぐる株主等の保護については，親会社の株主が子会社に対する一定の権利を行使すること，たとえば，親会社株主・債権者による子会社の情報入手のための株主総会議事録等法廷議事録の閲覧・謄写請求，子会社に対する会社法上の訴え等に加え，子会社の株主等にも，親会社に関する一定の権利の行使や親会社の情報開示の請求権の付与について問題点が提示された。さらに，親会社の取締役の子会社に対する行為により子会社に損害が生じた場合には，親会社又はその取締役は，子会社に対し損害賠償責任を負うこととすべきか否かという問題提起も行われた。

　その後，平成9年の銀行持株会社創設特例法の制定を経て，金融機関におい

4）法務省民事局参事官室「親子会社法制等に関する問題点」（平成10年7月8日公表）商事法務1497号（1998年）18頁。

て純粋持株会社形態が採用されるのに対応する形で，一般の事業会社にも純粋
持株会社形態の導入に向けた商法改正の機運が生じてきた。そこで，完全親子
会社形態を創設する手段として株式交換・株式移転制度が検討された結果，平
成11年の商法改正において明定された。すなわち，株式交換を通じた完全子会
社化，又は株式移転を通じた純粋持株会社の創設の手続は，株主総会の特別決
議によって可能となった。この改正によって，金融機関をはじめ，その他の事
業会社も持株会社の創設をはじめとした完全親子会社形態を積極的に採用する
ようになった。

　また，平成11年の商法改正時には，親会社の株主に対して，その権利を行使
するため必要があるときは，裁判所の許可を得て，子会社の株主総会や取締役
会議事録，定款や株主名簿，計算書類等の閲覧・謄写請求権を認めた。また，
親会社の監査役と会計監査人に，子会社調査権が認められた。

　これらの開示強化や子会社調査権は，株式交換や株式移転の制度に伴って，
親子会社の関係が新たに創出されたり完全子会社化されることを勘案して，親
会社株主や監査役の子会社に対する監視権限を拡充したものといえよう。もっ
とも，親会社株主の子会社（取締役）に対する総会決議取消しや代表訴訟の訴
え，また子会社株主による親会社の情報の閲覧・謄写請求等の一定の権利の行
使，子会社に対する親会社（取締役）責任の法制化については，見送りとなっ
た。

　さらに，企業の組織再編行為における結合たる合併のみならず，企業の分割
についても平成12年商法改正によって会社分割制度が創設された[5]。会社分
割は，事業譲渡と異なって，債権者の個別承認を受けることなく，会社の債務
を他の会社に承継させることが可能であることから，企業買収等の手段として
活用できる。このように，従前の合併から，株式交換・株式移転制度，株式分
割制度の法整備により，企業の組織再編は加速されることとなった。このため
に，企業再編に伴う株主や債権者の保護の問題の重要性がクローズアップされ

　5）共同株式移転と会社分割制度を組み合わせた最初の公表案件は，当時の日本興業銀
　　行・富士銀行・第一勧業銀行の統合である。

てきた。

⑶　産業活力再生特別法と会社法の制定

　合併や分割の組織再編行為のさらなる活用を推進するために，経済界は通商産業省（現在の経済産業省）と協力して，平成15年に「産業活力の再生及び産業活動の革新に関する特別措置法」（以下「産業活力再生特別法」）を改正した。産業活力再生特別法は，わが国の経営資源の効率的な活用を通じて生産性の向上を実現することを目的とした平成11年当時の通商産業省による時限立法である。

　改正された産業活力再生特別法では，総資産額の規模が小さく組織再編行為によって影響が大きくない株主総会の決議を不要とする簡易組織再編の適用基準を，従前の総資産額の５％以下から20％以下に拡大した。これにより，簡易組織再編に該当する会社の対象範囲が拡大した。さらには，組織再編行為を行う際に必要であった株主総会の特別決議につき，すでに特別決議要件である定足数を踏まえて出席した株主の議決権の３分の２以上という要件を満たす事業会社が存在する場合には，株主総会を開催する実質的な意味はないことから，このような持株比率が存在している会社では，会社の規模にかかわらず株主総会を不要とする略式組織再編の概念を規定した。

　加えて，組織再編行為の手段の拡大を念頭において，承継型組織再編行為の場合には，当該会社の株式の利用に限定せずに，金銭又は他の会社の株式を交付することが可能となる，いわゆる対価の柔軟化を認めた。

　平成18年５月から施行された会社法では，組織再編について，先の産業活力再生特別法の規定を基本的に取り込んでいる。この中で，とりわけ，子会社の少数株主にとって影響が大きいのは，合併等対価の柔軟化である。

　会社法制定前における組織再編においては，基本的には存続会社の株式の交付によって実施されていた。しかし，会社法では，吸収合併，吸収分割及び株式交換の場合において，消滅会社の株主に対して，存続会社の株式を交付するのではなく，金銭その他の財産を交付することが可能となった（会社法749条１

項2号・758条4号・768条1項2号）。

　この場合の「その他の財産」とは，財産と評価できるものであれば足り，そ
れ以外は特に制限はない。たとえば，社債，新株予約権付社債，親会社の株式
等，その金額・数量により，容易に価値を判定することができる財物が合併等
の対価として選択されることが予想された[6]。

　合併等対価の柔軟化の導入の目的として，会社法改正の立案担当者は，「近
年，会社分割その他の新たな組織再編行為に係る制度の創設，これに伴う事業
の再構築の必要性の高まり，買収，事業統合などを含む企業活動の国際化等を
背景として，（中略）いわゆる三角合併やキャッシュ・アウト・マージャー等
の選択肢を増やしたいという要望が高まっていた」と説明している[7]。対価
の柔軟化により，たとえば合併の場合，金銭の対価が認められることにより，
存続会社としては，吸収合併に伴う金銭の手当てに目途がつけば，既存株主を
排除することが可能となる。

　このように，合併等対価の柔軟化が全面的に会社法で規定されたことにより，
親子会社の関係であれば，親会社が主導で子会社の既存株主の利益を毀損するこ
とも現実的な問題となってきた。しかも会社法においては，情報開示等の点で
は進展が見られたものの，必ずしも十分な手当てが行われたわけではなかった。

　このために，会社法案に対する国会の附帯決議では，「企業再編の自由化及
び規制緩和に伴い，企業グループや親子会社など企業結合を利用した事業展開
が広く利用される中で，それぞれの会社の株主その他の利害関係者の利益が損
なわれることのないよう，情報開示制度の一層の充実を図るほか，親子会社関
係に係る取締役等の責任のあり方，いわゆる企業結合法制について，検討を行
うこと」とされ[8]，課題として残されることとなった。

6）相澤哲編『立案担当者による新・会社法の解説』別冊商事法務295号（2006年）185頁。
7）相澤哲編『一問一答　新・会社法（改訂版）』（商事法務，2009年）207〜208頁。
8）平成17年5月17日衆議院法務委員会，平成17年6月28日参議院法務委員会。

(4)　会社法制の見直しと企業結合法制の整備

　平成22年4月から，法制審議会会社法制部会（以下「会社法制部会」という）において，会社法制の見直しの審議が開始された。

　会社法制部会では，「企業統治の在り方」と「親子会社に関する規律」の二つの大きなテーマの下に，個別テーマに沿って審議が行われた。この中で，「親子会社に関する規律」では，①親会社株主保護，②子会社少数株主・債権者の保護，③企業結合の形成過程等に関する規律，が個別テーマとして掲げられた[9]。これらは，従前の商法改正でも課題として提示されたものも多かったが，会社法成立の際には，法制化が見送られたもののさらなる検討が必要との認識が研究者を中心に共有された項目であった。

　①の親会社株主保護の問題は，連結経営の中で，子会社の損失が親会社にも影響が及ぶ状況下において，親会社株主による子会社への監督権限の強化の必要性の有無であり，具体的には，多重代表訴訟制度の創設の是非や親会社による子会社の株式等の譲渡の手続の整備が主な検討課題となった。

　会社法制部会では，親会社（取締役）が子会社の取締役の職務執行の監督を行う明文規定を定める中間試案が示された（第2部第1.1多重代表訴訟B案（注）ア）が，最終的には見送りとなった[10]。もっとも，親会社が保有する子会社株式は親会社の資産の一部であり，その価値を維持・向上させる義務があることから[11]，会社法制部会での議論では，たとえ明文規定を置かなくても，親会社取締役による子会社監督責任が存在するとの解釈を否定する意見は特段無かったようである[12]。したがって，親会社取締役として，企業集団の内部統

9）商法を継承した会社法でも，子会社の株主や債権者の保護に関する法規制は未整備であるとの意見が強かった。森本滋「序論」森本滋編『企業結合法の総合的研究』（商事法務，2009年）8頁，大杉謙一「公開会社法についての一考察（下）」金融・商事判例1322号（2009年）5頁等。

10）明文規定の見送りは，多重代表訴訟制度が創設されたこととも関係する。坂本三郎他「平成26年改正会社法の解説［Ⅵ］」商事法務2046号（2014年）12頁。

11）会社法制部会第17回議事録［岩原紳作部会長発言］28頁。

制システムを構築し，適切に運用することを通じて，子会社への監督義務を負っていると解釈できる。すなわち，親会社取締役は，当該親会社に対して負う善管注意義務（会社法330条，民法644条）の内容として，子会社の業務を監督する責任・義務を負っており[13]，その義務に違反して親会社に損害が発生すれば，自社に対して任務懈怠責任に問われる可能性があることを意味している（会社法423条）。

②の子会社少数株主・債権者の保護の問題は，親会社による子会社の支配により，親子会社間の取引条件が子会社（従属会社）にとって不利となったり，非通例的な取引によって子会社が損害を被ることとなれば，子会社の株主及び債権者にとって不利益となることから，親会社の責任の問題，会社分割における債権者の保護等について審議が行われた。

③の企業結合の形成過程等に関する規律では，特別支配株主による株式売渡請求の是非，組織再編における株主による株式買取請求や差止請求制度の創設の是非，について審議が行われた。

会社法制部会では，中間試案の公表・パブリックコメントを経て，平成24年9月に「会社法制の見直しに関する要綱」として，法務大臣に答申された。

最終的には，最終完全親会社等の株主の権利行使を利益供与の禁止の対象に追加（会社法120条1項・968条1項・970条）や，株式移転の無効の訴えの原告適格（同法828条2項12号）など親子会社の規律についても，要綱から一部変更が行われたが，ほぼ原案通りに平成26年6月の国会で可決・成立した。

12）この点について，会社法制部会の法務省民事局付幹事（当時）が明言している。塚本英巨「平成26年改正会社法と親会社取締役の子会社監督責任」商事法務2054号（2014年）27頁。

13）塚本・前掲注12）28頁。

第2章　子会社少数株主の保護

1. 問題の本質

(1) 問題の所在

　親子会社が存在する場合には，親子会社間の利益衝突の場面として，親子会社間の利益相反取引や競業取引において具体的に出現する。すなわち，親会社がその支配力を背景に，子会社の利益を毀損することにより，結果的に子会社の少数株主にも不利益が及ぶことから少数株主の保護の問題が生じてくるというものである。

　また，親会社が子会社を吸収合併する際に，親会社以外に子会社の株式を所有する少数株主が存在する場合にも，少数株主の保護が課題とされていた[1]。親子会社間で合併が行われる場合には，消滅会社である子会社の株主に割り当てられる親会社の株式の経済的価値が，子会社の株式の価値を下回る場合では，主に子会社少数株主がこの不利益を受けることになる[2]。なぜならば，子会社を吸収合併することによって，親会社は株主としての不利益を上回る利益を

---

[1]　親子会社間における子会社の少数株主の保護の必要性については，従来から問題として指摘されていた。高橋英治『従属会社における少数株主の保護』（有斐閣，1998年）118頁。

[2]　本来は，合併比率の問題として合併の公正さを担保することになり，その際の会社の価値を判断する手法として，非公開会社であれば，会社が将来稼ぐと予想される金額をもとに当該会社の現在価値を求める「ディスカウント・キャッシュフロー法（DCF法）」，当該会社と業種が類似する上場会社の配当金額・利益金額・帳簿価額の純資産額を参考とする「類似会社比準法」，評価対象会社の1株当たりの純資産額を用いる「純資産価額法」があり，公開会社であれば，これらの手法に加えて市場価格も参考となる。

得ることが可能だからである。しかも，親子会社の関係は，支配関係にあることから，親会社は子会社の合併交渉においても有利に進めることが可能である。

このように，従前の親子会社間の合併においても少数株主保護の問題は存在していたが，この課題がさらにクローズアップされてきたのが，組織再編行為が合併にとどまらず，会社分割，株式交換・株式移転・株式交付にまで拡大したこと，及び組織再編行為の手段としての対価の柔軟化の制度化である。親会社主導で子会社を吸収合併する場合には，親会社が有利な条件で子会社を吸収合併するという視点で子会社少数株主の保護が問題となるのに対して，会社分割によって新たに子会社を成立させた場合には，その子会社に少数株主が存在する場合には，日常の企業活動において少数株主保護の問題が生じてくる。

(2)　合併対価の柔軟化との関係

吸収合併に至るまでの対価の柔軟化との関係に議論を絞れば，少数株主にとって特に影響がある点として，大きく2点がある。

第一は，経済的不利益を被る可能性である。親子会社間の合併において，子会社少数株主は合併条件の公正さについて必ずしも保証されない懸念があるものの，存続会社である親会社の株式を代わりに保有することによって，親会社の株主としての地位を利用して，一定の株主権の行使による影響力を持つことが可能である。しかし，対価の柔軟化により，親会社から子会社少数株主に対して，金銭の交付となれば，組織再編における不公正さがそのまま金銭の多寡によって，不利益を被ることとなり得る。この点は，組織再編の対価が社債の場合でも状況は変わりはなく，しかも，将来にわたって，子会社の少数株主の不利益が回復される可能性はない。

子会社の少数株主としては，子会社の株主総会において，親会社が特別の利害関係者として議決権を行使することによって，合併比率を親会社に有利となるような著しく不当な決議を行った場合には，株主総会決議取消訴訟（会社法831条1項3号）を提起できる。しかし，少数株主が著しく不当な決議とはどの程度を主張・立証すれば認められるのかは個別ケースに委ねられており，必ず

しも容易なことではない。

　また，少数株主が組織再編に反対であれば，会社に対して，自己が保有している株式を公正な価格で買い取ることを請求する株式買取請求権を行使できる（会社法785条・797条・806条）。株式買取請求権を行使する株主は，株主総会の開催に先立って，組織再編に反対する旨を会社に通知し，かつ総会で実際に反対の議決権を行使する必要がある（会社法785条2項1号イ・797条2項1号イ・806条2項1号）。

　株式買取価格は，会社と株式買取請求権を行使した株主との間の協議で決めることになるが，協議が不調の場合には，当事者からの申立てにより，裁判所が公正な価格を決定する（会社法786条・798条・807条）。「公正な価格」に関して，従前の商法では，「組織再編行為がなかりせば，有すべかりし公正なる価格」とされていたが，会社法では，「公正な価格」とのみ規定された[3]。これは，組織再編行為による相乗効果（シナジー効果）を期待し，そのメリットを価格に反映させる趣旨である。

　しかし，現実問題として，親子会社間の場合には，親会社に有利な条件で組織再編契約が締結される可能性が否定できないことから，相乗効果が適切に価格に反映されるかどうかは必ずしも保証されているわけではない[4]。裁判所に決定を委ねる道が残されているとはいえ，少数株主が経済的不利益を被る可能性が存在しているといえよう。

　第二は，少数株主の追い出しの手段として利用される可能性である。すなわち，対価の柔軟化により，少数株主を排除するいわゆるキャッシュ・アウト，又はスクイーズ・アウト（squeeze-out）に利用され得る。具体的には，株主総会の多数株主が特別決議を経て対価の柔軟化による組織再編行為を承認・可決

　3）もっとも，「公正な価格」の解釈自体にも，詰めるべき問題が山積しているとの指摘（藤田友敬「新会社法の意義と問題点Ⅵ組織再編」商事法務1775号（2006年）56頁）もある。
　4）裁判所が公正価格を決めた際に，収益還元方式を採用して，会社が主張した価格を上回る買取価格が決定された事例も存在する。東京地決平成20・3・14判例時報2001号11頁。

した場合には，少数株主に金銭を交付することにより，当該会社から締め出すことが可能である。

　この点が最も顕著となるのは，株式譲渡制限会社の場合であろう。株式譲渡制限会社とは，株式のすべてについて譲渡する場合に会社の承認を要する非公開会社のことである。このような会社では，株主の属性が反映されて経営者自身が株主であることも多く，経営者間の内紛から，少数株主でもある対立する役員を締め出す手段として利用される。そして，株式譲渡制限会社の場合は，一度株主でなくなると，当該会社の株式の再取得は困難な状況となり，株主としての地位の復活を果たせないことも多い。

　以上のように，組織再編行為の手段の多様化による戦略的な対応は可能となったものの，少数株主保護の問題は，従前以上に課題点として重要となっている。

2．少数株主保護に関する現行法規定

　子会社の株主の保護が典型的に問題となるケースは，子会社の少数株主の場合である。なぜならば，親子会社の間では，人的にも財務的にも親会社が圧倒的に有利な立場にあるが，その最大の根拠は，多数株主としての支配権である。すなわち，親子会社の関係にあるということは，通常は親会社が株主総会の決議に親会社の意向を汲む取締役を選任することができ，子会社取締役会の過半数による意思決定を支配できることにある。このために，子会社が一方的に不利益を受けるような状況下では，子会社の少数株主の保護が問題となる[5]。

　少数株主の保護の解決策としては，少数株主が不利益を受けた場合，若しくは受けるおそれが想定されたときに，株主としての権利を行使することによっ

5）支配・従属会社の取引の公正を判断する基準が独立当事者間取引基準であるが，少数株主が存在する限り，この基準は，従属会社が「経済的に独立している会社と同様に運営されなければならない」との理念の表れであるとする。江頭憲治郎『結合企業法の立法と解釈』（有斐閣，1995年）39頁。この議論において，支配会社を親会社，従属会社を子会社と置き換えてよいであろう。

て，その不利益の回復を図ることができることである。具体的には，会社法では，以下の株主権の行使が可能である。

　第一は，子会社の株主総会において，親会社が特別利害関係人として子会社に対して著しく不当な決議（たとえば，親子会社間の合併比率において，親会社が著しく有利な合併比率）を行うために，子会社の株主総会において親会社が議決権を行使した場合は，子会社の株主は株主総会決議取消訴訟の提起が可能である（会社法831条1項3号）。この場合の特別利害関係人とは，株主総会のある議案の成立によって，他の株主の共同利益とは反対の特別の利益を得ることとなる株主のことである。取締役会における特別利害関係人と異なり，株主総会の特別利害関係人は，株主総会で議決権を行使することが可能であるが，その結果，他の株主に著しく不利益をもたらすこととなれば，株主総会の決議取消事由になるというものである。

　第二は，子会社の役員が，法令・定款違反や会社の目的外の行為により，親会社の利益を図って子会社の利益に反する経営を行うことにより，子会社に著しい損害を及ぼすおそれがあれば，子会社の株主は子会社の取締役の行為を差し止めることができる（会社法360条1項）。

　この場合，子会社が監査役設置会社の場合には，監査役が取締役の職務執行を監査する（会社法381条1項）役割を果たすために，監査役設置会社の株主は，会社が回復することができない損害が生じるおそれのある場合に，取締役の行為を差し止めることができる（会社法360条3項）。そして，実際に子会社に損害が発生すれば，取締役に対して，その任務懈怠による損害賠償請求を行うことが可能である（会社法423条1項）[6]。

　また，株主自身に直接損害が生じた場合には，取締役の職務執行につき悪意

<hr>

6）親会社の指図によって子会社に不利な取引が親子会社間で行われた場合に，子会社の取締役が任務懈怠に基づく責任を負うことがあり得ることは，解釈論として従来から異論なく認められてきた。大隅健一郎「会社の親子関係と取締役の責任」商事法務360号（1965年）34頁・37頁，森本滋「企業結合」竹内昭夫＝龍田節『現代企業法講座第2巻企業組織』（東京大学出版会，1985年）97頁・126頁，伊藤靖史「子会社の少数株主の保護」森本滋編『企業結合法の総合的研究』（商事法務，2009年）62頁。

又は重大な過失があった場合には，当該子会社取締役に対して，対第三者責任による損害賠償請求を行うこともできる。

　子会社の株主には，このような対抗手段が存在するが，いずれも子会社又は子会社取締役らに対して直接行われるものであり，親会社取締役らに対して直接行われるものではない。すなわち，子会社の少数株主保護の問題に対して，会社法制下では，子会社少数株主が親会社又は親会社役員に対して，利益供与の原状回復義務を果たさせるような可能性を除けば[7]，基本的には，直接的な対抗手段が用意されているわけではない。親子会社間を結ぶ規定としては，親会社の監査役による子会社調査権や親会社株主による情報収集権であり，少数株主が株主権を行使する視点の規定ではない。それでは，子会社少数株主保護の視点から，今後に向けて具体的な方策として考えられる点は何があるであろうか。

3．子会社少数株主保護に向けた方策

(1)　多重代表訴訟制度の導入

　前述のように，会社法制下では，子会社の少数株主が親会社又は親会社役員に直接対抗する手段はない。そこで，立法論として，親会社との関係で子会社の少数株主保護の問題を検討する余地が出てくる。

　第一の方法は，少数株主による親会社役員の責任追及である[8]。すなわち，子会社の損害の要因が，実質的な支配者である親会社役員であるならば，少数株主が親会社役員を直接訴える手段である。

　たしかに，親会社役員の責任追及をしたいと考えるならば，わが国の株主代

7）　親会社が不当に有利な条件で子会社と取引をしている場合には，子会社から親会社に対する利益供与が行われたとして，利益供与を受けた親会社は子会社に対して当該利益を返還する義務があり（会社法120条3項），仮に親会社が応じなければ，子会社株主は親会社に対して利益の返還を求める訴えの提起を請求できる（同法847条1項）。

8）　江頭教授は，親子会社間の取引に関する親会社の責任について，子会社の少数株主による代表訴訟を認めるべきとの主張をしている。江頭・前掲注5）104頁。

表訴訟の制度は，原告株主の経済的負担は重くなく，かつ欧米の制度と比較して原告適格要件が厳しくないことから[9]，親会社の株主となって親会社役員の責任追及をすればよいとの意見があるかもしれない。しかし，親会社自身に損害が生じていることに加えて，子会社の少数株主に新たな経済的支出の負担を強いることの妥当性や，そもそも親会社が非公開会社の場合も存在すること[10]を考えると，必ずしも適切な方策とは言えないであろう。

　すると，子会社の少数株主が親会社役員を直接訴えることができる下から上への多重代表訴訟を法制化すべきという立法論につながる[11]。

　多重代表訴訟制度を創設すべきか否かについては，平成22年4月から開始された法制審議会会社法制部会の中でも重要な審議項目の一つであり，最終的には新たに創設されることとなった（多重代表訴訟制度については，後述）。しかし，創設された多重代表訴訟制度は，あくまで親会社株主の権利の縮減に対する対抗措置とされたものであり，子会社少数株主が親会社の取締役を直接訴えることができるものではない。

　少数株主保護の立場から，中間試案では，親子会社間の利益相反取引については，子会社が不利益を被ったときには，子会社株主が親会社に対して不利益相当額の支払請求ができるという案も示され，株主代表訴訟の対象とされていた。

　親会社に対する責任の明文規定について，法務省民事局参事官室の解説では，「親子会社間の利益相反取引においては，親会社が議決権を背景とした影響力により子会社の利益を犠牲にして自己の利益を図ろうとするおそれがあることを踏まえ，親会社との利益相反取引によって株式会社が積極的に不利益を受け

9）たとえば，アメリカの株主代表訴訟は，株主が一般株主を適切に代表し，かつ取締役の責任原因事実が発生したときに，すでに株主である必要がある行為時株主制度となっている。また，ドイツやフランスの株主代表訴訟制度では，少数株主権である。欧米の株主代表訴訟制度を紹介したものとして，高橋均『株主代表訴訟の理論と制度改正の課題』（同文舘出版，2008年）111〜243頁参照。
10）たとえば，サントリーホールディングス株式会社は，親会社でありながら株式を公開していない（株式譲渡制限会社）。
11）江頭・前掲注5）103〜104頁。

た場合には，親会社による影響力の行使の態様を具体的に特定することを要せ
ず，また，当該株式会社の取締役が責任を負うことを前提とすることなく，親
会社に対する責任追及を可能とするものとして位置づけられるものと考えられ
る。(中略)，株主総会における議決権を背景とした親会社の影響力により，株
式会社による当該責任の追及が適切に行われないおそれがある。そこで，…子
会社少数株主の保護の実効性を確保するため，…親会社の責任を責任追及の訴
え（会社法847条1項）の対象とすることにより，(以下，略)」と説明されてい
た[12]。しかし，最終的には，導入については，経済界の反対[13]をはじめ賛否
が大きく分かれたこともあり[14]，見送りとなった。

(2) 子会社株主の保護のあり方

① 役員の責任追及による保護

　もっとも，仮に将来，子会社株主が親会社（役員）に対して損害賠償請求を
することが可能となったとしても，子会社の損害と親会社役員の行為との因果
関係や，子会社株主の提訴請求先，同一の親会社役員が親会社と子会社の双方
の株主から責任追及をされた場合の関係など整理すべき課題も多く，立法化に
至るのは容易なことではない。むしろ，子会社の少数株主が損失を受けた場合
には，役員の対第三者責任を類推適用する解釈を採用して，少数株主が第三者
に含まれるとして，親会社役員に対して，直接損害賠償を請求する方策が考え

---

12) 法務省民事局参事官室「会社法制の見直しに関する中間試案の補足説明」商事法務
　　1952号（2011年）45頁。
13) 経済界からは，親子会社間のあらゆる個別取引について不利益の有無が争われること
　　になり，取引実務に大きな混乱をもたらされること，グループ全体としての競争力を高
　　めていくことに躊躇すること（阿部泰久「経済界からみた企業法制整備の課題」商事法
　　務1954号（2012年）102頁），子会社は搾取対象ではなく利益共同体である（大塚眞弘
　　「企業法務の展望と課題」同誌110頁）などが主張された。
　　　もっとも，この点に関し，中間試案に掲げた利益相反取引に関する親会社の責任は，
　　利益相反取引を全面的に禁止するのではなくグループ利益の追求を容認するものと捉え
　　て，運用される可能性もあるとの意見もある。舩津浩司「グループ利益の追求と「親会
　　社の責任」規定」商事法務1959号（2012年）8～9頁。
14) 坂本三郎他「「会社法制の見直しに関する中間試案」に対する各界意見の分析（中）」
　　商事法務1964号（2012年）27～28頁。

られる。

　この場合の要件は，親会社の役員の職務につき悪意又は重過失によって，少数株主に損害を及ぼすことである。親会社の役員が子会社に対して指揮命令を通じて取引を行う際に，株主共同の利益を図るのではなく，親会社の利益を優先的に考えるということは，相対的に少数株主の利益を害することになることから，上記の要件に該当する状況は，十分にあり得る。

②　立法による対応

　第二は，少数株主保護に関して，別途救済措置を立法化することも考えられる。親子会社間の関係において，短期的には子会社に不利益が生じたとしても企業集団全体としての利益を確保することができるならば，企業集団としての企業戦略として，一時的に少数株主の利益を毀損する案件を推進することは現実的には十分にあり得ることである。親会社としては，子会社経営者に対して，短期的には子会社に不利益を生じさせることになるが，このことはグループ経営の一環であることから，子会社の収益が上がらなくても，子会社経営者としての責任を問うことはないとするであろう。

　しかし，子会社の少数株主にとっては個別の経済事情もあるはずであり，現在の配当レベルの引上げや株価上昇を期待している株主も多数存在する。このような株主にとっては，企業集団における中長期的な戦略よりも，足元の短期的な子会社の利益に関心がある。したがって，子会社の不利益が発生したとしても，親子会社トータルで計算した際に十分に利益が見込めるときには，子会社少数株主に何らかの利益を還元する方策を示すことができれば，少数株主保護の問題はある程度解決することになる。

　このような視点から，「グループ全体の利益を正面から認めたうえで，その実現の結果，グループに属する個々の株主・債権者が不当に不利益を受けた場合の救済は，別途，その救済のための法ルールを用意するといった方向が考えられてもよい」[15]との主張が生まれてくる。

---

15) 落合誠一『会社法要説（第2版）』（有斐閣，2016年）299頁。

　もっとも，具体的な救済の方法となると，必ずしも容易なことではない。たとえば，親会社が短期的に得た利益の一部を少数株主に還元する方策では，短期的といっても，単年度ごとに精算するのか，そもそも親会社が子会社に不利益を生じさせる取引の範囲をどこまでとするかなど，個別に考えると難題である。また，短期的な利益還元を行うことで，益々短期的な利益を追求する株主が増加し，企業にとって望ましいと考える中長期的な株式保有者が減少するということも考えられる。すると，少数株主保護のための救済ルールは，個別の利益還元というよりは，少数株主が主体的に意思表示を可能とする方法を検討する方が現実的な解決策であるともいえる。

　たとえば，子会社（従属会社）の株主が，その保有株式を親会社の株式と交換することが可能な権利の付与[16]や，親会社（支配会社）に子会社の株式買取義務を課すとの方策[17]を取り得るかもしれない。

　前者は，子会社の少数株主が，子会社の損失が見込まれることから，損失を覚悟して株式を市場で売却する不利益を回避することとなり，主体的に株主の権利を行使することができるという意味においては，検討に値する方策といえよう。もっとも，少数株主が親会社株式と株式交換をする場合に，株式交換比率が，少数株主に著しく不公正とならないような法的手当ても併せて行う必要がある。

　具体的には，株式交換を行う際に，現行法で規定している株主への事前開示（会社法782条・794条），承認するための株主総会での特別決議（同法783条・784条・795条・309条2項12号）などの手続を基本的には準用することになろう。そして，株主総会において，少数株主にとって，著しく不公正な交換比率が承認・決議されたならば，少数株主は，株主総会決議取消訴訟（同法831条1項3号）を提起する対抗手段を取ることになる。

16）高橋・前掲注1）186頁。
17）高橋・前掲注1）185頁。

③　親会社に対する株式買取請求

　他方，少数株主が親会社に対して，保有株式の買取請求を行うことも考えられる。現行法は，合併等の組織再編について，消滅会社等の株主が当該組織再編に反対したにもかかわらず株主総会などで承認・決議された場合に，反対株主に株式の買取請求権が付与されている（会社法785条・797条・806条）。この規定を拡張して，親会社による指揮・命令によって少数株主の利益が毀損されるおそれがあるときに，子会社株主が親会社に対して株式の買取請求権を行使できるという方策である。

　親子会社間の利益相反取引により，子会社の少数株主に著しい不利益を生じるおそれがあるときには，上場会社であれば，株式譲渡自由の原則によって株式を売却することも可能である。しかし，子会社に損失が発生すれば，子会社の株価は下落することが通常であることから，株主が損失を被ることもあり得る。このために，市場での売却ではなく，親会社に公正な価格で株式買取請求を行うことができるとするものである。

　もっとも，親会社による子会社株式の買取義務を制度化するためには，その義務が発生する要件を具体的に規定する必要がある。たとえば，親会社の非通例的な取引や競業避止義務違反に該当し，かつその結果，子会社株主に一定の損害が発生する事実が明らかな場合が考えられるであろう。

　また，公正な価格の決定についても，市場価格が存在する場合には，株価下落前も考慮に入れた一定期間の平均株価が参考になり，市場価格が存在しない場合には，子会社の純資産価値や将来のフリーキャッシュフローを勘案したディスカウント・キャッシュ・フロー法（DCF法），類似会社比準法などを参考に決定することになろう。いずれにしても，基本的には，組織再編における株式買取請求の場合と同様の手続を踏むことになる。

(3)　子会社の第三者割当増資と株主保護

　さらに，子会社少数株主が不利益を被る事象として，親会社の指揮・命令により，子会社が第三者割当増資を行う場合がある。子会社が第三者割当増資を

行えば，子会社株主の持株比率が希釈化し，株主権の縮減につながる。また，子会社が上場している場合には，株式の需給関係から，株価下落の要因となり株主の不利益ともなる。すなわち，親会社の指揮・命令が直接的に子会社少数株主の不利益につながることになるわけである。

現行法では，募集株式の発行に際し，株主が不利益を受けるおそれがあるとき，株式発行が法令・定款に違反する場合，又は著しく不公正な方法によって行われる場合は，当該会社の株主に差止請求権が付与されている（会社法210条）。そして，すでに株式が発行された後であれば，株主には，新株発行の無効の訴え（会社法828条1項2号），新株発行の不存在確認の訴え（同法829条）が用意されている。したがって，子会社の第三者割当増資に対しては，直接的な少数株主の対抗手段は，事前の方策としては第三者割当増資の差止請求権の行使であり，事後的には無効の訴え又は不存在確認の訴えとなる。

しかし，第三者割当増資による株式の発行に際して，子会社に手続上の瑕疵が存在したり，経営者の保身を目的とするような主要目的ルールに逸脱する場合でなければ，事前の差止請求が認容されることは困難である。また，事後的に無効の訴え等を提起することは，法的安定性の問題から，その適用は厳格に解釈することが通説である。

平成26年会社法では，公開会社の支配株主の異動を伴う募集株式及び募集新株予約権の発行（募集株式等の引受人が議決権の過半数を取得することとなる増資）については，情報の開示の充実を図るとともに，募集株式等の引受人が議決権の過半数を取得するような増資をする場合に，総株主の議決権の10分の1以上の議決権を有する株主が異議を唱えた場合には，原則として総株主の決議を要するものとした（会社法206条の2・244条の2）。支配株主が変更するという重要事項に，株主が全く関与しないのは，適切ではないと考えられたからである。

第三者割当増資以外の場合に，少数株主保護に値する事案は何か，立法化にあたっては，ある程度個別・具体的に規定しておく必要がある。併せて，グループ戦略の視点から，親子会社間の連携を過度に損なうことなく，かつ企業活動の円滑性に支障を来すことがないようにすることにも注意を払う必要があ

ろう。

⑷　その他の検討事項

　平成26年会社法では，子会社少数株主保護の観点から，個別注記表等に表示された親会社との利益相反取引に関し（会社計算規則112条1項），会社の利益を害さないように留意した事項，当該取引が会社の利益を害さないかどうかについての取締役（会）の判断及びその理由等を，事業報告の内容とし，これらについての意見を監査役（会）の監査報告の内容とすることとなった（会社法施行規則118条5号・129条1項6号・130条2項2号。詳細は，**第2編第6章2.**参照）。中間試案では，利益相反取引により，当該取引がなかったと仮定した場合と比較して会社が不利益を受けた場合には，当該親会社は，子会社に対して不利益に相当する額を支払う義務を負うという案も示されていたが，会社法制部会での意見の一致をみることはできなかったため，親会社の責任を規定することは断念された[18]。

　平成11年以降の一連の商法の改正や会社法によって，手続の簡素化も相まって，親子会社の形成過程が益々多様化している。また，ひとたび親子会社関係が成立しても，新たに上場したり，逆に完全子会社等による非公開会社にするなど，企業を取り巻く環境に応じて柔軟にその形態を変容する傾向もある。

　このような状況下では，親子会社間の取引の公正さは，子会社が上場しているような場合では独立当事者間取引基準[19]が該当するかもしれないが[20]，親

18）岩原紳作「会社法制の見直しに関する要綱案の解説［Ⅲ］」商事法務1977号（2012年）12頁。

19）支配・従属会社間の取引の公正を判断する基準が独立当事者間取引基準であるべきことは，世界各国で認められた原則といえるとのことである。江頭・前掲注5）39頁。

20）たとえば，東京証券取引所の「上場審査等に関するガイドライン」では，上場審査にあたって，新規上場申請者が親会社等を有している「子会社上場」の場合は，新規上場申請者の企業グループの経営活動が当該親会社等からの独立性を有する状況にあると認められることの特別規定が設けられている。「上場審査等に関するガイドライン」の内容の概要については，高橋均「親子上場会社と子会社少数株主保護」小林秀之＝高橋均編『コーポレート・ガバナンスにおけるソフトローの役割』（中央経済社，2013年）64〜66頁参照。

会社と子会社が実質的に表裏一体となって活動を行っているような場合には，利益相反取引自体が必ずしも問題とならないと思われる。事実，完全親子会社形態のときは，利益相反取引の概念は適用しないというのが，判例・通説である。

　結局のところ，子会社少数株主保護の問題は[21]，少数株主保護の必要が生じた場合の期間や状況を勘案しながら，各々の個別・具体的な親子会社形態に沿った解釈論なり立法論が必要になってきているといえる[22]。

---

21) 企業結合法の中心的課題は，子会社の少数派株主の保護であり，海外からの投資を呼び込み日本経済を活性化するためにも子会社の少数派株主の保護は避けて通ることのできない立法課題であるとの主張として，高橋英治「わが国における企業結合法制の現状と課題」大阪市立大学法学雑誌53巻4号（2007年）796頁。

22) アメリカでは，支配株主は会社とその少数株主に対して信認義務を負うが，子会社の少数株主保護は，一般的な規定・判例法に委ねられており（森まどか「アメリカにおける子会社の少数株主・債権者保護」森本編・前掲注6）332頁），同様の判例法の国であるイギリスでは，（少数）株主は不公正な侵害（unfair prejudice）に対して，裁判所に救済を申し立てる制度が存在する（中村康江「イギリスにおける子会社の少数株主・債権者保護」森本編・前掲注6）331頁）。他方，フランスでは，少数株主は，少数株主の利益を犠牲にした株主総会の決議には，無効事由が存在しなくても裁判所が決議無効を宣言する制度がある（齊藤真紀「フランスにおける子会社の少数株主・債権者保護」森本編・前掲注6）380頁）。

第3章　子会社債権者の保護

1. 問題の本質

　企業集団たるグループ経営において，子会社の債権者の保護の問題は，少数株主の保護の問題と本質的には変わりはない。すなわち，親子会社関係の中で，支配力を持つ親会社が子会社を犠牲にして親会社の利益，又はグループ全体の利益を図ろうとした場合に，子会社債権者の保護の問題が生じる。

　債権者の保護の必要性が生じる具体的な場面は，親会社が強制力を持って，債権者と子会社との取引関係において債権者が不利になるような条件や内容で取引を行わざるを得ないような日常的な場面と，親会社が連結経営の中で，子会社を倒産に追い込んだ結果，債権者に債権回収ができなくなるなど，不利益を及ぼす場合である。

　日常的な取引関係の中では，たとえば，親会社が市場における圧倒的な影響力を持つ企業であり，親会社の意向に逆らうと，子会社の取引先自身に取引の打ち切りなどの影響を及ぼす可能性がある場合が考えられる。もっとも，このようなケースが想定されるのは，下請会社の場合が典型的であるが，下請取引に関しては，「下請代金支払遅延等防止法」において，製造業等の下請取引における親事業者の優越的地位の濫用が規定されており，下請代金の支払遅延，親事業者による受領拒否，不当な下請代金の減額，不当返品等の下請取引における不公正な取引方法を規制している（下請代金支払遅延等防止法4条）。

　したがって，明らかに下請の取引先の不利益が，実質的に親会社の優越的地位の濫用である場合には，法によって制限されている。

　それでは，子会社が倒産した場合はどうであろうか。会社債権者の保護が直接的に問題となるのは，会社が倒産した場合である。倒産した場合，会社債権者は，債権者有利の原則から，株主より優先的に債権回収を行うことができるが，他方で株主有限責任の観点から，株主より多大な損失を被る可能性も高い。そこで，グループ会社が親会社主導で倒産した（あるいはさせられた）場合の事後的な債権者保護の必要性が生じてくる。

２．債権者保護に関する法規定と解釈

⑴　子会社とその取締役に対する責任追及

　子会社の取締役が職務執行につき，悪意又は重過失があった結果，これによって債権者に損害が生じた場合は，債権者に対して損害賠償を行う責任がある（会社法429条１項）。また，代表取締役が職務執行につき債権者に損害を生じさせた場合には，会社も責任を負う（会社法350条）。

　中小会社で会社に資産がない場合には，オーナー社長等実質的に資力がある取締役に損害賠償請求することが可能であるし，逆に，大会社等のサラリーマン取締役のように，取締役個人よりも会社に資産がある場合には，会社に対する損害賠償請求をすることによって，債権回収の実効性を図ることが可能となる。

　もちろん，子会社の取締役に故意又は過失責任があれば，不法行為責任（民法709条）による責任追及も可能であるが，債権者保護のために，取締役や会社の債権者に対する損害賠償責任は，不法行為とは別個に会社法が定めた法定責任と位置づけられる。

　以上は，子会社や子会社の取締役に対して，債権者が，直接責任追及を行う手段であり，実質的な支配者である親会社や親会社役員に対する責任の追及ではない。そこで，解釈論として，親会社の責任を追及することができないかが論点となる。

(2)　親会社への責任追及

　第一は，法人格否認の法理の適用である。法人格否認の法理とは，「特定の事案につき会社の法人格の独立性を否定し，会社とその背後の株主とを同一視して事業の衡平な解決を図る法理」[1]とされている。したがって，法人格否認の法理によれば，法人である会社は，本来，権利・義務が独立した主体であるが，特定の場合に，法人に認められている独立性を否定することが肯定されることになる。判例の中では，法人格否認法理が適用となるのは，法人格の濫用又は法人格の形骸化が認められるような場合とされている[2]。

　仮に債権者が損害を被ったとしても，本来，子会社の株主たる親会社は株主有限責任の原則から，一定以上の負担は負わないことになる。しかし，子会社債権者の保護の問題として考えるならば，法人格の濫用又は法人格の形骸化が認められる場合には，子会社と親会社を同一視して，親会社が子会社の債権者に対して，債権者の損害を負担するわけである。たとえば，親会社が子会社を完全に支配している場合には，外観的には，子会社の法人格が形骸化しているともいえる。しかし，裁判例の中には，単に外観的に形骸化していることにとどまらず，法人格を無視している実態的状況下にあってはじめて，法人格が形骸化していると判示しているものもある[3]。

　子会社の債権者保護の観点から考えると，子会社から親会社への利益移転など，会社債権者等相手方を保護すべき実質的理由を明確に示す要件の下に，法人格否認の法理の適用がなされることが必要[4]ということが重要となる。そして，法人格否認の法理が認められれば，子会社債権者は，親会社に対しても，債権の返還を請求できることになる。

　第二は，詐害行為取消権の適用も考えられる。詐害行為取消権とは，債務者

1）江頭憲治郎『株式会社法（第8版）』（有斐閣，2021年）41〜42頁。
2）最判昭和44・2・27最高裁判所民事判例集23巻2号511頁。
3）東京高判昭和53・8・9判例時報904号65頁，大阪高判昭和56・2・27判例時報1015号121頁。
4）江頭・前掲注1）47頁。

がその債権者に損害を及ぼすことを知りながら行った詐害行為に対して，債権者が裁判所を通して取り消すことができる権利である（民法424条1項）。

　親子会社の関係でいえば，子会社が債権者に持っている債務を回避するために，親会社が子会社の債務を自社に移転することが考えられる。この場合，子会社債権者は，子会社に対して債権の返還請求権を有していることから，子会社から親会社への債務の移転が，債権者を害することを知って行った詐害行為であることを主張・立証することによって親会社に対して債権の回収を請求できる。詐害行為については，たとえば，子会社が無資力であると客観的に判断できる場合と，明らかに詐害意思があったものと認められる主観的意思が要件の場合があるが，双方は相関的に判断されるものであろう。

　上記の詐害行為取消権の要件が充当されれば，子会社債権者は，親会社に対して詐害行為を取り消して，債権者が有して逸失した財産の返還，又は価格賠償を請求することができることになる。

　この他にも，親会社を事実上の取締役（いわゆる「影の取締役」）とみなして，親会社に対して，子会社債権者が対第三者責任（会社法429条1項）を類推適用することも考えられないわけではない[5]。しかし，イギリス会社法と異なり，影の取締役の概念が存在しないわが国の法制度においては，解釈論としても適用は難しいと思われる。

5）「事実上の取締役（影の取締役）」の概念を用いて，親会社の代表取締役が子会社取締役の就任登記もない中で業務執行を継続的に行い，子会社を支配していたという事業があれば，子会社の少数株主は，会社法429条を類推適用して，親会社の責任を追及できるという裁判例がある（京都地判平成4・2・5判例時報1436号115頁）。もっとも，この裁判例については，「事実上の取締役」の法理の適用としてはきわめて異例であるとの批判（江頭・前掲注1）538〜539頁）がある。また，一般論としても，どのような場合に事実上の取締役としての責任を負うかの基準を明確にするのは困難であり，法ルールとしての予測可能性が低く，法的安定性に乏しい等の問題があるとの見解もある。落合誠一『会社法要説（第2版）』（有斐閣，2016年）294頁。この問題について，子会社の独立性から主に論じている主張として，吉本健一「事実上の取締役概念の親子会社関係への適用」判例タイムズ975号20頁（1998年）。
　なお，イギリスの会社法は，影の取締役（shadow director）の概念が存在しており，株主代表訴訟の対象でもある（イギリス会社法260条）。イギリスにおける株主代表訴訟の制度設計の概要については，高橋均『株主代表訴訟の理論と制度改正の課題』（同文舘出版，2008年）220〜222頁を参照。

　いずれにしても，企業結合法制が未整備であるわが国の会社法においては，子会社少数株主保護の場合と同様に，子会社債権者が親会社の責任を直接追及する法的根拠はないことから，上記の解釈論によって適用せざるを得ない状況である。

第4章　親会社株主の権利縮減

1．問題の本質

　企業結合法制の整備の問題として，子会社少数株主の保護や子会社債権者の保護は，親会社による子会社支配の関係において，子会社からみた親会社への対抗の視点となっている。他方，親会社の株主の視点で捉えたのが，親会社株主の権利の縮減の問題である[1]。

　純粋持株会社の解禁及びその後の一連の商法改正によって，会社の組織再編行為が従前と比較して，手続面を含め容易に行えることとなった。この結果として，会社がある事業部門を分社化し完全子会社化した後には，当該事業部門を統括し現在は完全子会社の取締役である役員に対して，従前のように株主がその権利として株主総会で質問を行ったり，株主代表訴訟による責任追及の手段の行使が不可能となった。また，事業会社の株主が，株式交換により事業会社の親会社の株主にならざるを得なくなったときも，従前は，事業会社の株主として取締役の任務懈怠を監視・監督する権限が存在したのに対して，完全子会社となった取締役に対しては当該子会社の株主とはならなくなった以上，そ

1）親会社株主が子会社や子会社の取締役に対して，株主権を行使できないことによって，何らかの不利益を被るという視点から広く捉えれば，親会社株主保護と言い換えられるかもしれない。
　なお，会社法改正をめぐる会社法制部会の親子会社に関する規律の議論の順番として，伝統的な子会社の少数株主や債権者の保護が先ではなく，親会社株主の保護を最初に持って来たのは，（純粋）持株会社の株主は，グループ全体に投資しているという経済実質に着目した考え方に基づいたものと解説されている。神作裕之「法制審議会会社法制部会での議論の経緯と中間試案の内容」商事法務1961号（2012年）9頁。

の責任追及は不可能であった。

　子会社の不祥事の影響は，当然のことながら親会社にも及ぶ。連結決算として，直接数字として表れるだけでなく，グループ全体としての信用力にも影響を及ぼす可能性もある。したがって，子会社の重大な不祥事は親会社株主にとっても，看過できない出来事であるはずであり，親会社株主が子会社取締役に対しても，適切な株主権を行使することによって，結果として自らが不利益を被らないようにする権利を確保することは重要なことである。

　しかし，従前は株主としての是正機能を発揮する権限があったにもかかわらず，株主が自ら望まない組織再編行為によって，多重代表訴訟が認められていなかったわが国の法制度の下では，株主としての権限が行使できなくなる事態が生じていたことから，「親会社株主の権利の縮減」の問題として捉えることができた。したがって，子会社取締役に対しての一定の是正権を親会社株主にも認めることが，本問題の本質的な論点である。

２．親会社株主による子会社に対する権利

　会社法上，親会社の株主が子会社に対して行使できる権利として，親会社株主による子会社への情報収集権（閲覧・謄写請求権）がある。具体的に閲覧・謄写できる対象は，①会計帳簿（会社法433条3項・4項），②取締役会議事録（同法371条3項・5項），③監査役会議事録（同法394条2項・3項），④定款・株主名簿・新株予約権原簿・社債原簿（同法31条3項・125条4項・252条4項・684条4項），⑤株主総会議事録（同法318条5項），⑥計算書類等（同法442条4項）である。会計帳簿の場合は，3％の少数株主権であるが，それ以外は単独株主権である。また，閲覧・謄写請求にあたって，株主はその理由を明らかにした上で，監査役設置会社・監査等委員会設置会社又は指名委員会等設置会社の場合は，裁判所の許可を得なければならない。

　しかし，上記のように親会社株主の権利としては，子会社の書類等を閲覧・謄写できる以外には，子会社取締役に対して直接的に規定されているわけでは

ない。特に，親会社にとっても影響がある子会社取締役の不祥事による親会社に対する損失の発生に対して，親会社の株主の立場として直接，責任追及できないことについては，これまでも疑問視されてきた。とりわけ，完全子会社となった会社の取締役に対しては，唯一の株主である親会社が株主の立場で責任追及をすることは期待できないことから，かねてより，親会社の株主は，子会社の取締役の責任に対して，株主代表訴訟が認められるべきであるという主張があった。親会社株主の権利の縮減の視点では，もともと，是正権を持っていたものが，会社の都合による組織再編行為によって子会社の取締役となった者に対してはその権限を行使できなくなることと捉えられている。

　たとえば，株主代表訴訟の係属中に，被告取締役の会社が組織再編行為によって，完全子会社になると，原告株主は，親会社株式の交換又は移転によって親会社の株主になるために，完全子会社の取締役となった被告取締役に対する原告適格を喪失することとなった。「大和銀行株主代表訴訟事件」では，控訴審により和解によって決着したが，原告側は和解を行った理由として，大和銀行が新たに設立した持株会社である「大和銀ホールディングス」の完全子会社となることに伴い，原告適格を喪失し，株主代表訴訟の係属が困難になる危惧を抱いたためと言われている[2]。

　このような事態に対しては，原告株主が自らの意思とは関わりなく株主たる地位の移転により原告適格を喪失する状況は，あまりに文言解釈に偏っており不合理であるとの批判が商法学者を中心に主張された[3]。

　このような批判を考慮し，平成17年会社法においては，原告適格を維持する立法上の手当てがなされた。すなわち，訴訟係属中に，①原告が当該株式会社の株式交換又は株式移転により，当該株式会社の完全親会社の株式を取得したとき，②原告が，当該株式会社が合併により消滅する会社となる合併により，合併により設立する株式会社又は合併存続会社若しくはその完全親会社の株式

2）河本一郎「大和銀行株主代表訴訟の和解を語る」取締役の法務94号（2002年）5～6頁。

を取得したときにおいては，原告適格を喪失しないこととされた[4]（会社法851条1項）。

　また，完全親会社が，さらに株式交換又は株式移転などを行った場合においても，原告が新たに設立される完全親会社又は存続会社の株主である限り，会社法851条1項の規定は準用され（会社法851条2項・3項），原告適格を失うことはなくなった[5]。このような立法上の手当てにより，原告株主は，株主代表訴訟係属中に完全親会社株主になっても原告適格は維持され，完全子会社の取締役の責任追及を追行することができるようになった。

　もっとも，①完全親子会社化する会社組織再編行為時点において，従前の株主はすでに訴訟を提起していなければならないこと，②会社組織再編行為に対する対価の柔軟化によって，金銭等で交付を受けることになると，もはや株主でなくなることから訴訟を係属できないこと[6]，となる。このように，組織再編に伴う原告適格の維持について，平成17年会社法では新たに手当てをしたものの，「訴訟係属中の株主が，組織再編行為に伴い完全親会社株式を取得している場合」という限定的な要件にとどまっていた。

3）不合理であるとの理由として，①完全親会社の株主として，利害を継続している（江頭憲治郎『株式会社・有限会社法（第4版）』（有斐閣，2005年）739頁，②株式交換・株式移転において従来の株主に株式買取請求権が与えられるが，被告取締役等の行為により対象会社が被った損害があるとしても，それが公正な買取価格に反映されない可能性が高い（吉本健一「日本興業銀行株主代表訴訟判批」判例評論516号（2002年）184頁），③親会社取締役は危険な行為を子会社取締役に指示して行わせ自らの責任を回避する危険性がある（新谷勝「持株会社の創設と株主代表訴訟の原告適格」判例タイムズ1085号（2002年）37頁），④未だ結審していない代表訴訟が原告勝訴で終結するならば有するであろう原告の株式の評価額は反映されない（高橋英治「株式移転と株主代表訴訟の原告適格」商事法務1719号（2005年）134頁）などの理由が主張された。

4）平成17年会社法では，株主代表訴訟を提起し，その係属中に組織再編行為が行われたために，原告適格を喪失する場合の立法上の手当てである。

5）相澤哲編『立案担当者による新・会社法の解説』別冊商事法務295号（2006年）218〜219頁。

6）この点に関して，法務省の立案担当者は，「原告株主が，組織再編により金銭を取得した場合は，その後，原告は当該株主代表訴訟の結果によって自己の財産の価値が左右されることはなくなるため，株主代表訴訟の真摯な遂行を期待することができないといえる」とその理由を述べている。相澤編・前掲注5）249頁。

３．原告適格のさらなる緩和措置と多重代表訴訟制度の創設

　親会社株主の株主権の縮減に対応するために，平成26年会社法では２点の改正が実現した。

⑴　原告適格のさらなる緩和

　第一は，原告適格のさらなる緩和措置である。前述したように，平成17年会社法では，組織再編によって親会社の株主となった場合には，完全子会社となった元の会社の取締役に対する責任追及は，組織再編行為時にすでに，当該取締役の責任追及を実施していなければ原告適格を喪失することになった。

　しかし，平成26年会社法では，①当該株式会社の株式交換又は株式移転により当該株式会社の完全親会社の株式を取得し，引き続き当該株式を有するとき，②当該株式会社が吸収合併により消滅する会社となる吸収合併により，吸収合併後存続する株式会社の完全親会社の株式を取得し，引き続き当該株式を有するときは，株式会社の株主でなくなった場合でも，株主代表訴訟による責任追及等の訴えの提起を請求できることとされた（会社法847条の2）。その際，請求先は，①株式交換又は株式移転の場合は，株式交換完全子会社又は株式移転完全子会社，②吸収合併の場合は，吸収合併存続株式会社，に対してとなる。

　なお，消滅会社株主が新設合併の新設会社の株式を取得したり，吸収合併の存続会社の株式を取得する場合については，除外されるように見えるが，新設会社や存続会社は合併という包括承継によって消滅会社の当該取締役に対する請求権を承継していると理論上考えられることから，消滅会社の取締役だった者に対して，株主代表訴訟を提起できるとされている[7]。

　公開会社における提訴株主の株式継続保有要件に関しては，提訴請求時点で６ヶ月の継続保有要件ではなく，株式交換等の効力が生じた日の６ヶ月前から

　7）岩原紳作「会社法制の見直しに関する要綱案の解説［Ⅲ］」商事法務1977号（2012年）10頁。

当該日まで株式を有するものに限るとされた。この点は，株式交換等の効力が
発生した時点で株主代表訴訟を提起することができていた者にその範囲を対象
とする趣旨である[8]。

(2)　多重代表訴訟制度の創設

　第二は，多重代表訴訟制度の創設である。従前から，親会社の株主は，親会
社に代位し子会社取締役に対する提訴権を行使することができるとし，多重代
表訴訟を容認すべきであるとの意見もあった[9]。平成26年会社法において，多
重代表訴訟の制度を正面から認めて導入した点では，企業結合法制に新たな一
歩を踏み出したともいえる（次頁の【多重代表訴訟制度のイメージ図】参照）。

　もっとも，多重代表訴訟制度の創設については，経済界からは濫用的訴訟提
起の懸念による弊害等を理由として強い反対の意見が出されたことも考慮して，
多重代表訴訟の範囲や原告適格には制限が加えられた。

　平成26年会社法でまとめられた多重代表訴訟の制度は以下のとおりである
（会社法847条の3）。すなわち，株式会社の最終完全親会社の総株主の議決権の
100分の1以上の議決権又は当該最終完全親会社の発行済株式の100分の1以上
の数の株式を有する株主は，当該株式会社に対し，取締役等の責任を追及する
訴えの提起を請求することができるものとした。

　多重代表訴訟の対象となる子会社（特定完全子会社）は，責任原因事実発生
日において，最終完全親会社によって保有される株式の簿価（当該最終完全親
会社の完全子法人が有する当該株式会社の帳簿価額を含む）が当該最終完全親
会社の総資産額の5分の1超である完全子会社に限定すること，とされた。

　この規模基準に照らすと，実際に適用となるのは，現時点ではメガバンクを
中心として金融系や傘下に巨大企業が完全子会社として存在している場合に限

8）法制審議会会社法制部会第20回会議議事録［塚本英巨関係官発言］36頁。

9）森本滋「純粋持株会社と会社法」法曹時報47巻12号（1995年）3048頁，畠田公明「純
　粋持株会社と株主代表訴訟」ジュリスト1140号（1998年）18～21頁，志谷匡史「親子会
　社と取締役の責任」小林秀之＝近藤光男編『新版株主代表訴訟大系』（弘文堂，2002年）
　157頁，浜田道代「役員の業務と責任・責任軽減・代表訴訟・和解」商事法務1671号
　（2003年）42～45頁等。

【多重代表訴訟制度のイメージ図】

（パターン1）

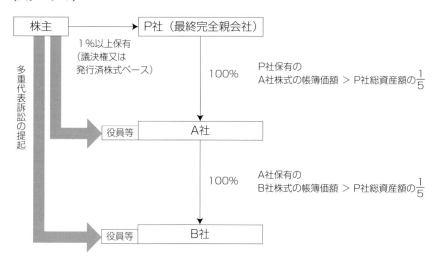

（パターン2）

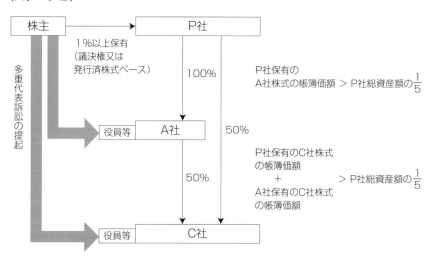

定される。

　完全子会社に限定している理由として，「子会社に少数株主が存在する場合には，当該少数株主に，子会社の取締役等の責任の追及を委ねることができること」が挙げられている[10]。なお，親会社も子会社等も「株式会社」であることから，外国会社は含まれない[11]。

　多重代表訴訟制度が創設されたものの，原告適格要件が少数株主権であること，完全子会社の中でも最終完全親会社にとってその資産に占める割合が大きい重要な特定完全子会社に限定されていることから，現実的には活用される可能性はきわめて低い制度設計になっている[12]。

　また，原告適格については，最終完全親会社の総株主の議決権の100分の1以上の議決権又は当該最終完全親会社の発行済株式の100分の1以上の数の株式を有する株主とされ，少数株主権となった。少数株主権とした理由としては，「完全子会社とその完全親会社の株主との関係は，当該完全親会社を通じた間接的なものであること」[13]も考慮されたようである。すなわち，「一般の代表訴訟における濫用の問題との違いが問題となることから，濫用のおそれを理由とするのではなく，株主としての権利のリモートさを理由としたもの」[14]と説明されている。

　なお，提訴請求が認められない場合として，①当該訴えが当該株主若しくは第三者の不正な利益を図り又は当該株式会社若しくは当該最終完全親会社に損害を加えることを目的とする場合，②当該訴えに係る責任の原因となった事実によって，当該最終完全親会社に損害が生じていない場合，が規定されている。前者は，現行の会社法でもすでに同様の規定が存在する内容であり（会社法

10）法務省民事局参事官室「会社法制の見直しに関する中間試案の補足説明」商事法務1952号（2011年）39頁。
11）法務省民事局参事官室・前掲注10）38頁。
12）多重代表訴訟制度は制約が多く，濫用の問題以前に活用されない危惧があるとの意見として，髙橋陽一『多重代表訴訟制度のあり方　必要性と制度設計』（商事法務，2015年）292頁。
13）法制審議会会社法制部会第23回会議議事録［塚本英巨関係官発言］13頁。
14）岩原・前掲注7）6頁。

847条1項但書），後者が新しく規定された内容である。親会社の株主は直接的
には子会社ではなく親会社と利害関係を有していることから規定された内容で
あろう。このために，親会社に損害が生じていないことを，被告となった子会
社取締役が主張・立証することになる。

　具体的には，「親会社が子会社から利益を得た場合や親子会社間において利
益が移転した場合等」を想定しているようである[15]。言い換えると，親会社
の損害事実としては，子会社の取締役の任務懈怠と親会社の損害との間に相当
の因果関係がある限りにおいては，親会社から子会社への損失補填や親会社が
保有している子会社株価の下落による減損処理等も含まれるものと考えられる。

　その他，最終完全親会社が，原告又は被告の当事者に対して補助参加できる
（会社法849条1項）。また，最終完全親会社株主が正式に子会社の取締役を提訴
したときには，当該子会社に訴訟告知をするとともに，当該子会社は最終完全
親会社に通知する必要がある（会社法849条4項）。その上で，通知を受けた最
終完全親会社は，遅滞なく，その旨を公告するか又は自らの株主に通知しなけ
ればならない（会社法849条5項）。さらに，子会社取締役等に補助参加する場
合には，最終完全親会社の監査役又は監査(等)委員全員の同意が必要となる
（会社法849条3項）。

　これらの内容は，基本的に従前の会社法の規定の内容を踏襲したものであ
る[16]。

4．企業集団内部統制システムと会社法の規定

　会社法においては，すべての大会社，指名委員会等設置会社及び監査等委員
会設置会社は，取締役の職務執行が法令・定款に適合するなど，会社の業務の
適正を確保するための体制（内部統制システム）構築の基本方針を取締役（会）

15）法務省民事局参事官室・前掲注10）39頁。
16）多重代表訴訟制度の適用に限定が付された中には，理論的・政策的な正当性の疑わし
　いものがあるとの意見として，髙橋・前掲注12）261頁。

において決定することが義務付けられ（会社法348条4項・362条5項・399条の13第2項・416条2項），しかもその対象範囲が「当該株式会社及びその子会社から成る企業集団」に拡大されたことから，親会社取締役の子会社の不祥事に関する監視・監督義務違反としての責任追及の法的根拠ともなっている。このために，大会社等の親会社（取締役）として，子会社を含めた内部統制システムの構築・運用が求められ，完全親子会社間においても，親会社の取締役は，企業集団における内部統制の観点から，その体制を構築した上で，適切な運用が行われているか監視義務を負う必要があるといえる。すなわち，完全子会社において，法令・定款違反による損害の発生が生じ，しかも，たとえばリスク管理体制に関する重大な過失があると，親会社の取締役は職務につき任務懈怠があると評価され，善管注意義務違反を問われる可能性が高まったものと考えられる。

　平成26年会社法では，株式会社の業務の適正を確保するために必要なものとして法務省令で定める体制の内容に，当該株式会社及びその子会社から成る企業集団における業務の適正を確保するための体制が含まれる旨を会社法本体に定めるものとなった。

　当初は，会社法制部会の審議の中では，親会社が子会社を監督することを明確化するために，親会社取締役会が企業集団の業務の適正の確保を行うとした上で，企業集団における各子会社の重要性や子会社の株式の所有の目的・態様などの諸事情を勘案するという案も提案された。しかし，最終的には経済界からの慎重論も強かったことから，会社法施行規則の条文を会社法本体の規定に移行することに落ちついた（会社法348条3項4号・362条4項6号・399条の13第1項1号ハ・416条1項1号ホ）。

　企業集団の内部統制システムについての規律の実質的な変更はないものの，会社法本体に規定されることは，それだけ企業集団の内部統制システムの重要性が了知されるものと考えるべきである。言い換えれば，グループ全体のリスク管理について，親会社取締役は一層の責任を果たすことになり，それを怠ったことにより子会社の不祥事が発生し親会社の損害に結び付くこととなれば，

自らに対する株主代表訴訟が提起される可能性が高まったものともいえる。

第5編

親会社役員の グループ会社を めぐる裁判

第1章　裁判例の動向

　本編では，グループ会社の事件・不祥事をめぐって裁判となった裁判例を取り上げる。会社をめぐる裁判では，会社単体の問題に関するものが圧倒的に多く，グループ会社が関係した事案は，会社単体の事案と比較すると，それほど多いわけではない。しかし，M＆Aをはじめとした組織再編行為が今日の企業戦略にとって重要性を増してきたことと，商法・会社法の改正により，持株会社解禁や株式交換・株式移転などの法整備が行われたことによって，組織再編行為そのものが増加している実態がある。

　親子会社の間は，持株比率によって規定されており，親会社は支配的株主として子会社をコントロールし得る立場にある。したがって，子会社を利用した粉飾決算等の不祥事は昔から散見されてきたが，この場合でも，親会社単体の問題として，親会社取締役の責任追及が行われることが一般的な傾向であったように思われる。

　一方，親会社が子会社を利用した不祥事を行ったとしても，親会社取締役の責任を追及するためには，親会社自身に損害が発生していなければならないところ，往々にして子会社を利用した場合は，子会社を犠牲にして親会社の利得を図る事案が多いことから，親会社の損害を主張・立証することが必ずしも容易ではなかった実態がある。

　また，親会社取締役の責任を追及するためには，親会社取締役の行為と親会社の損害との因果関係を主張しなければならないが，親会社取締役には，子会社に対する直接的な善管注意義務（会社法330条，民法644条）及び忠実義務（会社法355条）は存在しない。親会社取締役と子会社との間に，委任関係がある

わけではないからである。したがって，子会社に損害が明らかであったとして
も，そのことがただちに親会社取締役の任務懈怠につながるわけではない。し
かし，親会社と子会社は密接に関係していることは自明であるとの認識の下，
グループ会社をめぐる裁判例も散見されてきている。親会社取締役がグループ
会社の問題で責任追及されるパターンとして以下のように分類できる。

　第一は，親会社取締役がグループ会社（取締役）に直接指示し損害を被らせ
た結果，その損害が親会社の損害と同視できるというものである。このパター
ンの場合は，親会社の支配権を持って子会社を指揮・命令した法令違反行為が，
親会社の損害につながったというものである。今回取り上げた裁判例の中では
「三井鉱山株主代表訴訟事件」がこの事案に該当する。「片倉工業株主代表訴訟
事件」も類似の事案であるが，両事案では，グループ会社の損害に対する親会
社の損害の算定の仕方が異なる点は興味深い。

　なお，「ユーシン損害賠償請求事件」は，グループ全体の利害に関係する子
会社の案件に対して，親会社取締役が取締役会を通じて意思決定を行った事実
に対して，親会社取締役の善管注意義務違反の有無が争点となった裁判例であ
る。

　第二は，グループ会社の不祥事に対する親会社の監視義務が問題となるパ
ターンである。問題の発端は，グループ会社の法令違反行為であるが，結果と
してグループ会社の法令違反を親会社（取締役）が知り得る立場にいながら放
置していたり，実質的に監視・監督する任務を怠っていなかったかが争点とな
る。このパターンの場合，特に，親会社の役職員が，当該グループ会社の非常
勤役員を兼務している場合に，情報を知り得ることができたことから，親会社
として早期に事態を発見し是正策を講じるべきであるとの論点にもつながる。
今回取り上げた裁判例の中では「福岡魚市場株主代表訴訟事件」が該当する。

　親会社の監視義務の問題は，今日，企業集団の内部統制システムの概念が会
社法に規定され，グループ全体としてのリスク管理の意識が高まってきている
中では，今後，裁判例が増加するものと思われるパターンである。

　第三は，グループ会社への支援が，子会社である自社の利益か親会社の利益

かが問題となるパターンである。このパターンでは，親会社と孫会社との関係が判断の要素となってくるわけであり，たとえば親会社が孫会社の債権を保有している場合に，その債権の代替を行った場合の子会社の取締役の経営判断が争点となる。今回取り上げた裁判例の中では「コスモ証券株主代表訴訟事件」「ビューティ花壇事件」が該当する。この種の事案では，多数派株主の意向と少数派株主の保護の問題も中心的論点となる。

　全体としては，グループ会社をめぐる事案では，グループ会社に対する親会社の持株比率（完全親子会社形態か否かの問題も含む），親会社からの役職員の派遣の有無，親会社との経営契約等の存在の有無等の前提によって個別に検討されることとなること，及び親会社の損害の認定と親会社取締役の行為との因果関係が争点となりやすいことが特徴といえるであろう。

第2章　裁判例の検討

1．三井鉱山株主代表訴訟事件（最一小判平成 5・9・9 最高裁判所民事判例集47巻 7 号4814頁）

(1) 事案の概要

　三井鉱山株式会社（以下「三井鉱山」という）は，鉱業，採石業，土砂採取業等を主たる営業目的としていたが，鉱業の将来性を考慮した経営の多角化の一環として，セメント事業を行っていた三井セメント株式会社（以下「三井セメント」という）を吸収合併し，セメント事業を中心とした経営基盤や株主の安定化を図ることを目指した。

　一方で，三井鉱山の発行済株式の約26％を保有していた訴外Aは，三井セメントを吸収合併することは，保有している株式の希釈化を招き不利益を被るとして合併反対の意思表示を行っていた。三井セメントとの合併を推進したい三井鉱山は，Aが保有している三井鉱山の株式を三井鉱山の100％子会社である三井三池開発株式会社（以下「三池開発」という）に，当時の市場価格を超える1株あたり約500円で株式の買取りをさせた後，三井鉱山のグループ会社に売却することを決定した。そこで，三池開発は，三井鉱山の決定に従ってAが保有する三井鉱山株式1,550万株を1株あたり530円で購入した上で（総額82億1,500万円の支出），グループ各社に対して1株あたり300円程度で売却した。このために，三池開発には，35億5,160万円の差損が発生した。他方，昭和51年5月1日に，三井鉱山は三井セメントを吸収合併した。

　その後，三井鉱山の株式1,000株を取得したX（原告，被控訴人，被上告人）は，三池開発による株式取得は，当時禁止されていた自己株式の取得に違反し，そ

の結果として，100％子会社である三池開発の資産減少に伴って，三井鉱山に同額の35億5,160万円の損害が生じたとして，株式買取り当時，三井鉱山の取締役であったＹらに対して，1億円を三井鉱山に損害賠償すべきであるとして，株主代表訴訟を提起した。

第1審の東京地裁は，三池開発にＡから株式を買い取らせる決定をしたＹ₁ないしＹ₅，買取りに関与したＹ₆に対して，Ｘの請求を認容し1億円を支払うように命じた（東京地判昭和61・5・29判例時報1194号33頁）。

第1審の判決を不服としたＹ₁らは，東京高裁に控訴し，三池開発が三井鉱山の株式を取得したことにより，交渉合併の達成・株式安定化率の向上を図ることができ，三井鉱山には利益が生じたことから，転売によって生じた損害と損益相殺ができることなどを主張した。これに対して，東京高裁は，Ｙ₁らの控訴を棄却したため，Ｙ₁らは上告した。

(2)　判　旨

上告棄却

「甲株式会社が同社のすべての発行済み株式を有する乙株式会社の株式を取得することは，商法（昭和56年法律第74号による改正前のもの）210条に定める除外事由のある場合又はそれが無償によるものであるなど特段の事情のある場合を除き，同条により許されないものと解すべきである。けだし，このような甲株式会社による乙株式会社の株式の取得は，乙株式会社が自社の株式を取得する場合と同様の弊害を生じるおそれがある上，このような株式の取得を禁止しないと，同条の規制が右の関係にある甲株式会社を利用することにより潜脱されるおそれがあるからである。」

「事実関係によれば，三池開発の資産は，本件株式の買入価格82億1,500万円と売渡価格46億6,340万円との差額に相当する35億5,160万円減少しているのであるから，他に特段の主張立証のない本件においては，三池開発の全株式を有する三井鉱山は同額に相当する資産の減少を来しこれと同額の損害を受けたものというべきである。また，三井鉱山の受けた右損害と三池開発が本件株式を

取得したこととの間に相当因果関係があることも明らかである。したがって，本件株式の取得により三井鉱山が35億5,160万円の損害を受けたとする原審の判断は，結論において是認することができる。」

「上告人らの主張する利益は本件株式の取得との間に相当因果関係がないから三井鉱山の損害から控除すべきでないとした原審の判断は，正当として是認することができる。」

(3)　解　説

　本件は，親会社が他社を吸収合併する便宜のために，吸収合併に反対する株主である会社から自社の株式を完全子会社に買取りをさせ，当該子会社に多額の売却損が発生したことに関連して，親会社の役員の損害賠償責任が認容された事案である。

　本件の争点となった主な論点は，①代表訴訟を提起した株主の権利の濫用の有無，②完全子会社が親会社の株式を取得することの是非，③親会社が完全子会社に対して指示したことによって子会社に損害が生じた場合に，親会社が同額の損害を生じたことと同視し得るか，であるが，グループ会社の問題に直接関係する親子会社における親会社取締役の責任の問題について，以下，解説を加えることとしたい。

　本件では，完全子会社である三池開発が親会社の三井鉱山株式を違法に取得し，その後グループ会社に売却した事案であるが，三井鉱山の取締役の責任を検討するにあたっては，子会社の損害と親会社の損害との関係，自己株式の取得と売却を子会社に命じた行為と損害との因果関係，親会社の利益と損害との損益相殺の適否が具体的な論点となる。

　取締役の損害賠償責任が生じる要件は，取締役がその任務懈怠によって会社に損害を生じさせた場合である（会社法423条1項）ことから，三井鉱山の取締役の責任が認容されるためには，三井鉱山に損害が発生したことが前提となる。本件では，三井鉱山株式の売買によって損害が生じたのは，三池開発であって三井鉱山そのものではない。この点について，判旨では，株式の売買によって

三池開発の資産は減少していることから，三池開発の全株式を保有する三井鉱山は同額の資産を減少したことになり，結果としてその額の損害を被ったと判示している[1]。

　同額というのは，三井鉱山が三池開発の完全親会社であるためであり，持株比率に応じて親会社の損害額は決まることになる。もっとも，判旨の中で，三井鉱山と三池開発の損害を同視すべきでないという点につき「特段の主張立証がない」と指摘していることから，特段の事情がある場合には，同視しないということもあり得ることを示唆している点には注意が必要であろう。

　三池開発の損害と三井鉱山の損害が同視できることとなれば，三池開発の損害が発生する原因となった行為を指示した三井鉱山の取締役の行為と同社の損害とは因果関係が存在することになる。本件では，三井鉱山が他社を吸収合併する目的を遂行するために，三池開発を利用して合併反対会社が保有する自社の株式の取得を指示し，しかも子会社に親会社株式を取得させること自体が原則許されない中で，三井鉱山の取締役の行為と同社の損害とに因果関係が存在することは自明である。

　親会社の取締役の行為が，法令違反であって子会社に損害を及ぼした場合でも，親会社に利益をもたらす場合には，親会社株主から親会社取締役の責任を追及することは困難である。もっとも，当該法令違反を子会社に指示すること自体において取締役の資質が問われ，親会社のガバナンスが問題とされる事態となれば，社会的信頼の失墜にもつながる可能性があり，株価下落等，親会社にも何らかの損害を及ぼすこともあり，親会社取締役の責任が追及される局面もあるであろう。

　それでは，親会社の利益と子会社の損害との損益相殺の考え方は取り得るのであろうか。本件では，三井鉱山は他社の吸収合併による利益との損益相殺を主張したが，最高裁は当該利益と株式売買との間に相当の因果関係がないと判

1）理論的には，子会社株式の評価損が親会社の損害と考えるべきということであろう。藤原俊雄「子会社による親会社株式の取得」静岡大学法経研究42巻1号（1993年）15頁，宮﨑裕介「判批」別冊ジュリスト254号（会社法判例百選〈第4版〉）（2021年）43頁。

示した。本件の事実関係を確認すると，Aが保有する三井鉱山の株式割合は当時約26％であることから考えると，Aが当該合併に反対していたとしても，ただちに合併が中止に追い込まれる状態ではない。したがって，他社の合併の実現と自社株式取得に直接的な因果関係がない以上，吸収合併の利益と三井鉱山株式の取得に相当因果関係がないとした判旨は是認できよう。

　もっとも，吸収合併を実行する場合には，存続会社であれば，効力発生日までに株主総会の特別決議によって，合併契約の承認・決議を得なければならない（会社法795条1項・309条2項12号）。しかし，同時に，吸収合併によって，存続会社に合併差損が生じても，株主総会でその旨を説明すれば，当該吸収合併は有効である。すなわち，吸収合併によって，短期的には存続会社に損害が発生しても，中長期的にみてシナジー効果等が見込まれる可能性も十分にあることから，その旨を株主総会で説明を行い，株主の理解を求めればよいということである。

　また，本件に即して考えると，三井鉱山の株式売買によって生じた損害はすでに発生したものであるのに対して，三井鉱山が，三井セメントを吸収合併することによって得られるであろう利益は将来の見込みである。吸収合併の承認の有無を問題とする場合と異なり，現時点で発生した損失を問題として，株主代表訴訟において短期的損益と中長期的損益の損益相殺をすることは，違和感があるのは事実である。

　本件では，完全親子会社形態で，かつ親会社取締役が子会社に指示した行為が個別具体的な法令違反に相当する事実からみて，親会社取締役の任務懈怠責任が問われる要件は，直接的ではないにせよ十分揃っていたものと解することができる。一方，他の一般株主が存在する子会社で，親会社取締役が子会社に設備投資やプロジェクト参画等を指示した場合には，子会社取締役自身の問題や経営判断原則という別の検討要素が出てくることにも留意すべきである[2]。

　なお，本件当時は，①自己株式の取得は，実質的に出資の払戻しであり，会社財産の流出の観点から債権者保護の必要があること，②特定の株主から自己株式を買い取ることが，取得価格や条件によっては，株主平等原則に反する可

能性があること，③会社経営者の持株比率が上がることにより，経営者の保身目的の可能性があること，④相場操縦などの懸念もあること，などの理由により自己株式の取得が原則的に禁止されていた時期の裁判例である（次の，片倉工業株主代表訴訟事件も同様）。

しかし，株式交換や株式移転などによる組織再編の手続が簡素化される中で，自己株式を利用するニーズが高まったことから，平成13年の議員立法による商法改正で自己株式の取得が認められるようになった（会社法に継承されている）ことから，今日においては，本件判旨がそのまま当てはまるわけではない点には留意が必要である。

2．片倉工業株主代表訴訟事件 （東京高判平成 6・8・29金融・商事判例954号14頁）

(1)　事案の概要

片倉工業株式会社（以下「片倉工業」という）は，中外炉工業株式会社と日本橋興業株式会社が保有していた合計400万株の自社株式を総額23億6,800万円で買い受けたが，この株式取得代金に充てるため，日本橋興行株式会社及び三井物産株式会社から借入れをするとともに，後日利息として総額502万7,945円を支払った。そして，片倉工業の完全子会社である暁星エンタープライズ株式会社（以下「暁星エンタープライズ」という）に対して，取得した自己株式を取得価額と同額で譲渡するとともに，暁星エンタープライズは，株式取得に伴う支払代金を片倉工業が借り入れた三井物産等に対する債務として引き受けて，最終的に全額弁済した。

2）本件の評釈として，野山宏「判批」ジュリスト1037号（1994年）238〜239頁，田村諄之輔「判批」月刊監査役327号（1994年）4〜10頁，元木伸「判批」判例時報1488号（1994年）208〜212頁，尾崎安央「判批」ジュリスト臨時増刊1046号（1994年）107〜108頁，春田博「判批」法律のひろば47巻11号（1994年）76〜80頁，矢崎淳司「判批」大阪市立大学法学雑誌41巻3号（1995年）442〜459頁，森淳二朗「判批」判例タイムズ臨時増刊948号1（1997年）6〜19頁，高橋英治「判批」法学教室385号（2012年）104〜109頁，宮崎・前掲注1）42〜43頁がある。

その後，暁星エンタープライズは，片倉工業株式を取得価格より安値で売却したことにより，総額7億1,860万円余の売却損を計上することとなり，利息を含めると総額約7億3,870万円の損害を被った。また，このことにより，片倉工業が保有する暁星エンタープライズ株式は，1億4,600万円の評価損が生じた。このため，片倉工業の株主であるXは，片倉工業の取締役Yらは，自己株式取得の法令違反行為をした結果，片倉工業が被った総額約7億3,870万円の損害賠償を支払う義務があるとして，片倉工業の取締役であるYらに対して株主代表訴訟を提起した。

　これに対して，東京地裁は，自己株式の取得は許容されず，自己株式の取得により会社が損害を被るかもしれないことを認識しながら取締役はあえて行ったものであり，会社が自己株式取得により被った損害は，片倉工業自身が支出した借入金利息及び暁星エンタープライズ株式の評価損の合計額である1億5,100万円であることから，Yらは，その損害を会社に支払うように命じた。これに対して，X及びYらはともに不服として控訴した。

(2)　判　旨

控訴棄却

　「片倉工業は取得した本件株式を暁星エンタープライズに対し取得価額と同額で譲渡し，暁星エンタープライズは，その対価の支払いに代えて，片倉工業が本件株式を取得するために借り入れた右と同額の借入金債務を引き受け，これを全額弁済したのであるから，1審原告の主張するように片倉工業が本件株式の取得代金を支払ったこと自体が同社の損害であると解しても，この損害は，暁星エンタープライズによる右の債務引受け及び引受債務の弁済の完了によって，既に補填されたものというべきである。」

　「本件においては，本件株式の譲渡対価の支払いは，暁星エンタープライズによる債務引受け及び引受債務の支払いによってされ，本件株式の取得価額と同額の片倉工業の債務が消滅しており，その効果を否定すべき理由については何ら主張立証されていないのであるから，暁星エンタープライズに対する本件

株式の譲渡が無効であるとしても，片倉工業の損害が補填されたことを否定することはできない。」

　「暁星エンタープライズは，…形式的にも実質的にも，片倉工業とは別個独立の法人格を有する会社であったのであるから，片倉工業100％出資の完全子会社であるからといって，そのことを理由に直ちに法人格を否認し，両者を同一体視することができないことはもちろんのこと，…暁星エンタープライズに発生した本件株式の売却損等をそのまま直ちに片倉工業の損害と認めることはできない。」

　「片倉工業と暁星エンタープライズとは形式的にも実質的にも別個の会社であり，片倉工業は株式の所有を通じてのみ暁星エンタープライズの資産を支配しているにすぎないのであるから，暁星エンタープライズに資産の減少が生じても，それが片倉工業において所有する暁星エンタープライズ株式について評価損を生じない限り，片倉工業の資産の減少を来すものではないが，右株式に評価損を生じた場合には，片倉工業の資産の減少を来すものであるから，片倉工業は，右評価損相当額の損害を被ったことになるといわなければならない。したがって，暁星エンタープライズ株式の評価損が主張立証されている場合には，片倉工業の被った損害額は，暁星エンタープライズの被った損害額と同額であるとするよりも，同社株式の評価損と同額であるとするのがより合理的であるから，右両者の間に差があるときには，…，前者の算定方法によらず後者の算定方法によるのが相当であるというべきである。」

　「片倉工業による本件株式の取得から暁星エンタープライズによる第三者への売却処分までの行為は，全体としてみれば，事実上一個の計画に基づく一連の行為として捉えることができるので，片倉工業による本件株式の取得と前記評価損と同額の片倉工業の損害との間には相当因果関係があると認めるのが相当である。」

　「そうすると，結局，本件の自己株式取得によって片倉工業が被った損害は，片倉工業自身が支出した前記借入金利息502万7,945円と右暁星エンタープライズの株式の評価損による損害1億5,100万4,945円となる。」

(3)　解　説

　本件も，三井鉱山株主代表訴訟事件（以下「三井鉱山事件」という）と同様に，自己株式取得に関連し，かつ完全子会社が関与していること，そのことによって生じた子会社の損害が親会社の損害にもつながり，最終的に親会社取締役の責任が認容されている点で類似の事案である。他方で，自己株式取得は一次的に親会社自身が行っていること，親会社の損害と子会社の損害との認定の仕方が，三井鉱山事件と異なる点があることから，以下紹介することにしたい。

　本件の主な争点は，①株主代表訴訟における株主権の濫用の有無，②自己株式の取得の違法性，③子会社の損害と親会社の損害との因果関係の3点であり，いずれも三井鉱山事件と同様である。以下，主に親会社と子会社との損害の関係，さらには親会社取締役の責任の問題に焦点を絞って検討する。

　片倉工業がいわゆる仕手筋による株式取得に対抗するために，複数の会社から自己株式を買い受けた後に，完全子会社である暁星エンタープライズに取得価格と同額で譲渡したものである。その後，暁星エンタープライズは，取得価格より低額で他社に売却し損害が生じたことに関して，片倉工業の損害と片倉工業取締役の責任が問題となっている。

　本件では，片倉工業として自己株式を買い受けた行為は違法と認定されているが，取得額と同額で暁星エンタープライズに売却していることから，自己株式取得によって，片倉工業にただちに損害が及んでいるわけではない（もっとも，自己株式の取得を借入金で賄ったために，この利子分は損害と認定されている）。したがって，片倉工業取締役の会社に対する損害賠償が認容されるためには，片倉工業の損害の認定と，当該損害と違法な自己株式取得をした行為との因果関係が要件となる。

　まず，後者の自己株式取得の違法行為に関連して，三井鉱山事件では子会社に指示することによって子会社の損害が生じていることが明らかであることから，子会社の損害と親会社の損害の関係が明らかになれば，結果的に子会社への指示と親会社損害との因果関係が証明されたことになる。他方，本件では，

片倉工業取締役自身が自己株式取得を行っているが，当該株式を暁星エンタープライズが同額でさらに取得している点については，認定された事実によると，暁星エンタープライズは，「独自の目的のために設立されたものであり，…別個の役員及び従業員を有し，本件株式の売却をその自主的な判断に基づいて行ったほか，…，経理関係も片倉工業とは独立に処理していたものであり，形式的にも実質的にも，片倉工業とは別個独立の法人格を有する会社であったのである」として，片倉工業による指示・命令でないものとしている。

　すると，三井鉱山事件とは異なり，本件では，暁星エンタープライズによる一連の片倉工業株式の処理（購入及び売却）によって被った暁星エンタープライズの損害と，片倉工業取締役の行為（自己株式取得と取得価額で子会社に譲渡した行為）との間に直接の因果関係があるわけではなくなる。すなわち，本件では，暁星エンタープライズの独自の株式購入行為に対して，結果として片倉工業が取得している暁星エンタープライズの株式の評価損（併せて，株式取得による借入金の利息）を損害と認定していることから，本件では，片倉工業本体独自の問題と処理されている点で，親会社が子会社の指揮・命令に係る責任を追及された三井鉱山事件とは異なるものと理解してよいであろう。本件に関連して，今後の事例研究や実務対応として留意すべき点として2点があると思われる。

　第一は，本件では，完全子会社とはいえ，暁星エンタープライズを独立した法人格とした事実である。すなわち，完全子会社であるという外観を持って，親会社に完全に従属し指揮・命令を受けるものではなく，独自の経理や人員構成の事実があれば，法人格が別であるという事実は重いと受け止めるべきであるという点である。たしかに，株式を100％保有しているということは，完全支配会社であるのは否定できないが，それでもなお，独自の組織や人材を擁し，具体的な企業活動としても独立の方針や意思決定を行っている実態があれば，司法としては独立の組織として認定するということである。

　完全子会社であることは，当該子会社で得た利得をグループ外に流出させないという経済効果もあることから，親子会社の支配関係より，この経済的価値

に着目して完全親子会社形態を採用する場合も考えられる。しかも，もともと親会社に属していた事業部門を分社化する場合などでは，子会社の機動的な意思決定やコスト削減を図ることによって，収益基盤を強化するという目的もある。したがって，親会社が子会社管理で責任が問われる分岐点となる一つは，親会社（取締役）と子会社（取締役）との実質的な従属関係の有無ということであり，完全親子会社形態であるか否かは，二次的要素といえよう。

　第二は，親会社と子会社の損害の関係である。三井鉱山事件では，前述したように，子会社による株式売却損を親会社の損害と同視した。一方，本件では，三井鉱山事件における最高裁の判断を引用しつつも，親会社は子会社の株式を通じてのみ子会社の資産を支配していることから，子会社の資産の減少が生じても，そのことにより親会社が所有する株式の評価損が生じない限り，親会社の損害とは認められないと判示している。すなわち，子会社の損害をただちに親会社の損害と同視とするのではなく，株式の評価損と同視とする方が合理的であるとし，子会社の損害額と親会社が保有している株式の評価損に差があるときは，評価損を親会社の損害とすべきであるとした。本件では，暁星エンタープライズが被った売却損（7億3,870万円）と片倉工業が保有している暁星エンタープライズの株価評価損（1億4,600万円）との間に差があったため，後者を片倉工業の損害と認定した。

　もっとも，子会社が上場している場合などでは，別の要素によって株価が変動する可能性が大きく，親会社が保有している子会社の株式の評価損を厳密に特定行為によるものと主張・立証するのは困難である。また，株式譲渡制限会社の場合でも，資産の移動等によっても，株価の価値は変動することが考えられることから，個別には，この評価損の算定をめぐっても，争点になるものと思われる。

　なお，平成13年商法改正において自己株式の取得が解禁されたことに伴い，自己株式は，資本の部から控除されていることから明らかなように，その資産性が認められなくなった。したがって，自己株式の取得をめぐる会社の損害の算定については，今後も議論の対象となろう[3)]。

３．野村證券株主代表訴訟事件
（東京地判平成13・1・25判例時報1760号144頁）

(1)　事案の概要

　ノムラ・ホールディング・アメリカ・インク（以下「NHA」という）は野村證券株式会社（以下「野村證券」という）の現地法人でニューヨークに本社がある100％子会社であるが，NHAは，傘下に100％子会社であるノムラ・セキュリティーズ・インターナショナル・インク（野村證券の孫会社。以下「NSI」という）を擁していた。NSIは，昭和56年から，ニューヨーク証券取引所（以下「NYSE」という）の会員となっており，NSIの会長及び社長は，野村證券の専務取締役と常務取締役が兼任していた。

　NYSEは，NSIがその保有する外国証券について，100％の引当金を計上せず，結果として米国証券取引委員会規則によって維持すべきとされる自己資本金額を維持しなかったこと，NSIが不正確な定期報告書をNYSEに提出したことなどの事実を認定し，平成2年8月8日に，同規則違反を理由としてNSIに対して18万ドルの課徴金を課した。なお，NSIは事前に違反事実の認定に同意していたことから，当該課徴金を納付した。

　NSIは，保有するメキシコ国債についても100％の引当金を計上しなかったことから，上記外国証券の場合と同様に，NYSEに対して100万ドルの課徴金を納付した。

　これに対して，野村證券の株主Xは，野村證券の取締役であるYらに対して，課徴金相当額の支払いを野村證券に対して行うように株主代表訴訟を提起した。

3）本件の評釈として，吉田直「判批」金融・商事判例966号（1995年）39〜47頁，川島いづみ「判批」専修法学論集63号（1995年）191〜205頁，太田剛彦「判批」判例タイムズ臨時増刊882号（1995年）214〜216頁，今井潔「判批」私法判例リマークス11号（1995年）101〜104頁，吉本健一「判批」商事法務1500号（1998年）74〜78頁，高橋英治「判批」判例タイムズ臨時増刊975号（1998年）9〜12頁，杉田貴洋「判批」慶應義塾大学法学研究73巻9号（2000年）157〜169頁がある。

⑵　判　旨

請求棄却

「親会社と子会社（孫会社も含む）は別個独立の法人であって，子会社（孫会社）について法人格否認の法理を適用すべき場合の他は，財産の帰属関係も別異に観念され，それぞれ独自の業務執行機関と監査機関も存することから，子会社の経営についての決定，業務執行は子会社の取締役（親会社の取締役が子会社の取締役を兼ねている場合は勿論その者も含めて）が行うものであり，親会社の取締役は，特段の事情のない限り，子会社の取締役の業務執行の結果子会社に損害が生じ，更に親会社に損害を与えた場合であっても，直ちに，親会社に対し任務懈怠の責任を負うものではない。」

「もっとも，親会社と子会社の特殊な資本関係に鑑み，親会社の取締役が子会社に指図をするなど，実質的に子会社の意思決定を支配したと評価しうる場合であって，かつ，親会社の取締役の右指図が親会社に対する善管注意義務や法令に違反するような場合には，右特段の事情があるとして，親会社について生じた損害について，親会社の取締役に損害賠償責任が肯定されると解される。」

「本件において，NSI（及びNHA）の法人格が濫用されているとしてこれを否認するに足りる原告らの主張立証はない。本件全証拠によっても，NSIの会計処理のあり方やNSIがNYSEに提出する定期報告書の内容の決定についてYらがNSIに指図をした事実並びにNSIのNYSEに対する違反事実の認定への同意及び課徴金の支払いについてYらがNSIに指図をした事実は，いずれも認めるに足りない。…（中略）…。したがって，以上いずれの点からもXらの主張する取締役の義務違反の主張は理由がない。」

⑶　解　説

独自の法人格を有するということは，判旨の中にもあるように，財産の帰属関係は別であったり，業務執行機関や監査機関も別個に存在することから，

各々の会社の取締役が所属会社に対して，善管注意義務や忠実義務を負うことは当然である。したがって，子会社取締役の業務執行によって子会社が損害を被った場合は，当該子会社の取締役が任務懈怠責任を負うことになる。

　もっとも，親会社が子会社の株式の過半数以上を保有している関係から考えれば，親会社が子会社を指図することは十分にあり得ることであり，この指図を実行することによって子会社が損害を被る可能性も否定できない。この場合も，親会社取締役が責任を負うのは，あくまでも親会社自身に関してであることから，子会社への指図による子会社の損害が親会社にも及ぶこと，この指図が法令違反に相当するなど，親会社の取締役の職務につき任務懈怠が存在する場合である。この点について，判旨では「親会社の取締役の子会社への右指図が，親会社に対する善管注意義務や法令に違反するような場合」（傍点は筆者）と説示している。それでは，ここで「親会社に対する」とは，何を意味しているのであろうか。

　本件では，NSIが課徴金を課せられた原因は，米国証券取引委員会規則を遵守しなかったことである。この米国証券取引委員会規則の法令違反は，野村證券による直接の指図の場合と，法令違反を認識していながら実質的に放置していた場合が考えられる。野村證券の取締役が子会社に対してとはいえ，法令違反を指図したとすればそのこと自体が親会社の信用の失墜につながるし，法令違反を放置していた場合，法令遵守の精神が欠如していたものとみなされ，状況は変わることはないであろう。

　Xは，NSIがNYSEに提出する定期報告書につき，提出前に野村證券の承認を取り付けなければならないとの内規が存在しYらの承認を取り付けなければならないはずであったとし，Yらが実質的に法令違反を認識するべき立場にあったと主張している。しかし，東京地裁は，YらがNSIの会計書類のあり方や定期報告書の内容の決定につきNSIに指図した事実や法令違反事実の認定への同意事実もないなどとして，Xの主張を採用しなかった。

　親会社の取締役が子会社に法令違反を指図したり放置することは，当該取締役自身の行為による（法令違反の放置も不作為の行為である）ものであり，その

行為の有無によって取締役の責任の所在は明確化される。しかし，現在，企業集団の内部統制システムが明定化されている状況を考えると，親会社取締役が直接的な指図等をしていなくても，子会社に法令違反が発生しないような体制整備が要請されていると考えられる。本件に即してみれば，野村證券として，NSI等の子会社・孫会社が法令違反を犯さないような教育体制や内規の制定，報告体制や監査体制の整備が具体的に求められており，この点が不備であれば，法人格を否認すべき事情や野村證券取締役からの指示がなかったとしても，野村證券取締役の任務懈怠が問われる可能性が高くなっていると考えるべきである。

　本件は，内部統制システムの整備の重要性が認識される前の事例である。したがって，今日，同様の事例が発生した場合には，親会社取締役の任務懈怠責任を認容される可能性もあることは十分に認識してよいであろう[4]。

4．コスモ証券株主代表訴訟事件
（大阪地判平成14・2・20判例タイムズ1109号226頁）

(1)　事案の概要

　有価証券の売買を業とするコスモ証券株式会社（以下「コスモ証券」という）は，主として不動産の賃貸借，管理等を業とするコスモ産業株式会社（以下「コスモ産業」という）を関連会社として，5％の株式を保有し，残りの株式も，コスモ証券の元役員や従業員が保有していた。また，コスモ産業の取締役と監査役は，すべてコスモ証券の元役員や従業員が就任しており，コスモ証券が実質的に支配している状況であった。

4）本件の評釈として，長谷川俊明「判批」国際商事法務30巻1号（2002年）126頁，烏山恭一「判批」法学セミナー47巻3号（2002年）111頁，小沢征行「判批」金融法務事情1640号（2002年）4～5頁，黒野葉子「判批」税経通信58巻2号（2003年）175～182頁，志谷匡史「平成14年度判例評論」私法判例リマークス26号（2003年）98～101頁，坂本達也「判批」大阪市立大学法学雑誌50巻1号（2003年）104～113頁，小菅成一「判批」東海法学31号（2004年）121～136頁がある。

　他方，コスモ証券の株式を約59.66％保有している親会社は，株式会社大和銀行（以下「大和銀行」という）であるとともに，コスモ産業の唯一の債権者でもあった。そして，大和銀行のコスモ産業に対する平成11年3月末現在の貸付金450億円のうち，回収可能額は，コスモ産業所有の不動産評価額の約60億円を含む73億円にとどまっていた。

　その後，平成11年4月1日以降に開始する会計年度から，コスモ産業とその子会社は，コスモ証券の連結決算の対象となることから，コスモ証券が欠損状態となる見込みとなった。そこで，コスモ証券は大和銀行に対して債権放棄を要請するとともに，コスモ産業を解散し，同社が清算手続を行う際の損失の一部を支援する取締役会の決議を行った。これにより，コスモ産業は，平成12年1月17日の株主総会において解散の承認・決議が行われ，同年9月25日に清算が結了された。その上で，コスモ証券は，コスモ産業に対して損失の一部の支援金として160億円を供与した。

　これに対して，コスモ証券の株主であるXが，コスモ証券の代表取締役のYらに対して，160億円の供与は，コスモ証券の支配的株主である大和銀行によるコスモ産業に対する貸付金の返済を肩代わりしたに過ぎず，大和銀行の利益を図るものであることから，Yらは，取締役としての忠実義務に違反したなどと主張して，Yらにコスモ証券に対して160億円を支払うように求めた株主代表訴訟である。

(2)　判　旨

請求棄却

「事業を営み利益を上げるためには，時々刻々変化する諸々の要素を的確に把握して総合評価し，短期的・長期的な将来予測を行った上，時機を失することなく経営判断を積み重ねていかなければならないから，専門家である取締役には，その職務を遂行するに当たり，広い裁量が与えられているものといわなければならない。したがって，取締役に対し，過去の経営上の措置が善管注意義務及び忠実義務に違背するとしてその責任を追及するためには，その経営上

の措置を執った時点において，取締役の判断の前提となった事実の認識に重要かつ不注意な誤りがあったか，あるいは，その意思決定の過程，内容が企業経営者として特に不合理，不適切なものであったことを要するものと解するのが相当である。」

「コスモ証券は，コスモ産業の連結親会社であり，コスモ産業の大和銀行に対する債務の中には，コスモ証券の利益のためにコスモ産業に不動産等を保有させたことが原因となっているものがあったというのである。このような状況においては，コスモ証券としては，コスモ産業の任意整理のために，同社に対してある程度の支援金を提供するという方法は，大和銀行の協力を得ることができ，コスモ産業の迅速かつ円滑な清算に資するもので，コスモ証券の利益という観点から一定の合理性を有するものと認められるのであり，本件供与が，大和銀行の利益に資するとはいえ，コスモ証券の犠牲の下に，同社の支配的株主である大和銀行の利益を図る目的でされたものであるとまでは認められない。」

「本件供与を実行するという判断の前提となった事実の認識に重要かつ不注意な誤りがあったとはいえず，また，その意思決定の過程，内容が特に不合理，不適切なものであったともいえない。よって，本件供与を実行することとした経営判断は，被告らに認められた裁量の範囲を逸脱するものではなく，したがって，被告らに忠実義務違反を認めることはできず，また，特別背任に該当するということもできない。」

(3)　解　説

本件は，連結決算に伴い欠損状態に陥ることが明らかになる中で，関連会社の任意整理に伴う損失の一部に欠損補填の資金供与を行った経営判断に対して，取締役の善管注意義務・忠実義務が問われた事案である。特に，関連会社の解散について，唯一の債権者でもあり親会社である銀行の利益及び銀行に対する自社の信用維持の観点から，銀行に関連会社への債権放棄を依頼するのと引き換えに，資金供与を一部行ってまで関連会社を解散・清算させることの妥当性

が問題となっている。本件に即して言えば，コスモ証券の株式の6割近い持株比率を有していた大和銀行が持っていたコスモ証券の関連会社であるコスモ産業の債権をコスモ証券が肩代わりするとともに，コスモ証券として大和銀行に対してその信用を維持することを目的として，コスモ証券自身が欠損状態に陥ることを回避するためにコスモ産業を任意整理させたことについて，コスモ証券取締役の損害賠償責任有無が問題となった。

　本来であれば，グループ会社を任意整理することは，親会社の経営判断の問題である。すなわち，経営状態の悪いグループ会社を任意整理してグループとしての信用維持を目的とすることは合理的な場合もあり，経営判断原則が適用となる判断の前提となる事実に不注意な誤りがなく，かつ判断の過程や内容に著しく不合理な点がなければ，経営判断原則が適用となり任意整理を決断した親会社の取締役の会社に対する善管注意義務違反は無く，損害賠償責任が認められることはない。

　他方，任意整理を行ったグループ会社は，当座は信用維持を目的としていても，会社が存在しなくなれば，将来的に親会社に利益をもたらすことはなくなることから，グループ会社を再建したり強化するための支援とは一線を画すべきとの考え方もあり得よう[5]。しかし，当座の信用維持が崩壊すれば，グループ全体としての将来性にも影響を及ぼすことになるから，任意整理の場合においてもあまり厳格な運用をするのではなく，グループ会社が持つ債務を親会社が肩代わりをすることは，親会社自身の経営が危うくなるような場合はともかく，一定の範囲内で認めることは特段に問題はないように思われる[6]。

　もっとも，本件特有の事情として，最終親会社である大和銀行とコスモ産業とは親と孫の関係にあり，しかも大和銀行はコスモ産業に対して債権を有していたという点がある。すなわち，コスモ証券の株主としてみれば，コスモ産業への資金供与は，コスモ証券の利益のためというよりは，支配的株主である大

　5）清算型の支援金供与は原則として取締役の忠実義務違反と考えるべきとの主張として，新山雄三「判批」判例タイムズ1153号（2004年）92頁。
　6）同旨，中村直人「代表訴訟とグループ子会社救済」JICPAジャーナル448号（1992年）48頁。

和銀行の債権の肩代わりのためではないかという論点である。

　この点について，大阪地裁は「コスモ証券は大和銀行の完全子会社ではない
から，コスモ証券の取締役としては，コスモ証券の少数株主に対する配慮が欠
かせないのであり，多数株主である大和銀行の利益を図るために少数株主の利
益を犠牲にしてはならない」と判示している。すると，コスモ証券がコスモ産
業への資金供与を行ったことが，大和銀行のためというよりコスモ証券自身の
利益のためであることが主張・立証されれば，コスモ証券取締役の責任が肯定
されることはないはずである。

　本件では，連結決算の適用の拡大によりコスモ証券が欠損状態となることが
見込まれる中で，コスモ産業やその子会社を任意整理することによって，連結
決算の対象から外すことはコスモ証券にとっては，信用維持の観点から重要な
ことであり，かつそのことを円滑に推進するためには，コスモ産業にとって唯
一の債権者である大和銀行の協力が不可欠であった事情等を勘案すれば，コス
モ証券取締役の経営判断は妥当であったといえよう。

　グループ会社の経営状態の悪化を放置し，最終的には破産や自主廃業に追い
込まれる例も散見される。最悪の事態に至る前に，グループ全体として金融支
援を含めて再建策を模索するのか，他社に事業譲渡や吸収合併を持ちかけるの
か，あるいは任意清算等の方法を採用するのか慎重な経営判断が求められるこ
とは自明である。特に，任意清算の方法を採用するときは，短期的に親会社と
グループ会社との利益が相反することから，少数株主に説得的に説明できる理
由が必要であることは留意すべきである[7]。

　7）本件の評釈として，すでに掲載したもの以外に，大塚和成「判批」銀行法務21第47巻
　　5号（2003年）76頁，舩津浩司「判批」ジュリスト1289号（2005年）228〜231頁，伊藤
　　靖史「判批」私法判例リマークス28号（2004年）98〜101頁，高橋英治「判批」商事法
　　務1747号（2005年）55〜58頁がある。

５．三菱商事株主代表訴訟事件
（東京地判平成16・5・20判例時報1871号125頁）

(1) 事案の概要

　総合商社である三菱商事株式会社（以下「三菱商事」という）は，黒鉛電極ビジネスにおいて，日本の黒鉛電極メーカーの国内外における販売を仲介し，コミッション（販売手数料）を獲得して利益を上げていたが，平成元年ころから，黒鉛電極事業に参入することを検討し，平成３年２月，米国企業であるユニオン・カーバイド・カンパニー（以下「UCC」という）から，その100％子会社で有力な黒鉛電極メーカーであったユーカル・カーボン・カンパニー（以下「UCAR」という）の株式の50％を買い受け，黒鉛電極事業に参入した。

　三菱商事は，UCAR事業への参入に伴い，三菱商事の米国子会社三菱インターナショナル・コーポレーション・インコーポレイテッドの上級副社長・ゼネラル・マネジャー兼同子会社カーボネックス社長の地位にあったE，三菱商事の従業員であったF他２名をUCARに出向させた。

　各国の黒鉛電極メーカーは，黒鉛電極の国際市場において，平成４年３月ころから平成９年６月ころにかけて，黒鉛電極価格の引上げ，地域ごとの供給割合の固定及び供給量の制限に関する合意を行いこの合意を実施した（以下「本件カルテル」という）。黒鉛電極メーカーは，ロンドンにおいて平成４年５月及び平成５年11月の２回，本件カルテルの合意形成やその維持のために会議を開催した。同会議には，当時黒鉛電極市場における販売数量第１位のトップメーカーのUCARの最高経営責任者Gなどの黒鉛電極メーカーの幹部が出席した。

　その後，三菱商事は，本件カルテルを教唆・幇助したとして，平成12年１月19日，米国連邦大陪審により起訴され，三菱商事は，違法行為に関与していないとして起訴事実を否認したが，平成13年２月12日に，米国ペンシルベニア州東部地区連邦裁判所において，２週間の陪審審理の結果，有罪の評決がなされた。

　これに対し，三菱商事は，陪審による有罪評決を受けた後の平成13年４月19

日に，米国司法省との間で，１億3,400万ドルの罰金を支払うこと及び有罪評決に関して，提訴権を放棄することなどを内容とする量刑合意を行った後，米国連邦裁判所は，平成13年５月10日に，量刑合意を行い，三菱商事に対して，１億3,400万ドルの罰金の支払いを命ずる判決を下し，三菱商事は同額の罰金を支払った。なお，米国における量刑合意の制度は，犯罪の自認を伴うものではなく，単に有罪の評決を前提に量刑に関する合意をするものであることから，三菱商事では，上記量刑合意を行うに際して，平成13年４月19日開催の取締役会において，量刑合意が犯罪行為を自認するものではないことを前提に，量刑合意を行うとの決議をした。

　その上で，三菱商事は，平成13年５月11日における東京証券取引所への開示資料により，米国連邦裁判所の判決について，陪審評決の結果には同意できないものの，控訴権を放棄して米国司法省と量刑について合意することが会社及び株主にとって最善であると判断し，やむなく量刑合意に応じたことを対外発表した。

　また，三菱商事は，米国において本件カルテルに関連して，黒鉛電極の購入業者である電気炉メーカー数社から損害賠償請求訴訟を提起されていたが，裁判所の許可を停止条件として，和解金4,500万ドルを支払い，その事実を平成14年４月25日に公表した。

　これに対し，三菱商事の株主たる原告らは，本件カルテルに係る罰金及び弁護士費用の支払いに関して，三菱商事の取締役及び監査役に善管注意義務違反があったとして，本件カルテルの期間内に取締役及び監査役であった者並びにその遺族らに対して，三菱商事が刑事事件及び民事事件に関わり支払った2,000万ドルの弁護士費用を含め，総額１億9,900万ドルの損害賠償を求めて株主代表訴訟を提起した。

　なお，三菱商事は，被告たる取締役らに補助参加した。

(2)　判　旨

請求棄却

「三菱商事（以下「補助参加人」という）の本件カルテルへの組織的な関与は認めることはできないが，Ｆが本件カルテルに関わっていたこと及びＦの本件カルテルへの関わりが米国連邦裁判所における有罪判決の理由の一つとなっていることは明らかである。そこで，被告らの善管注意義務違反においては，Ｆに対する監督義務違反が問題となると考えられる。しかるところ，原告らは，本件カルテルの期間内に，補助参加人の取締役あるいは監査役に在任していた者及びその相続人を網羅的に被告として本件訴訟を提起し，各被告の業務分担や担当部署を全く無視して，専ら取締役あるいは監査役であったことのみを根拠として善管注意義務違反を主張しており，当裁判所が再三にわたり，被告らの善管注意義務違反の内容を，その根拠となる違法行為の予見可能性及び回避可能性を具体的に特定して主張するよう釈明したにもかかわらず，これに応じようとしないことから，被告らの大多数及びその相続人らとの関係では，そもそも主張自体が失当であるというべきである。」

「しかしながら，本件における当事者の主張を総合すると，UCAR投資案件を直接担当した部門である炭素事業本部長を務め，かつ，ＦがUCAR事業部長に在職していた際の直属の上司であった被告Y$_{14}$（在任期間平成4年5月から平成5年4月まで）及び平成5年4月から平成7年4月まで三菱商事の炭素事業本部長の職にあり，その後，平成7年6月から補助参加人の取締役となった被告Y$_{15}$の両名について，Ｆに対する監督責任が問題となることから，以下この点に限って検討する。」

「米国連邦裁判所での刑事裁判において，Ｆは本件カルテルへの関与を補助参加人に秘匿していた旨証言し，またメーカー側は本件カルテルの存在を商社である補助参加人に隠していたとの証拠が提出されているところ，①本件カルテルの存在は製品価格の上昇と販売量の減少により補助参加人の本来の商社ビジネスと利益相反する側面を有していること，②Ｇ（UCARのCEO）は，

UCARの経営情報が補助参加人に伝播するのを避けるため厳しい情報統制を行い，補助参加人からUCARへの出向者が冷遇される中，FのみがGの信頼を得ていたこと，③FはGとの関係が良好であったことから，補助参加人のUCAR事業部長に昇進し，その後炭素事業部長になっていること，④Fは，昭和55年ころから黒鉛電極業界における長い職歴を有し，…（中略）…，三菱商事のあっせんではなく，自らの人脈により東海カーボンに再就職して取締役，執行役となっていることなどからすると，Fは，個人的動機により本件カルテルに関与し，そのことを補助参加人に内密にしていたことが推認される。」

「以上によると，被告Y14及び被告Y15において，本件カルテルの存在及びFの関与を認識することが可能であったと認めるに足りる証拠はないというべきであって，同被告らに対する善管注意義務の主張も理由がない。」

「原告らは，補助参加人の法令遵守体制の構築義務違反をも主張しているので，この点を検討するに，証拠及び弁論の全趣旨によれば，補助参加人は，①各種業務マニュアルの制定，②法務部門の充実，③従業員に対する法令遵守教育の実施など，北米に進出する企業として，独占禁止法の遵守を含めた法令遵守体制をひととおり構築していたことが認められる。しかるところ，原告らは，補助参加人の内部の法令遵守体制の構築義務の不履行を抽象的に指摘するのみであり，補助参加人の被告らに対する補助参加により，補助参加人の法令遵守体制に関する証拠資料が多数提出されたにもかかわらず，①補助参加人の法令遵守体制についての具体的な不備，②本来構築されるべき体制の具体的な内容，③これを構築することによる本件結果（Fによる本件カルテルの関与）の回避可能性について何らの具体的主張を行わないから，原告らの主張はそもそも主張自体失当であると評価し得るものである。したがって，いずれにせよ，原告らの法令遵守体制構築義務違反の主張は理由がない。」

(3) 解　説

本件は，三菱商事が50％を出資した米国子会社が行ったカルテル行為に関連して，親会社である三菱商事の取締役らの会社に対する損害賠償責任が争われ

た事案である。

　子会社の法令違反に対する損害については，連結決算の中で親会社に及ぶ損害額を確定する必要がある。しかし，本事案では，親会社の三菱商事が，本件カルテルの教唆・幇助として米国連邦大陪審により起訴された上，有罪判決を受けたことを踏まえて，最終的には米国司法省との間で，量刑合意を行い罰金を支払ったこと，及び一連の対応の弁護士費用も算定できることから，損害額について争いはない。

　争点となったのは，第一に海外子会社の法令違反による不祥事に対して親会社の組織的関与の有無，第二に海外子会社に勤務する親会社在籍の従業員に対する親会社たる三菱商事の取締役らの監督義務違反の有無，第三に子会社を含めた三菱商事の法令遵守体制構築義務違反の有無，である。

　第一の，海外子会社の不祥事に対する親会社の組織的関与については，仮に子会社の不祥事といえども，親会社の指揮・命令などによる組織的関与が認められ，その結果子会社のみならず親会社にも損害が生じていれば，当然のことながら，組織的に関わった取締役らの任務懈怠責任が発生する（会社法423条1項）。この点については，親会社単体の場合であっても，実際に不祥事が問題となったのが子会社であろうとも，特に相違点はない。指揮・命令先が自社であろうと，子会社であろうと，その指揮・命令が法令違反に該当するものであり，その結果，最終的に自社に損害が生じたものであれば，指揮・命令を行った取締役らは，連帯して会社に対して損害賠償を負うことになる。

　本件では，三菱商事が量刑合意を受け入れた前提として，犯罪行為を自認するものではないと主張していることやその他の証拠事実から三菱商事の組織的関与はなかったと判断していることから，第二の子会社の不祥事に対する親会社取締役らの監視・監督義務が問題となってくる。

　会社法では，企業集団の内部統制システムが明定されていること（会社法施行規則98条1項5号・100条1項5号・110条の4第2項5号・112条2項5号）から，親会社の子会社への監視・監督義務が従前と比較して重要視されているといえる。まして，子会社の不祥事に関与していた役職員が，親会社からの出向者

（親会社に籍があることになる）である事情がある場合には，派遣元である親会社，とりわけ出身部門の取締役の監督義務違反が問われる可能性が高いといえる。なぜならば，親会社出身部門として，役職員を派遣する際に，法令違反を中心としたリスク管理について，当該部門特有の事情を含めて指導する必要がある上に，派遣した後も，定期的に報告を受けるなどのフォローも重要だからである。

　本事案においては，子会社派遣従業員は，親会社にカルテル行為を秘匿した単独行為であり，それを窺わせる事情もあったとの事実認定がなされている上で，出身部門の取締役らに，子会社派遣従業員の行為の認識可能性を認めるに足る証拠はないことから，監督義務違反はないと判断している。

　たしかに，子会社派遣従業員の単独行動であり，一切の違法行為を秘匿して実施している場合には，親会社役員が当該行為を認識することは，きわめて困難であることは事実である。しかし，役職員が法令違反を行う上で，自らの違反行為を積極的に公言することはあり得ないことから，親会社の役員としての監督義務とは，役職員から定期的な報告聴取を受けることはもちろんのこと，当該役職員以外からの役職員等からの情報収集や，子会社監査を通じたチェックが重要となってくる。

　本事案については，子会社のUCAR社では徹底した情報管理が行われ，同じく三菱商事からの他の派遣者に対しては情報を流さないなどの事実から，カルテル行為を行った派遣従業員以外から状況を得ることも困難であったとの特殊事情があったことは留意すべきである。

　もっとも，親会社（役員）として，子会社に派遣する役職員に対して，法令遵守の重要性を認識させるような教育等による法令・遵守体制が問題となる。この点が，第三の論点である内部統制システムの構築状況の問題である。

　内部統制システムの具体的内容の中には，使用人の職務執行が法令及び定款に適合することを確保するための体制（会社法施行規則98条１項４号・100条１項４号・110条の４第２項４号・112条２項４号）が含まれているが，この具体的内容とは，使用人が職務執行するにあたり，法令・定款違反をしないような教育

やチェック体制という予防措置を指すものと考えられる。この点について，三菱商事は，各種業務マニュアルの制定をはじめ，従業員に対する法令遵守教育の実施など，北米に進出する企業として独占禁止法の遵守を含めた法令遵守体制を一通り構築していたと認めて，この点についても取締役らの義務違反はないと判示している。

　グループとしてのリスク管理が重要視されている中，第3編第1章で解説した海外子会社特有のリスク対応は，海外特有の問題があるだけに，特に注意が必要である。従業員の教育一つとっても，諸外国によって法律や商慣習が異なる中で，通り一遍の従業員教育ではなく，よりきめ細かな教育が求められよう。

　本事案では，子会社のパートナー会社の徹底した情報統制や子会社従業員の秘匿行為という特殊事情があって，親会社の取締役らの善管注意義務違反は認容されなかったものの，グループとしての企業集団の内部統制システムの構築とその適切な運用状況の確認を個別・具体的に行う必要があることを再考するためには，示唆に富む事案である[8]。

6. 福岡魚市場株主代表訴訟事件
（福岡高判平成24・4・13金融・商事判例1399号24頁）

(1) 事案の概要

　株式会社福岡魚市場（以下「福岡魚市場」という）は，水産物及びその加工品の販売の受託，輸出入などを業としており，福岡魚市場の100％子会社である株式会社フクショク（以下「フクショク」という）は，水産総合食品の販売等を業としている。

　フクショクは，福岡魚市場を含む資金の豊富な仕入業者に対し，一定の預かり期間に売却できなければ，期間満了時に買い取る旨を約束した上で，魚を輸

8）本件に関する評釈として，長谷川俊明「判批」国際商事法務33巻1号（2005年）18頁，長谷川新「本件判批」ジュリスト1296号（2005年）150〜153頁，宮廻美明「判批」ジュリスト1326号（2007年）198〜201頁がある。

入してもらうという「ダム取引」を行っていた。そして，フクショクは，福岡魚市場を含む各仕入業者との間で，同一商品についてダム取引を繰り返す「グルグル回し取引」（商品の預かり満了時に，仕入業者から同期間内に売却できなかった在庫商品をいったん買い取り，その上で当該仕入業者又は他の仕入業者に対し，一定の預かり期間の間に売却できなければ期間満了時に買い取る旨約束して当該商品を買い取ってもらい，その後，同期間満了時に，同じことを繰り返す取引）を行っていた。

グルグル回し取引を繰り返すたびに，手数料や冷蔵庫保管料等の実費が付加されることから，商品の帳簿価格は上がる一方で，市場価格で当該商品を売却せざるを得ない上に品質劣化によって市場価格が下落する。したがって，グルグル回し取引は，含み損をもたらし，他方でグルグル回し取引の相手方には手数料などの利益をもたらした。

平成11年に入り，フクショクでは在庫評価が異常に高い不良在庫が発見されたことから，フクショクで調査が開始されるとともに，福岡魚市場の常務取締役兼フクショクの非常勤取締役であったY₁の知るところとなった。福岡魚市場では，フクショクの在庫を調査するために，専務取締役であったY₂（フクショクの非常勤取締役，後に取締役会長を兼任）を委員長とした調査委員会を発足し，常務取締役のY₃（フクショクの非常勤監査役を兼任）ほか2名が委員となった。本件調査委員会では，フクショクの担当者から聞取調査を行うとともにフクショクから報告書を提出させた。その結果，調査委員会では，平成16年3月31日付けで，フクショクの在庫・売掛金の含み損が13億7,829万9,000円である報告書を作成するとともに，フクショクに対して再建計画書を作成させた。

Y₁は，この再建計画書に対して再度慎重に検討するよう要請した結果，フクショクは，14億8,000万円の特別損失額を前提とする再建計画の修正案を提出する一方で，福岡魚市場に対して，資金援助の申入れを行った。そこで，福岡魚市場は，平成16年6月の取締役会において，フクショクを再建するための20億円の資金枠の承認とともに，合計19億1,000万円をフクショクに貸し付け，5億5,000万円を回収した。その後，フクショクの含み損が22億6,242万円であ

ることを踏まえて，平成17年2月にフクショクから再度の再建計画書が提出された。

　これを受けて，福岡魚市場の取締役会は，フクショクに対する貸付金残額の15億5,000万円の債権を放棄する決議を行った。フクショクは，福岡魚市場からの貸付金のうち，平成17年3月末までに3億6,000万円を返済したが，福岡魚市場は，同年4月から5月末までに，さらに3億3,000万円を貸し付けた。そこで，福岡魚市場の株主であるXは，フクショクへの不正融資というY₁ら取締役の忠実義務及び善管注意義務違反により，福岡魚市場が18億8,000万円の損害を被ったとして，株主代表訴訟を提起した。

　原審（福岡地判平成23・1・26金融・商事判例1367号41頁）は，Y₁らは，フクショクに対する詳細な調査や検討を行うことなく連帯保証契約を締結したり，調査報告書の信用性を十分に確認することなく貸付けを実行したなどとして，Y₁らの忠実義務及び善管注意義務違反を認めて，Xの請求を認容した。これに対して，Y₁らは控訴した。

⑵　判　旨

控訴棄却

　「グルグル回し取引等は，実質的には商品を担保とする借入れと返済を繰り返す取引であるのに，商品売買として売上ないし利益が帳簿上計上され，不良在庫が処分された形式を採るものであるから，その財務状況が帳簿上正確に反映されず，むしろ実体の伴わない売上ないし利益が積み重ねられて巨額の架空売上ないし利益が計上されるため，その関係会社における粉飾決算の原因とならざるを得ないものであった。これからすると，ダム取引ないしグルグル回し取引は，営業上の必要ないし短期間の資金繰りの必要等からのやむを得ない経営上の事情等があるときに，後にそれに対する適正な回復処理が行われることを前提に，例外的な場合に限って行われたものでない限り，会社経営上において違法，不当なものであることは明らかである。」

　「親会社である福岡魚市場の元役員であり，非常勤ではあるものの，子会社

のフクショクの役員でもあったＹ₁らは，平成15年末ないし平成16年３月ころ，フクショクには非正常な不良在庫が異常に多いなどの報告を受け，本件調査委員会を立ち上げて調査したものであるから，その不良在庫の発生に至る真の原因等を探求して，それに基づいて対処すべきであった。そして，その正確な原因究明は困難でなかったことは，その取引実態に起因する前記徴表等から明らかであった。それにもかかわらず，Ｙ₁らは，子会社であるフクショクの不良在庫問題の実態を解明しないまま，親会社である福岡魚市場の取締役として安易にフクショクの再建を口実に，むしろその真実の経営状況を外部に隠蔽したままにしておくために，業績に回復の具体的目途もなく，経済的に行き詰まって破綻間近となっていたことが明らかなフクショクに対して，貸金の回収は当初から望めなかったのに，平成16年６月29日から同年12月29日にかけて合計19億1,000万円の本件貸付けを実行してフクショクの会計上の損害を事実上補填したが，当然効果は見られず，平成17年２月24日には，そのうち15億5,000万円の本件債権放棄を行わざるを得なくなったのに，更に，同年４月４日から同年５月30日にかけて合計３億3,000万円の本件新規貸付けを行ったものである。前記経緯からすると，その経営判断には，原判決が説示するとおり，取締役の忠実義務ないし善管注意義務があったことは明らかである。」

　「Ｙ₁らは，フクショクに不明瞭な多額の在庫があるとの報告を受け，その後も，在庫や借入金が急速に増加し，その状況が一向に改善しない等の状況を認識していながら，何らの有効な措置を講じないまま，経営破綻の事態が差し迫った状況になった後に，支援と称して本件貸付等を行ったのである。また，フクショクの再建にはその経営困難に陥った原因解明が必要不可欠であったのに，それをなさないで，そして現実の経営回復の裏付けがないために回収不能による多大な損失が出ることが当然予想されることが認識できたのに，本件貸付けなどの支援をフクショクに行ったことは，福岡魚市場の取締役としての経営判断として合理性はなく，正当なものであったなどとは言い得ないことは明らかである。」

(3)　解　説

　本件は，完全子会社（フクショク）が不良在庫を抱えていることを認識しながら，何ら有効な対策を講じない状況下で，当該子会社を支援するために貸付け等の措置を取ったことについて，親会社（福岡魚市場）取締役としての忠実義務・善管注意義務違反の有無が争点となった事案である。

　本来，取締役が自社に対して忠実義務（会社法355条）・善管注意義務（民法644条，会社法330条）を負うことは自明であるが，子会社に対する貸付け等は，経営判断原則に関わることであり，これまで親会社取締役の責任が認容されることは基本的には存在しなかった。しかし，本件では不良在庫を抱えて経営的に苦しくなった子会社に関連して，親会社の取締役の忠実義務・善管注意義務違反が問題となり，その責任が認容された点が特徴的である。それでは，具体的に親会社取締役の何が問題となったのであろうか。

　第一は，子会社が不適切な取引を繰り返したことについて，親会社の取締役が十分な調査や対策を実行しなかったことに対してである。本件では，子会社の在庫評価が異常に高い不良在庫が発見されたことから，子会社で調査が開始されるとともに，親会社の常務取締役（子会社の非常勤取締役を兼務）の知るところとなった。子会社の不適切な取引によって子会社が債務超過に陥る等の経営危機に直面すれば，親会社として何らかの支援をせざるを得ず，結果的に親会社の損失となる。すなわち，子会社の調査に一方的に依拠するのではなく，子会社の不適切な取引を認識した時点で，親会社としても十分な調査を行った上で，何らかの対応を講ずるべきであったのに，その職務を懈怠していたということであろう。

　もっとも，前述した「野村證券株主代表訴訟事件」の裁判例（東京地判平成13・1・25）では，親会社と子会社は別個の法人格を持つことを理由として，子会社取締役の業務執行の結果，子会社に損害が生じ，ひいては親会社にも損害を生じさせた場合であっても，特段の事情がない限り，親会社の取締役は任務懈怠責任を問われることがないと判示している。ここでいうところの「特段

の事情」とは，親会社が子会社の意思決定を実質的に支配し，かつ法令違反に相当する場合としている。

本件では，問題となった子会社であるフクショクは，親会社の福岡魚市場の完全子会社であった事実から，親会社が子会社の意思決定を実質的に支配できる概観かつ実態として存在していたと見ることができる。完全親子会社形態の場合であれば，連結決算の観点からも完全子会社の損失は親会社の損失に直結すること，また子会社取締役に対する子会社一般株主による監視機能が存在しないことから，親会社取締役による子会社への監視義務は強まっていると考えるべきであろう。

また，フクショクが行っていた「グルグル回し取引」は，福岡魚市場に対しても行われていた取引であり，親会社の取締役としても，公認会計士からの指摘も含めて在庫管理状況のチェックを十分に行う必要があったのにもかかわらず，それを十分に行わなかったことも，親会社取締役としての責任が認容された原因となっていよう。

第二は，親会社による子会社への救済の是非についてである。子会社が倒産状態となれば，親会社の保有している子会社株価の無価値という直接的な損害にとどまらず，子会社債権者等への保証などによる特別損失の計上を余儀なくされる。この点から考えると，親会社が子会社の救済を行うことによって，親会社自身に一時的に損失が生じることがただちに問題となるわけではなく，一時的な損失が生じたとしても，子会社を救済する方が親会社の利益となるか否かの経営判断の問題である[9]。

しかし，本件の場合は，フクショクがダム取引・グルグル回し取引を継続的に行っていることにより，損失が膨らみ経営の存続に支障を来すことになるこ

---

9) 経営判断原則が適用されて，親会社取締役の責任が認容されなかった事例として，名古屋地判平成7・9・22金融法務事情1437号47頁（東海銀行事件），東京地判平成8・2・8資料版／商事法務144号111頁（セメダイン事件），東京高決平成8・9・5資料版／商事法務150号181頁（ミネベア事件），東京地判平成16・3・25判例時報1851号21頁（長銀ノンバンク支援事件），東京高判平成17・9・13資料版／商事法務327号76頁（日本信販事件）がある。

とを認識していながら，福岡魚市場の取締役はそれら不適切な取引を止めさせるために何ら具体的な対応策を打ち出さずに，実質的に放置していたばかりか，かえって貸付けを行って，福岡魚市場自身の損害を生じさせたことが問題となったものと思われる。

　この点，フクショクの経営状態が「一向に改善しない等の状況を認識していながら，何らの有効な措置を講じないまま，経営破綻の事態が差し迫った状況になった後に，支援と称して本件貸付等を行った」こと，そして「現実の経営回復の裏付けがないため回収不能による多大な損失が出ることが当然予想されることが認識できたのに，本件貸付けなどの支援をフクショクに行ったこと」は，福岡魚市場の取締役としての経営判断の合理性はなく，忠実義務ないし善管注意義務に違反していると判示している。すなわち，子会社の経営状態が悪化し改善の見込みがないにもかかわらず，親会社として融資等の貸付けを実行することは，親会社としての損失が確定するばかりではなく，将来的にもその損失を上回る利益を得ることが期待できないことが明らかであることから，親会社取締役の責任があるとしている。

　ここで留意すべき点は，改善の見込みの可否のための十分な調査の必要性と子会社への適切な対応が前提となっている点である。仮に十分な調査を行った結果，改善の見込みが認められた上で適切な措置を実行したものの，予見不可能な状況が生じるなどにより結果として子会社の経営破綻が免れなかったとしても，経営判断原則の適用の余地は十分にあると思われる。子会社の経営改善が十分に見込まれるにもかかわらず，親会社として何ら適切な対応を取らなかったことによって，子会社が経営破綻し，子会社債権者等に多大の損失を被らせることになれば，それこそ，子会社債権者から親会社取締役は，第三者に対する責任（会社法429条1項）を追及される可能性が高くなる。

　最後に，本件の特徴として，被告の福岡魚市場の取締役らは，いずれもフクショクの取締役又は監査役を兼務していたことである。この事実は，親会社取締役は，フクショクの経営状態や取引実態について情報を得る立場にあることを意味している。言い換えると，子会社の経営に対して，親会社（取締役）と

しても知り得る状態になかったという言い訳は許されないことになる。この点も，本件で，福岡魚市場の取締役の責任が認容された要素の一つとなっていたともいえよう。

　親会社の役職員が子会社の役員を兼務する実例は多々ある。平成26年会社法では，親会社から派遣された役職員は，社外役員の扱いとならなくなった。このことは，子会社役員として派遣された親会社役職員は，子会社の社内出身役員と同列の扱いとされたとも解され，従前以上に，当該親会社取締役にとっては，親会社の立場からの子会社への監視義務が強まったものと考えるべきであろう[10]。

　なお，本件は上告されたが，遅延損害金の請求に関する事項以外の請求は棄却され，確定した[11]。

７．ユーシン損害賠償請求事件
（東京地判平成23・11・24判例時報2153号109頁）

(1)　事案の概要

　X社（株式会社ユーシン。原告）は，船舶・航空機・自動車等の部品等の製造販売等を目的とした東京証券取引所プライム市場に上場している株式会社である。Y1及びY2は，X社の元代表取締役である。

---

10) 本件の被告取締役の訴訟代理人を務めた弁護士は，本件が企業集団における子会社管理のあり方，あるいは子会社を救済する際の経営判断の実態を踏まえて義務違反が認定された事案なのか疑問を持っているとの見解を示している（手塚裕之＝矢嶋雅子＝早川晧太郎「判批」商事法務1970号（2012年）15頁）が，子会社への経営状況の把握やその対応が争点となっている以上，子会社役員への親会社役職員の兼務の問題を含め，子会社管理と親会社役員の問題である側面は否定できないであろう。
　　なお，本件に対する他の評釈として，大塚和成「判批」銀行法務21第56巻13号（2012年）63頁，清水真「判批」金融・商事判例1411号（2013年）90～93頁，田邊宏康「判批」ビジネス法務13巻10号（2013年）152～156頁，三浦治「判批」金融・商事判例1414号（2013年）2～6頁，神吉正三「判批」龍谷法学45巻4号（2013年）481～519頁，李芝妍「判批」ジュリスト1456号（2013年）136～139頁，高木康衣「判批」九州国際大学法学論集19巻3号（2013年）165～179頁等がある。
11) 最判平成26・1・30判例時報2213号123頁。

　X社の完全子会社であるA社（Y₂が代表取締役）は，グループ全体としても重要であると考えた工場兼倉庫用地として，B社から不動産（以下「本件不動産」）を購入した。ところが，本件不動産を購入するにあたり，B社が自治体との間で締結した本件不動産契約に関して，環境保全協定に基づく騒音規制及び覚書が存在したことが発覚したために，A社として工場稼働を断念せざるを得ない事態となった。環境保全協定では，B社から不動産を取得したA社にも，本件協定における地位を承継されることとなっていたからである。

　このために，X社がY₁及びY₂（以下「Y」という）に対して，A社による工場兼倉庫用の本件不動産の取得に関連して，取締役としての調査等に関する善管注意義務又は忠実義務違反があったとして，会社法423条1項に基づき，取得に費やした費用等相当の7億190万6,737円及び遅延損害金の支払いを求めた[12]。

(2)　判　旨

　請求棄却

　「本件不動産の取得の是非がX社の取締役会に付議されていたこと，Y自身が現地視察を行ったり，取締役会において自ら作成した資料を用いて本件不動産を取得する必要性や財務上の負担について説明するなどして積極的に本件不動産の取得に係る意思形成に関与していたことからすると，本件不動産においいて工場を稼働させることがA社のみならずX社グループ全体に大きな利害関係があると認められ，Yに関しても，X社の完全子会社であるA社が契約主体となった本件不動産の購入に先立つ調査について善管注意義務が問題となり得るというべきである。」

　「本件不動産の購入の前提となる調査の必要性及び程度についての判断に著しく不合理な点は認められず，Yが，X社の取締役としての善管注意義務に違

12）X社は，本件不動産購入以外でも，経営統合に関するデューディリジェンスの問題等についても，Yに対して善管注意義務違反を主張した。

反したということはできない。」

(3)　解　説

　本件は，完全子会社が工場建設のための土地・建物を取得したものの，環境保全協定のために，工場の稼働を断念せざるを得なかった事実に対して，親会社の当時の代表取締役の善管注意義務違反の有無が問題となった事案である。

　土地建物を取得しようとした主体は，完全子会社であったことから，本来であれば，完全子会社の（代表）取締役の善管注意義務が問題になる。しかし，先行判例である野村證券株主代表訴訟事件（**本章3.参照**）によれば，親会社の取締役が子会社に指図するなど，実質的に子会社の意思決定を支配したと評価しうる場合であり，かつその指図が親会社に対する善管注意義務違反や法令違反に該当する場合に，親会社により生じた損害に対して，親会社の取締役に損害賠償責任が肯定される。

　本件において，親会社の関与については，本件不動産の取得に関する議案が親会社の取締役会への上程・決議事項となっていることから考えると，契約主体は子会社であったとしても，子会社は親会社からの事前承認を得る必要があったことがうかがえる。また，被告取締役が自ら現地視察も含めて，本件不動産の取得に向けて積極的に関わっていた事実を踏まえて，本件不動産の問題に関して，被告取締役の善管注意義務が問題となりうるとした判旨は，従来の判断枠組みを踏襲しているものと考えられる。

　もっとも，本裁判例では，工場稼働によるグループ全体の利害についても言及していることには，着目すべきである。すなわち，グループ全体（企業集団）の利益であれば，それを主導するのは親会社であり，たとえ子会社が業務執行の主体となったとしても，少なくとも親会社の事前承認が必要と思われるのに加えて，本件のように，親会社（取締役）が積極的に関与する場合も多いと考えられる。この点に着目すると，野村證券株主代表訴訟の判断枠組みのように，子会社の業務執行への直接的な指揮・命令がなくても，グループ全体の利益の観点から，子会社から提案があった案件に対して，親会社の取締役（会）

で承認・決議した場合まで親会社取締役の善管注意義務違反の有無が問題とな
りうると言えよう。

　また，本件では，完全親子会社の事案であるため，親会社の意思がより反映
される可能性が高いものではあるが，完全親子会社関係でなくても，仮に少数
株主が反対したとしても親会社の意思や意向が強く反映される事案であれば，
本裁判例の射程は及ぶものと考えられる。

　なお，本件では，親会社取締役が個別・具体的な法令違反を犯しているわけ
ではないことから，包括規定である善管注意義務違反が争点となった。善管注
意義務違反の場合には，経営判断原則が適用となる。本件でも被告の親会社取
締役は，事実認定から，事業用の不動産を選定する判断の前提となる調査につ
いて，当該調査の必要性及び程度についての判断に著しく不合理な点はないと
して，親会社の被告取締役の任務懈怠責任は否定された。したがって，企業実
務の視点からは，子会社の業務執行に直接関与するときには当然のことながら，
グループ全体の利益を勘案して，子会社から承認を求められた案件についても，
経営判断原則が適用となるように，案件に関わる調査や内容，意思決定のプロ
セスに問題がないように，親会社自身としても慎重に対応することが大切であ
る[13]。

8.　ビューティ花壇事件（東京高判平成25・3・14資料版商事法務349号32頁）

(1)　事案の概要

　X社（株式会社ビューティ花壇。原告・控訴人）は，生花の栽培及び販売等を
目的とした東京証券取引所マザーズに上場していた株式会社である。X社は，
プレゼンテーション用のソフトの制作を，株式会社マインドトップ（以下「マ
インドトップ」という）に委託した。委託製作費は，約2,760万円であった。

---

13)　本件の評釈として，飯田秀総「判批」ジュリスト1466号（2014年）98頁。

　その後，マインドトップは，一時的に資金繰りが苦しくなることを理由として，X社の当時の代表取締役Y₁（被告・被控訴人）に対して，融資を依頼した。Y₁は，取締役管理本部長であるY₂（被告・被控訴人）に対して，マインドトップの救済の観点から融資の可否を調査するように命じた。Y₂は，X社の完全子会社である株式会社クラウンガーデネックス（以下「ガーデネックス」という）の取締役を兼務していた。Y₁は，マインドトップが倒産すれば，マインドトップに支払った委託製作費が無駄になると考えて，Y₂による調査も踏まえ，マインドトップに対する融資を行うことの判断を下した。

　マインドトップに対する融資について，X社での機関決定を行うまで，ガーデネックスに対してマインドトップへの融資を働きかけたところ，平成20年10月1日に，ガーデネックスは，マインドトップに2,500万円を貸し付けることにした（以下「貸付1」という）。同年10月31日には，X社もマインドトップに2,000万円を貸し付けた（以下「貸付2」という）。

　ところが，平成21年5月20日に，マインドトップは東京地方裁判所において破産手続開始決定を受けたことから，ガーデネックスは，貸付1に対して決定前に弁済を受けた約2,200万円を除く300万円余が，またX社は，貸付2に対して2,000万円が回収不能となった。なお，Y₁及びY₂（以下「Y₁ら」という）は，同年10月15日にX社の取締役を辞任した。

　そこで，マインドトップへの貸付回収不能に伴い，X社として，総額2,300万円余の損害を被ったとして，X社は，Y₁らに善管注意義務違反があるとして損害賠償の支払いを求めたものである。この中で，完全子会社であるガーデネックス経由の貸付1については，Y₁らガーデネックスの意思決定を支配し，ガーデネックスの代表取締役に指示して貸付1を行わせたことから，X社は損害を被ったと主張した。

　1審判決は，X社の請求を棄却したために，X社が控訴した。

　以下，子会社と関係する貸付1に関して，検討する。

(2) 判　旨

控訴棄却[14]

「…，ガーデネックスの法人格を否認すべき場合に当たることを認めるに足る的確な証拠はなく，Y₁らがガーデネックスの意思決定を支配し，ガーデネックスの代表取締役Aの意思を抑圧して本件貸付1をさせたことを認めるに足りる的確な証拠もなく，証拠…によれば，ガーデネックス代表取締役Aは，自らの判断で本件貸付1を行ったことを認めることができる。ガーデネックスが本件貸付1について一部弁済を受けられなかったことは当事者間に争いがないけれども，ガーデネックスの法人格を否認すべき場合に当たることを認めるに足りる的確な証拠がない以上，直ちにはX社がガーデネックスの未回収分相当額の損害を受けたものということはできない。」

(3) 解　説

　本件は，委託先の会社の経営不振による資金繰りの悪化によって，委託製作費が無駄になることを恐れたX社が融資を行うことを決めた（貸付2）ものの，それに先立って完全子会社に融資（貸付1）をさせた親会社の取締役の善管注意義務も問題となった事案である。

　親会社の取締役の職務につき任務懈怠責任が問われたこと（会社法423条1項）から，親会社の損害事実が前提となるところであるが，本件では，完全子会社であるガーデネックスが被った300万円余を親会社としての損害額として主張している。この点は，三井鉱山株主代表訴訟事件（本章1．参照）と同様である。完全子会社の損害を，そのまま親会社の損害と同視することの妥当性は論点の一つであるが，本件の判旨では，そもそも，当事者がこの点についての主張を行っていない上に，Y₁らの善管注意義務違反がなかったとの結論から，子会社の損害と親会社の損害との関係について特段の説示はない。

14）貸付2については，請求一部認容。

　他方，Ｘ社は，Ｙ₁らがガーデネックスの意思決定を支配し，ガーデネックスの代表取締役に指示して貸付１を行わせたことが原因となって，ガーデネックスの貸付未回収を通じてＸ社は損害を被ったと主張した。この点については，Ｙ₁らが，ガーデネックスの意思決定を支配したり，当該会社の代表取締役の意思決定を抑圧したと認めるに足る証拠はないとして，Ｘ社の主張を否定している。この判断枠組みは，野村證券株主代表訴訟（**本章３．**参照）を踏襲したものである。すなわち，親会社の取締役が子会社に指図するなど，実質的に子会社の意思決定を支配したと評価し得る場合で，かつ，その指図が親会社に対する善管注意義務違反に相当する場合には，親会社の損害に対する損害賠償責任が肯定されるとしたことに照らして，本件では，そもそも子会社の意思決定を支配したとは言えないとしている。

　判旨では，「支配」ではなく「抑圧」という文言を使用しているものの，法人格否認の法理の観点からは，文言の差によって，実質的な意味付けが変わるというものでもないと考えられる。

　親子会社関係の中では，親会社から特段の指示等の有無にかかわらず，親会社は子会社に対して，企業集団の内部統制システムの整備等を通じて，一定の監視・監督義務を負っていることから，今日においては，野村證券株主代表訴訟事件の判断枠組みは，親会社取締役の任務懈怠を認容する一つの理由づけでしかない。しかし，本件では，ガーデネックスの代表取締役が法令違反をしたわけでもなく，また，独自の判断でマインドトップへの貸付をした事案ではないことから，企業集団の内部統制システムの観点からの親会社としての監視・監督義務が問題となり得る事案ではない。

　もっとも，経営判断が問われる本件のような事案において，完全子会社の代表取締役らが完全親会社の意向を受けて，経営判断原則が適用となるための要件である判断の前提となる事実に不注意な誤りがなく，判断過程や内容に著しく不合理な点がないかという点が独自の判断で行われていなければ，経営の裁量の余地を与えないで，指示・要請をした親会社取締役の責任が問われる可能性は否定できない。したがって，野村證券株主代表訴訟で判示された親会社取

締役から子会社取締役に対する善管注意義務違反や法令違反の指示に限定され
ず，親会社取締役の指示の中には，経営の裁量権が適用となるような経営判断
原則に係る内容も含まれると解すべきである。

　完全親子会社形態の場合は，外見的には，親会社の特別支配力が強い傾向が
ある中で，親会社取締役による子会社への指示や要請の具体的な内容，子会社
がその指示を受けた後の子会社内での独自の経営判断の有無によって，親会社
取締役の任務懈怠責任が判断されることになる。言い換えれば，親会社の取締
役としては，子会社に対する指示・要請にあたって，一方的に指揮・命令する
のではなく，その趣旨説明とともに，子会社内でも独自に十分に検討させるこ
とが，親会社の法的責任が問われないための実務上の留意点となる[15]。

15）本件の評釈として，三浦治「判批」金融商事判例1450号（2014年）2〜6頁，顧丹丹
　「判批」首都大学東京法学雑誌55巻2号（2015年）429〜442頁がある。

結　語

　本書では，グループ会社の範囲の法律上の定義や規定を踏まえつつ，グループ会社のリスク管理としてのあるべき具体的な体制や内部規程の紹介，親子会社法制に関する主要論点，グループ会社をめぐる裁判例等について解説した。特に，グループ会社をめぐる重要な論点である「子会社少数株主の保護」「子会社債権者の保護」「親会社株主の権利縮減」については，主な議論の論点の解説，さらには今後の立法化に向けた提言にまで言及した。

　本書をまとめる意味で，グループ会社管理の課題や今後の議論の方向性について包括的に記述することにして，まとめとしたい。

　第一は，親子会社法制は，まだ緒に就いたばかりであるという認識である。商法・会社法は単体をベースとする法律であるが，実務的には連結ベースで企業競争力が評価されるとともに，グループとしての企業戦略は益々重要となっている事実がある。平成26年の会社法改正にあたっては，親子会社法制について正面から取り上げられ，多重代表訴訟や親会社の子会社に対する責任等について，会社法制部会の中で活発な議論が行われ，改めて企業集団の内部統制の重要性が確認された。そして最終的には，多重代表訴訟制度の創設や親子会社間での利益相反取引の開示強化などが規定された。

　しかし，多重代表訴訟制度についても，少数株主権であること，対象となる完全子会社の範囲が限定されるなど，今後の法制度としての活用状況を見極める必要がある項目も少なくない。そして，今後，法制度としての使い勝手が悪ければ，当然のことながら，要件の緩和をはじめとした見直しの主張が提起されてくるであろう。したがって，実務の現場からみれば，会社法制部会の中間試案が採択されなかったり，制限が加えられたからといって，グループ会社をめぐる重大な不祥事が発生すれば，今後のさらなる見直しに直結する可能性があることは，十分肝に銘じておくべきことである。

　他方，学界からみれば，実務の実態にも注意を払いながら，一層親子会社法

制の整備についての議論を深めるべきであろう。

　第二は，グループ会社の範囲の問題である。会社法上は，連結子会社に実質支配基準を導入して，50％以下の持株比率であっても，40％以上の持株比率で，かつ人材や資金面等での支配力が明らかな場合には，連結子会社としている。しかし，持株比率が40％未満の関連会社（持分法適用会社）の中で，筆頭株主や代表取締役社長を派遣しているなど，実質的な関係が強く，グループ会社内で重要な位置づけとされている会社も存在する。この辺りのゾーンにおけるガバナンスについて，立法として何らかの規定をすべきか否かについて議論を開始してもよいであろう。

　その際に重要であると思われる点は，連結子会社以上に，関連会社は親会社に対する自由度は高いので，この自由度を担保しつつどのような法規定を行うべきか慎重な議論が必要であるとの認識である。たとえば，企業集団の内部統制システムの構築義務の範囲を，子会社に限定せずに一定の関連会社までを含むこととし，その上で，子会社と関連会社に対する監視・監督の範囲や程度に具体的にどのような差異を設けるべきか，開示のあり方を含めて検討の余地があるように思われる。

　第三は，情報開示のさらなる充実である。会社法は，金融商品取引法と異なって，定款自治による事後規制の性格が強い法律であるが，だからこそ，事前開示を充実させて，株主や投資家等の信頼を得る努力を継続すべきであろう。

　平成27年6月1日から適用となったコーポレートガバナンス・コードにおいても，基本原則の一つとして，「適切な情報開示と透明性の確保」が掲げられている。情報開示の中には，グループ経営戦略も含まれるであろう。

　グループ全体としての情報開示は，会計に係る連結決算に関するものだけではない。グループ全体としてのガバナンスのあり方，親子会社間での重要な取引実態，人材や資金面での依存関係，SDGsやESG経営の基本方針等について，十分な情報開示を進め，株主や投資家の評価に委ねるべきである。このような開示の充実こそ，ガバナンスの要ともなり得る点であるということを関係者が十分に認識を共有した上で，実行に移されるべきである。

　すでに東京証券取引所の上場規則では，ガバナンスに係る開示の充実が図られているが，開示が強化されると実務的な対応が煩雑になるという声も聞かないわけではない。また，会社法上の計算書類の開示と，金融商品取引法上の財務諸表の開示が微妙に異なっており，財務・経理担当者の実務が二度手間になっているのは事実であり，この点の立法的な改善は必要である。しかし，ステークホルダー（利害関係者）に情報を開示し，企業活動の透明性を図ることの方向性が誤っているわけではない。むしろ，ひな型通りの抽象的な記述にとどまらず，各々の会社が独自の記述を心掛け，開示面でも企業間競争が行われることが望ましいと思われる。

　M&Aをはじめとした組織再編行為は，今後益々盛んになってくるであろう。ここ10年あまりの一連の商法・会社法改正は，組織再編の手続の簡素化を中心に，企業が機動的な組織再編行為を行うことを可能にした。

　他方で，企業戦略の一環として，他社をグループ内に取り込んだり，分社化するなどによって，従来以上に，規模的にも内容的にもグループの態様が変化する中で，グループとしての一体性と規律の重要性も同時に高まっている。このためには，グループに対する一定の法規定は必要である。すなわち，グループ会社の独自性を過度に阻害することなく，法整備を行うことは，学界と経済界双方が協力して取り組む重要な課題であると認識すべきである。今後においても，少数株主・債権者等の保護に配慮しつつ，グループ経営のあるべき法制化について，議論をさらに深めていくことが肝要である。

索　引

〈著者略歴〉

高橋　均（たかはし　ひとし）

一橋大学博士（経営法）。
獨協大学法科大学院教授を経て，獨協大学法学部教授。
企業法学会理事，国際取引法学会理事，一般社団法人GBL（グローバルビジネスロー）研究所理事。
専門は，商法・会社法，金融商品取引法，企業法務。
企業実務経験と会社法等の専門家としての法理論の双方からのアプローチを実践している。

【主著】

『株主代表訴訟の理論と制度改正の課題』同文舘出版（2008年）
『最新・金融商品取引法ガイドブック』新日本法規出版（共編著，2009年）
『会社役員の法的責任とコーポレート・ガバナンス』同文舘出版（共編著，2010年）
『コーポレート・ガバナンスにおけるソフトローの役割』中央経済社（共編著，2013年）
『新版・会社法実務スケジュール』新日本法規出版（共編著，2016年）
『世界の法律情報～グローバル・リーガル・リサーチ』文眞堂（共編著，2016年）
『改訂版・契約用語使い分け辞典』新日本法規出版（共編，2020年）
『実務の視点から考える会社法（第2版）』中央経済社（2020年）
『監査役監査の実務と対応（第7版）』同文舘出版（2021年）
『監査役・監査（等）委員監査の論点解説』同文舘出版（2022年）
他

グループ会社リスク管理の法務（第4版）

2014年 3 月 1 日	第 1 版第 1 刷発行
2015年 1 月25日	第 1 版第 2 刷発行
2015年11月15日	第 2 版第 1 刷発行
2018年 3 月10日	第 2 版第 5 刷発行
2018年 6 月10日	第 3 版第 1 刷発行
2022年12月20日	第 4 版第 1 刷発行

著　者　高　橋　　　均
発行者　山　本　　　継
発行所　㈱中央経済社
発売元　㈱中央経済グループ
　　　　パブリッシング

〒101-0051　東京都千代田区神田神保町1-31-2
電話　03 (3293) 3371（編集代表）
　　　03 (3293) 3381（営業代表）
https://www.chuokeizai.co.jp
印刷／㈱堀内印刷所
製本／㈲井上製本所

©2022
Printed in Japan

＊頁の「欠落」や「順序違い」などがありましたらお取り替えいたしますので発売元までご送付ください。（送料小社負担）
ISBN978-4-502-44781-5　C3032

「Q&Aでわかる業種別法務」シリーズ

―――――― 日本組織内弁護士協会〔監修〕 ――――――

　インハウスローヤーを中心とした執筆者が，各業種のビジネスに沿った法務のポイントや法規制等について解説するシリーズです。自己研鑽，部署のトレーニング等にぜひお役立てください。

Point

- 実際の法務の現場で問題となるシチュエーションを中心にQ&Aを設定。
- 執筆者が自身の経験等をふまえ，「実務に役立つ」視点を提供。
- 参考文献や関連ウェブサイトを随所で紹介。本書を足がかりに，さらに各分野の理解を深めることができます。

〔シリーズラインナップ〕

銀行	……………………………	好評発売中
不動産	……………………………	好評発売中
自治体	……………………………	好評発売中
医薬品・医療機器	…………………	好評発売中
証券・資産運用	……………………	好評発売中
製造	…………………………………	好評発売中
学校	…………………………………	好評発売中
キャッシュレス決済	………………	好評発売中
物流・倉庫・デリバリー	…………	好評発売中

中央経済社